U0154541

比較
公民投票制度

李昌麟◆著

自 序

　　何謂「公民投票」？為何現時全世界國家施行公民投票有愈來愈增多之趨勢？而真正的民主政治是否需要人民對公共事務具參與、決策之機會？比較政治學大師杜維傑（Maurice Duverger）曾是筆者留學時代之恩師，有云：「公民投票是為建議政府不要忘記國家的另外一半」，其原文是 "Le référendum suggère que le gouvernement n'oublie pas l'autre moitié du pays"，為公民投票提供了一則發人深省的註解。所謂「國家的另外一半」理應是人民的權力，政府須加以重視。一如古今中外所流行之諺語「民意如天意」、「人民的聲音就是上帝的聲音」，及法國大文豪雨果（Victor Hugo）在其經典著作《悲慘的世界》（Les Misérables）裏所發出「聽人民心聲」、「見人民發光」不平之鳴等亦出自於同樣道理。此不正是強調為政者須以民意做為施政之依歸，同時政府不能忘記公民直接參政之重要性麼！不得不慎！

　　二如直接民主（Direct Democracy）經驗式典範，浩浩蕩蕩，彷彿時代浪潮，而順之者昌，逆之者敗，自然形成了統治者務必遵行於不悖之圭臬。既然公民投票有其重要性，那麼，世界政府是否有必要將投票加以制度化，藉以充分保障人民創制、複決權之真正行使呢？經筆者研究後發現如以全球所實施之公民投票情況相較，可歸納出主要三種投票模式（集權式、權力下放式、政黨式），及六大投票系統（丹麥系統、法國系統、義大利系統、瑞士系統、混合系統、拉丁美洲系統）等。

　　筆者進行直接民主與公民投票制度之研究多年，有感於國外投票的規範與實施經驗甚具參考價值，而國內相關之專書又甚為缺乏，故興起筆者撰寫此書之念頭，期待在出書後，在現今實務方面，能對我政府及民間團體在推行公民創制、複決投票之參考；同時，在理論方面，本書屬於法政學領域，或可提供讀者在「政治學」、「公共政策」、「比較法學」等相關學科研讀參考之用。

　　全書共分為十四章。第一章為緒論，主在說明本書之研究背景、研究目的及研究方法等。第二章將民主制度區分成直接民主、代表民主、半直接民主、半代表民主四種類型。第三章分別就上古文明時期、中古文明時期之直接民主傳統型式做探討。第四章以法律、政治面向研究公民投票之類型與規範。第五章做全球公民投票比較，概括出三大模式與六大系統。第六章論述瑞士創制、複決投票。第七章以「半總統制」的法國為例做公民投票制度評析。第八章舉出義大利特有之「廢止性」公民投票制度。第九章論及東歐諸多國家自 90 年代邁向民主化時期後之公民投票變革。第十章探討美國各州立法公民投票。第十一章特別比較歐洲五國〈德法義波瑞〉之地方性公民創制、複決投票。第十二章以法國 2005 年歐洲憲法公民投票為例做民調分析。第十三章解析台灣公民投票等。第十四章結論。

　　筆者才疏學淺。謹就過去所做之研究成果整理編撰出書，倘書中文章有不當及疏漏之處，尚請海涵，並請不吝批評指教為禱。

後學 李昌麟 謹誌
於中興大學
2013 年 5 月

目　次

表　次

圖 次

1 緒 論

第一節　研究背景

　　台灣在比較公民投票制度之研究方面，似仍不夠興盛，有待開發，同時，相關之研究專書亦甚為缺乏。然在國外，此方面之研究機構甚多，相關之專書論文不乏多見。例如在歐美國家，設有專門之「歐洲創制與複決研究機構」（Initiative & Referendum Institute Europe，德國馬堡大學）、「民主與選舉援助研究機構」（Institute for Democracy and Electoral Assistance，瑞典斯德哥爾摩），及「美國南加州大學創制與複決研究機構」（Initiative & Referendum Institute at the University of Southern California USA）等，對於公民投票實務性之研究，甚具權威與代表性；在亞洲國家，雖設有「亞洲創制與複決研究機構」（Initiative & Referendum Institute Asia），但似仍在起步階段，幸好近年來經我「台灣民主基金會」極力推動下，已有顯著之成效。

　　本書旨在探討公民投票制度，在撰寫期間，筆者曾多次前往國外（法、德、義、美、瑞典、瑞士等國）做實地之考察研究，搜集了甚多的文獻資料及書籍等，以做為研究的參考。由於國內相關書籍之不足，故興起撰寫本書之念頭。在此略提幾位研究公民投票之專家如倫尼（Austin Ranney）、勃特勒（Butler）、艾蒙（Francis Hamon）、巴塞勒格（Olivier Passelecq）、巴赫迪（Jean-Luc Parodi）、歐勃（Jean-François Aubert）、比索魯梭（Alessandro Pizzorusso）、得里（Jean-Daniel Delley）、考夫曼（Bruno Kaufmann）等，皆有暢銷作品問世。尤其艾蒙（Francis Hamon）、巴塞勒格（Olivier Passelecq）曾於 2001 年合編出版《歐洲公民投票》（Le référendum en Europe）專書，對筆者來說，無論在撰寫新書或研究時皆受此書之賜，而獲致許多靈感與啟發。書中有多篇重要論文甚具參考價值，在此略舉如下：

　　一、"Le référendum en France: analyse stratégique"〈法國公民投票：策
　　　　略分析〉，作者是 Jean-Luc Parodi（巴赫迪），Ancien secrétaire
　　　　général de l'Association française de Science politique（前法國政治

學會祕書長）。本篇以發動者（initiateur）、賭注（enjeu）、行情
（conjonture）做「鐵三角」分析：

（一）發動者：法國公民投票的發動者，向來是總統所發動。

（二）賭注：以總統屬國會多數或少數政黨而定（法國屬雙首長
　　　制，行政與立法關係常以政治協商為主，政治面向極其複
　　　雜）。

（三）行情：須考量總統的聲望、民意基礎及支持度（法國總統
　　　係民選產生）。

二、"Le référendum en France: La voie étroite de la démocratie"〈法國公
　　民投票：民主的正當方法〉，作者是 Olivier Passelecq（巴塞
　　勒格），憲法專家。本篇援引法國憲法第 3 條，論述法國自
　　1793-2000 年公民投票實施情況。

三、"Le référendum en Suisse: règles et applications"〈瑞士公民投票：
　　規範與實施〉，作者是 Jean-François Aubert〈歐勃〉，Professeur
　　honoraire à l'Université de Neuchâtel〈瑞士內夏戴大學名譽教授〉。
　　本篇論述瑞士公民投票制度規範，及 1990-2000 年實施公民投票
　　情形。

四、"Le référendum en Italie"〈義大利公民投票〉，作者是 Alessandro
　　Pizzorusso〈比索魯梭〉，Professeur à l'Université de Pise（義大利
　　比薩大學教授）。本篇詳述義大利憲法規範，及 1974 年來實施公
　　民投票情形。

五、"Les Pays d'Europe orientale de l'ancien bloc communiste"〈前共產
　　陣營的東歐國家〉，作者是 Patrice Gélard（傑拉），Professeur à
　　l'Université du Havre（法國亞佛大學教授）。本篇論述 1990 年代
　　東歐民主化後，才開始於立陶宛、俄羅斯等國實施公民投票。

六、"Referendum in the Yugoslav Countries", by Neven Brandt（布萊恩），
　　斯洛維尼亞政府顧問。本篇論述斯洛維尼亞等國相繼以自決公民
　　投票脫離南斯拉夫聯邦而獨立。

七、"L'impact du référendum sur la vie politique"〈公民投票對日常政治的影響〉，作者是 Jean-Marie Denquin（鄧肯），Professeur à l'Université de Paris II（巴黎第二大學教授）。本篇論及公民投票並非是萬靈丹，經常投票容易產生政治與族群對立。

八、"Le rôle du référendum dans la construction de l'Europe"〈公民投票對歐洲建構的角色〉，作者是 Michèle Guillaume-Hofnung（紀佑摩 - 歐符能），Professeur à l'Université de Paris Sud〈南巴黎大學教授〉。作者並不看好公民投票對歐洲建構的角色，認為公民投票的技術面爭議頗多，未能真正促進歐洲的團結與合作。

九、"La professionnalisation des campagnes référendaires"〈公民投票選戰的職業化〉，作者是 Jean-Daniel Delley（得里），Professeur à l'Université de Genève（日內瓦大學教授）。作者解釋公民投票的結果，須從如下多項指標特徵來認定：如發動選戰的素質、政治團體介入的程度、意見領袖帶動的效果、中間選民的意向、民意支持度、主流價值的趨向、投票決定的關鍵因素、及投票的方式等，均會影響投票的結果。

十、"Le contrôle du référendum"〈公民投票的監督〉，作者是 Francis Hamon（艾蒙），Ancien professeur à l'Université de Paris Sud, Directeur du Centre de Recherches de Droit Constitutionnel（前南巴黎大學教授，兼憲法研究中心主任）。作者闡述公民投票的監督對象，主要分為：

（一）政治監督：1.地方層次發動的公民投票，由中央政府監督（屬美加聯邦制案例）；2.行政部門發動的公民投票，由國會監督（屬法國雙首長制案例）；3.人民發動的公民投票，由總統、立法部門或行政部門監督（屬瑞士、義大利等歐洲國家案例）。

（二）司法監督：1.組織監督（屬美國、歐洲國家等案例）；2.規範監督：分為國內法、國際法監督。

十一、本論文集的最後一篇為總結，作者是 François Julien-Laferrière
　　　（朱利安一拉非里耶），Professeur à l'Université de Paris Sud
　　　（南巴黎大學教授）。作者強調公民投票的弔詭現象，一言以
　　　蔽之：「沒有選舉，就沒有民主；有民主，可以沒有公民投票；
　　　有公民投票，就會沒有民主」（s'il ne peut y avoir démocratie
　　　sans élection; il peut y avoir démocratie sans référendum et
　　　référendum sans démocratie.），對於公民投票的發動，宜先三
　　　思而後動。

　　國外公民投票之專書甚多，實不勝枚舉。其餘相關之參考文獻及書籍
等，收錄於本書的結尾，提供參考。

第二節　研究目的

一、為增進對公民投票制度之認識

　　在全國性公民投票制度方面，以瑞士、法國、義大利、及東歐等國較
具代表性。瑞士自開國來，是世界各國最早實施人民創制權的國家；法國
是最先實施公民投票的先趨國，曾於 1793 年即舉行第一次全國性公民投
票，然而至今法國公民投票之行使，只是複決投票，未見創制投票，故仍
受政府權力所掌控；義大利則不斷進行政治制度改革，將不合時宜的法令
以人民投票來廢止，稱之為「廢止性」的公民投票，頗具特色；至於東歐
諸國為致力民主化，推動公民投票制度變革，不遺餘力。

　　在地方性公民投票制度方面，美國各州實施立法公民投票，有其特殊
意義，美國屬聯邦制，聯邦政府從未實施過全國性公民投票，而由各州來
行使地方性公民投票；另外，歐洲德國、法國、義大利、波蘭、瑞士等
國，自 1990 年至今在地方性公民投票的評價上，甚具成效。

二、他山之石，可以攻錯

政府的權力來自於人民，人民是國家的主人，而公民投票則是人民直接對於「事務」的表達方式，它代表全民意志的凝聚，是「人民主權」原理的具體呈現與實踐，並具有補充、強化代議政治的正面意義與功能，同時是當今世界各國解決政策爭議的重要機制。

在許多民主國家，公民投票早已實施多年，甚至有上百年以上的歷史，歐美所實施公民投票的經驗，值得借鏡。如台灣公民投票制度能與世界投票系統接軌，則我未來邁入已開發國家之林，指日可待。

第三節　研究方法

一、在文獻研究方面

對於文獻的研究，首先透過與公民投票、直接民主相關之文獻資料的搜集，如搜集國內外的學術性專書、期刊等；同時運用電子網路廣為搜集世界各國最新有關公民投票專書與政府公報相關資訊，及國際組織（聯合國、歐洲聯盟等）所公開發行的出版品。之後，將所有搜集的相關文獻資料做進一步的研析。最後勾勒出當今公民投票、直接民主發展的趨向、公民參政權的價值（利弊得失）與體現程度、及法制化的主要規範等，用以檢討反省我現行公民投票在諸多面向上的缺失，並提出建言參考。

二、在質化研究方面

對於質化方面的研究，係透過口述歷史、訪查、及田野調查為主，而獲致寶貴的經驗與資料。筆者曾赴國外做實地訪察研究，除參訪法國國會（國民議會與參議院）、歐洲議會及巴黎、里昂大學等外，最慶幸的是能

赴瑞典斯德哥爾摩大學及「民主與選舉援助研究機構」（IDEA）向「歐洲創制與複決研究機構」會長考夫曼（Bruno Kaufmann）、直接民主專家波馬（Christophe Premat）、及瑞士國會議員果斯（Andreas Gross）請益，實感受益良多。

三、在量化研究方面

　　對於量化方面的研究，則是採經驗式的民意調查，作民意量化分析。本書特以第 12 章探討法國全國性公民投票實施的案例，針對 2005 年 5 月 29 日法國舉辦歐洲憲法全國性公民投票，做投票後民意調查分析。

2

民主制度類型：
代表民主與直接民主

在古希臘時代，民主（dêmokratia）一詞解釋為人民政府。在今天，民主用來界定全體人民擁有主權的一種政治制度。人民主權意謂人民有能力經由自己自決，其行使的方式得無須經由中介，直接以全體人民投票決定；或間接經由人民選出的代表者作為中介來代替人民行使權力。基本上，民主制度主分兩種類型：當人民直接做政治決定，稱作「直接民主」；當人民將決定權轉至代表者，稱做「代表民主」。鄒格（Zogg）又進一步再將民主制度細分為「半直接民主」及「半代表民主」兩種類型（Zogg, 1996: 14~19）。

綜合言之，民主制度共分為直接民主、代表民主、半直接民主、半代表民主四種類型，茲分別做如下之論述。

第一節　直接民主

直接民主（Direct Democracy）是理想的民主制度類型，其界定主在於所有人民能自由平等的參與權力行使之政治制度。在往昔傳統之社區裡，各成員自發性地定點集會，以多數決表達其意志，藉以通過社區之提案創制，並做成重要之決議、決定等，成為如今「市民社會」（civil society）的基本表徵。今天的現代社會，由於工商教文事業之發達所致，各項公共事務議題應運而生，除政府須代表人民做有效的管理外，廣大的人民亦須參與政府的決策，以為後盾。依過去盧梭之解釋：「一個盡善盡美的政府，需輔以具神意的子民做陪襯」（Rousseau, 2001）。然而，人們活在世上，分由男女共同組成，終有一天將年華老去，他們始終未能具備無所不知及全能如神般的能力，而在世俗間所體現出來的直接民主恐因人事糾葛種種限制而受到侷限。事實上，由於人民整體參與決定過程所可能帶來之時間、場域及金錢等大量耗費的影響，使得人民干預公共政策決定，甚或在小國寡民對直接民主之推行上，均難以實現。

現今在瑞士某些仍舊實施人民大會制的地區裡，被認定是屬最接近

直接民主類型之地區，如格拉瑞斯（Glaris）、歐勃瓦德（Obwald）、亞賓賽爾 - 內羅德（Appenzell Rhodes-Intérieures）、及亞賓賽爾 - 外羅德（Appenzell Rhodes-Extérieures）等州，每年召集州民召開蘭斯捷門登（Landsgemeinde）大會。在其大會上，州民討論所建議之法案，透過舉手之方式通過或否絕該法案，同時，選出中介者做為政府代表及行使其他權限等。其實，即使是上述瑞士各州之例，其直接民主的實施並非完美，因為除每年所召集的大會外，州民須在平時就將權力交給當選的中介者以便能處理州區事務，如審查及決定法規草案，到了大會召開後才交由州民投票。

　　或許直接民主是一種難以達成的烏托邦「理想國」？它與 18 世紀所建立的現代國家代議制不相符。理論上，直接民主與代表民主兩相對立，而似乎後者較能有效地表達出人民意志。歐洲 19 國直接民主規範之比較，見表 2-1。

表 2-1　歐洲 19 國直接民主規範比較表

國家	全國性公民投票入憲	強制性憲法公民複決	人民創制	一般之任意性公民複決[1]	特別之任意性公民複決[2]	直接民主制度歸類	公民投票數量[3]
瑞士	有	有	有[4]	有	有	半直接民主	531
列支敦士登	有	無	有[5]	有	有	半直接民主	85
義大利	有	無	有[6]	有	有	半直接民主	62
愛爾蘭	有	有	無	無	有	半直接民主	29
丹麥	有	有	無	無	有	半直接民主	12
法國	有	有[7]	無	無	有	半代表民主	9
奧地利	有	有[8]	有[9]	無	有	半代表民主	3
西班牙	有	有[10]	有[11]	無	有	半代表民主	3
瑞典	有	無	無	無	有	半代表民主	7
挪威	無	無	無	無	有	半代表民主	6

表 2-1　歐洲 19 國直接民主規範比較表（續）

國家	全國性公民投票入憲	強制性憲法公民複決	人民創制	一般之任意性公民複決[1]	特別之任意性公民複決[2]	直接民主制度歸類	公民投票數量[3]
盧森堡	有	無	無	無	有	半代表民主	4
芬蘭	有	無	無	無	有	半代表民主	3
冰島	有	有[12]	無	無	有	半代表民主	0
希臘	有	無	無	無	有	半代表民主	0
葡萄牙	有	無	無	無	有	半代表民主	0
比利時	無	無	無	無	有	代表民主	1
英國	無	無	無	無	有	代表民主	1
德國	無	無	無	無	無	代表民主	0
荷蘭	無	無	無	無	有	代表民主	1

資料來源：Zogg and Hamon, Centre d'Etudes et de documentation sur la démocratie directe, 2006.

附註：
1 依艾蒙（Francis Hamon）之解釋，一般之任意性公民複決之規範係依照憲法的規定，並至少曾施行過一次以上。
2 特別之任意性公民複決亦照憲法之規定，但可從未施行過；亦可憲法並未規定，直接由政府或國會施行。
3 各國公民投票數量之計算係自 2006 年止。
4 瑞士憲法人民創制係自 1874 年起；立法人民創制自 2003 年起。
5 列支敦士登包含了憲法與立法人民創制。
6 義大利之請願權對國會不具強制力，故請願無實施公民投票之必要。
7 法國強制性憲法公民複決意謂憲法修正創制案由國會提出，並經國會兩院同意。
8 奧地利強制性憲法公民複決是在憲法全部修正之情況下進行。
9 奧地利之請願權對國會不具強制力，故請願無實施公民投票之必要。
10 西班牙強制性憲法公民複決意謂憲法全部或部分修正，倘涉及基本原則受到影響時。
11 西班牙之請願權對國會不具強制力，故請願無實施公民投票之必要。
12 冰島強制性憲法公民複決意謂當修憲而改變路德教會之權力時。

第二節　代表民主

對於代表民主（Representative Democracy）言之，人民侷限於定期選出代表，當選者集會於國會，行使立法權，同時擅長各項討論及辯論，

並對預算、法案等最後做成投票決定。議員們形同「專家問政」，其形象倍受肯定，尤其在人們心目中一向被認為是人民喉舌及最神氣的人物，唯有他們才能有效地代表人民的意志。然而，在代議制裡，議員雖是人民託付權力之「受託人」，依權力運作之行使，本有其正當性，但唯一的民主缺失卻在於人民無法在議會立法期間干預決定過程。通常，代議制最常被提出的指責即是代表者無法真正的表達出人民的想法，甚至，人民的偏好亦有可能被曲解之嫌，其意志會被代表者運用不良的意圖而可能做出錯誤的詮釋，甚至歪曲，最後達至腐蝕的情況。代議制不能在政治決定裡擁有真正的民主，主要理由在於所有人民無法全程及完整的參與政治決定過程。今天，經由各國所實施的民主例證可得知，較為接近代表民主制的國家如英德比荷等，這些國家雖被公認為實施純代表民主制，但是，比利時王國、英國西敏寺國會代表制卻曾訴諸於直接民主，皆舉辦過全國性公民投票；同樣地，荷蘭亦曾進行地方性及全國性投票（如 2005 年 6 月 1 日針對歐洲憲法草案進行全國性人民複決）（Hamon, 2006: 2）。除此之外，德國憲法亦揭諸直接民主之要項，規定在領土轉讓之情況下，地方邦（Länder）層級得行使人民投票決定。

　　如上所述，純代表民主與直接民主相同，皆屬較理想式之理論，似未能完全相合於現今國家所實施民主之實際情況。然而，如須對民主制度做多重分類，仍可分出此代表民主之主要特徵，屬此類的國家大多在於這些國家的憲法未具公民投票的規範，甚至，全國性公民投票亦未規定。

　　惟對民主之實踐情況言之，從未有國家屬於純代表民主或純直接民主的情況，但有些國家卻相當接近此兩類型，如瑞士在某些州之蘭斯捷門登（Landsgemeinde）州民大會為例，似較相近於直接民主；而以英國內閣制為例，似較相同於代表民主。由於制度的不同，故其政治決定過程亦有所不同。然而，該兩類型並不互相排除，亦未完全對立，相反地，在政治制度的實踐論據中，直接民主與代表民主能互相行使並產生互補作用，而現今大多數之歐洲國家採此兩類之混合，兼具了此兩類混合之元素。

　　茲為進一步細分，混和後的民主類型可再分兩類：半直接民主（Semi-

Direct Democracy）與半代表民主（Semi-Representative Democracy）。此
兩類的優點主在於減少了代表民主的缺失，如半直接民主更能實踐民主，
使得直接民主不再只停留在遙不可及的烏托邦境界；而至於半代表民主，
比代表民主更符合真正的民主，因人民的權限實已超越了只有能力選出代
表者。

第三節　半直接民主

半直接民主類型混和了代表民主與直接民主之成分，尤其更增加了直
接民主的部分。在此類型下，人民不僅是選出代表者，同時亦可行使直接
民主（創制與複決）直接干預公共決策。此類型係出自民主國家所訴諸之
代議機構（它使得人民議會的設置毫無可能）與人民對政治決定過程直接
參與之需求兩造間所達成的妥協。因而，人民無須透過中介表達其主權意
志，得直接對政府或民意機關所難以逕自解決的政治問題投票。在與憲法
及法律相關之權利義務事項下，人民擁有相當大的權限，惟並非所有的法
律與政治決定，皆交由人民公決，畢竟，立法權仍屬國會所有。

瑞士之政治制度可作為此半直接民主類型最好的例子，同樣地，列支
敦士登公國、義大利、愛爾蘭、丹麥均屬此種類型。

第四節　半代表民主

半代表民主係以代表民主為主，但亦包括了部分直接民主的成分，與
代表民主之分別，在於人民可實際參與決策的部分。在實施半代表民主的
國家中，人民不僅是選出國會議員而已，甚可干預總統與行政首長之任
命，選民經由頻繁的選舉，擁有對當選者的某些控制權；另一方面，國家
亦具備如公民投票之直接民主規範，然而在投票實施次數上較少，只允許

人民針對重要之議題行之。法國、奧地利、西班牙、瑞典、挪威、盧森堡、芬蘭、冰島、希臘、葡萄牙等國均屬此類型，惟各國實施的程度卻有分別。

3 直接民主傳統型式

　　本章探討西洋上古與中古文明時期所施行之「直接民主」（Direct Democracy）的類型，共分兩節。

第一節　上古文明時期

　　直接民主之最早起源可追溯自上古文明時期。在此時期，民主政治形同直接民主，曾於古王國實施，其中最為著名之例是希臘城邦。上古直接民主發展之顛峰期約為西元前 450 至 430 年，即為希臘雅典時代之貝希格勒（Périclés）時期，在當時，人民大會稱之為愛克烈西亞（Ekklesia），為當時城邦國（City-State）之一部分。古希臘城邦的代表會[1]（Council）類似於今日之委員會，負責召集人民大會會議，並安排會議議程。人民大會權限甚為廣泛，如立法、選出公職人員、對戰爭或和平下決議、締結盟約等。然而，對於雅典民主言之，所謂多數與平等原則卻隸屬於個人之財產多寡、國籍之有無、及種族之分別而定。婦人、窮人、無產階級、非公民之住民皆排除於政治參與決定過程之外。據研究統計，當時於希臘雅典，近 25 萬人數之住民中約 10 萬人係奴隸身分，只有約 3 萬人具公民身分，他們擁有全部之政治權利，而 3 萬人中只有少部分人係人民大會之代表（Zogg, 1996: 32）。因此，希臘雅典時代之直接民主是不完美之類型，離真正理想之直接民主類型相距甚遠。

　　直至西元前300至133年間羅馬共和國之興盛期，當時所採行之政治體制係以貴族階級組成，但卻已開始採用類似今天的部分民主機制。與希臘雅典所建立的人民大會相較，當時羅馬的人民大會卻有4種類型（comitia curiata, comitia centuiata, comitia tributa and consilium plebis），該4種類型的大會行使立法、選舉及司法等方面之權限。上述大會隸屬於國家級機

---

[1]　在雅典，每一部落分部成員派遣50位代表，該代表係從眾多候選人之中經抽籤而產生，50位代表成為五百人代表會之委員。五百人代表會中十分之一的代表掌管城邦國所有事務。由於該代表會成員非由人民大會選出，故不直接隸屬於人民大會。

構，但卻只具備被動之機能。人民大會未能主動提出創制案，甚至無權修定提交至法官審核之建議案。當時之人民只具備了被動性之角色，所謂現代的人民創制權，純為貴族階級所擁有。至西元前287年第1次由平民大會[2]（consilium plebis）所制定之法律於焉成立。後於西元前210年起，大部分之立法皆經由平民大會制定法律。一般言之，古羅馬人民大體上只享有些微的權力，因為只有貴族階級才享有實權，更由於貴族階級中派系林立，意見分歧，而只有一小撮貴族握有特權。在此，我們須以「公民投票」（plebiscite）此字眼提出探討，因透過該字源正可解釋與當時古羅馬時代之平民大會所做出的投票決定相關。如鄒格（Serge Zogg）所做出之定義如下：公民投票在辭源學中意指「古羅馬平民大會所做出之投票決定」（Zogg, 1996: 34）。

事實上，在上古時期，直接民主的基本原則仍遭漠視。直接民主不僅是須由人民來組成政府，另一方面，亦須考慮其餘平民、無知識者、賤民及窮人之基本權利，而非盡力的對其糟蹋與踐踏。尤其在對平民階級之主觀意識裡，常被議論未具有崇高的理想，以當時古羅馬之平民形象做例子來描述，平民階級只顧求得「更多的麵包與玩樂」。希臘柏拉圖（Platon）將直接民主視為在理性層面上至高無上之激情；同樣地，在此觀點上，亞里士多德（Aristote）在其「政治篇」（Politique）之論著中意指直接民主正如同「窮人與貧賤之人」所組成的政府[3]，直接民主必須包容無節制、不穩定及放蕩無拘的政治。

在同一時期，野蠻民族部落興起，尤其是日耳曼民族，其部落亦建立人民大會稱之為「性思」（things），每一族具有屬於各自之大會，所有成年人皆可參與，每屆初1或15日各部落集結起來召開與部落事務有關之會議。

---

[2] 平民係古羅馬人民中之下層，與上層的貴族相對立。

[3] See Aristote, "Politique", Livre III.

第二節　中古文明時期

　　在中世紀時，類似現代社區型會議於當時歐洲國家幾到處可見，在此最為著名之社區大會為蘭斯捷門登（Landsgemeinden），係瑞士中部四州（Four Cantons）湖區最大之大會。根據瑞士神話所載（Haver, 2011: 56），如是屬現代會議之型式純經由上古時期日耳曼民族所實施之直接民主延續而來，並代表日耳曼人民早期先聖先賢所熱烈追求自由之表徵。然而，歷史學家卻支持在古代日耳曼部落所組成之「人民大會」，與瑞士中部地區所建立大會之間的傳統關係只是虛構的，並無事實之根據，主要理由在於前述瑞士中部地區之大會一直至中世紀晚期方才開始出現[4]。事實上，對於瑞士中部地區最早設置大會之初次遺跡一直要至18世紀才被發現。在此時期，日耳曼帝國之權力日漸衰弱，然而瑞士境內之大會卻開始擴增至瓦斯達登（Waldstäten）地區[5]及西部阿爾卑斯地區。直至中世紀時代結束為止，上述之大會具備司法權、立法權、行政權、及相關之選舉權限等，所有達至16歲年齡之青年得參與大會活動。一般言之，婦女及未繳交土地稅金之外國僑民禁止參與大會活動（Duroy, 1987: 17）。

　　總之，瑞士中部地區之大會，其最早設置之時間及背景至今而言，仍具有爭議之處。另外的說法[6]，瑞士大會之建立亦可能受到於中世紀初期義大利北部地區佛蘭克尼（Franconie）之區域性大會與地方農業區實施直接民主之影響所致。如是邦聯式農業區透過民主方式結盟，並經由人民大會集聚一堂，可在歐洲其餘地區如北歐沿海地區、冰島、法諾曼地（Normandie）、法聖—馬亨（Saint-Marin）及法國與西班牙邊界之庇里牛斯山（Pyrénées）地區等見到類似現今之會議與政府組織等。此外，許多西歐地區之自由城市皆具備公民大會、城鎮會議（town meetings）、及大

---

[4]　See Historical Dictionnary of Switzerland.

[5]　瓦斯達登（Waldstäten）係環繞於中部四州湖區之區域，以德文稱之為Vierwaldstätersee。

[6]　See Historical Dictionnary of Switzerland.

型會議等[7]。然而，此等大會於中世紀結束後卻因主權國的興起而不復存在，唯獨瑞士各州經由聯邦制之建立，各州所屬傳統的大會得以延續至今（Zogg, 1996: 46）。

　　西洋上古與中古時期之傳統大會，並未真正具備現代型式之民主會議制度。古早之大會大都被商賈財閥、名門貴族所壟斷，而人民之自由與平等原則，個人不受他人束縛之基本權利、公民權及人民參與政事之政治權等，並未受到基本之尊重。然而，若無早期之直接民主開始進入萌芽期，則現代之直接民主則不復存在。

---

[7]　大型會議之組成係來自各方的代表，成員即是各小型會議之參與者。如瑞士的情況唯有少部分人口有權出席「蘭斯捷門登」（Landsgememeinden）；同樣地，如同某些大型會議如中世紀之自由城市：日內瓦、佛羅倫斯、威尼斯等亦只有少部分人口有權出席大型會議。

4 公民投票類型與規範

第一節　公民投票之性質

　　公民投票依法律解釋為「人民複決權」（popular referendum），係一種行使政權的特定方式，當全體或部分人民針對政府所關切的法案（acte juridique）被「邀請」來提出心中定見，而上述法案隸屬於政府機關（憲法會議、國會、政府）所訂定出攸關國家政策的重大決議；同時，該法案亦得經由公民團體直接建議，此情況法律解釋為「人民創制權」（popular initiative）。

　　在進行一般對「人」的選舉時，大部分公民選擇候選人以配合政府機關所提出的特定人選，而公民投票是針對「事」的投票，係對國家法案〈法規條例、辦法等〉表白贊成或反對。實際上，此「人」與「事」的投票卻在現今現實運作中依舊模糊而不清楚，其主要問題在於在現實中常導致對人的選擇超過了或甚至取代了對事的選擇，當不同黨派的政治團體在其各有的意識型態下互別苗頭，形成了對立，且依政治態勢不時製造情結，激化其對立面，如此將原本重大的案件只形同劇本般，各說各話，因而造成人民較不關切於對案件的本身所應提出的建議措施，而較關切於所願意臣服的特定人物。

　　當今，諸多民主國家實施公民投票，此不代表這些國家刻意互相模仿或抄襲，因為公民投票是從共同的出發點開始，政府針對特定案件向人民提出諮詢，此本合乎法理準據；同時，公民投票亦屬於憲法專有名詞，其本身的定義更應從廣義面來作詮釋，以包含所被採用的不同規定。究其實，公民投票在類型與規範上具有多重的變項，其形式、標準均不一，而各國行使公民投票的方式、程度均有所不同。

　　茲以6大研究問題分別加以探討。

一、依公民投票傳統、現代類型：主要分為諮詢式、決議式及命令式，其性質各有所不同。

二、公民投票的對象及標的：政府須適切地提供資訊傳播及宣導，將公民投票實施標的、議題等清楚地讓人民知悉，並付諸於施行。

三、公民投票的種類分為強制性、任意性等方式。

四、訴諸公民投票的對象主分 4 種來源：

（一）公民投票法案的始作俑者，通常特定對象來自於國會。

（二）公民投票由總統提出。

（三）公民投票權得授與法定機關，政府成為公民投票法案的製作者。

（四）公民投票權得授與公民團體。

五、公民投票的時效性，在行使上因時間有別，會產生不同的情況及影響。

六、公民投票結果的判定：贊成或反對，會產生的後果及影響。

第二節　公民投票之類型

依公民投票的類型如下：

一、諮詢式公民投票

公民投票屬諮詢式及參考性質，不具備法定投票的效力。當人民提供意見卻與政府所做出的決定無直接關係時，此時的人民投票只屬於諮詢式，只具備參考的性質而已，如某國會尋求人民意見，最後卻由國會自作決定。通常，憲法並未針對諮詢式投票做規範，只做為一種政策諮詢的工具，如北歐挪威的國會早期曾向人民提出與瑞典分治的徵詢；另外亦曾經由公共事務向人民徵詢有關酒精飲料禁止販售，及加入歐洲共同體等議題。同樣地，比利時人民亦經由政府提出諮詢有關雷歐伯三世（Léopold III）國王重新掌權執政等重要問題。然而，上述國家的國會在法律所賦與其職權的行使上，均有自行決定的權力。在此值得一提的是，諮詢式公民投票卻在瑞典、盧森堡兩國憲法上有明文的規定。英國國會亦曾發動諸項

諮詢式公民投票之例，如 1975 年舉行英國是否加入歐洲共同體之全國性公民投票；另外亦實施多次地方性公民投票，尤其於 1979 及 1997 年在蘇格蘭與威爾斯舉辦是否賦與該等地區立法權的投票。但是，儘管是人民投票，英國國會仍具有最後的決定權，此為英國國會享有「國會主權」之故。

二、決議式及命令式公民投票

公民投票合乎民主程序做出最後的決議，或經由憲法及相關法律的規範做成具備法定投票的效力。當人民投票表達意志做下決定，之後國會因而據此採取措施，或國會已採取的措施後經人民投票可望自此生效。公民投票為決議式及命令式性質係屬一般投票情況為之，主要理由在於公民投票依憲法所規定，投票依規定一切合法，如瑞士人民得於全國聯邦與地方各州為範圍投票決定；同樣地，奧地利、丹麥、義大利、法國及美國等情況亦復如此（Aubert, 2006: 481~495）。惟在此法國的公民投票制度是屬於混合制，一個單純的國會法能修改公民投票法，或以國會法取代公民投票法。

綜合言之，以公民投票的作用來說，諮詢式投票本身是一種矛盾，主要的理由在於具有公民資格的成年人只具備傳達意見諮詢的角色，與現今對人民參政亟需特定的管道來加以充實的情況下不符，民眾只擁有諮詢角色的形式，並不符合現代民主政治發展必然的趨勢。另一方面，國會是否真正體察與重視民意，由於涉及民意代表各自心態上的問題，因而無法確知。上述問題導致了代表多數的國會議員自行決定政事，並恐遭致與代表多數的公民相對立的局面，如是情況在時間累積之下，俟新選舉來到時將可能導致新的選舉情緒產生，如以瑞典為例，1955 年人民拒絕右派執政，直至 12 年後經由政黨協定，才又重新回到國會主導政府穩定的局面。

依上所述，國會與人民的關係何其重要，而今依民主體例論之，主分兩種：其一是實施典型的代表制，由於擔心人民的激情而授與國會所有權

力，除國會選舉外，人民得不到政府的徵詢；其二是承認人民的直接民主權限，實施人民投票。對於某些特定事務送交人民決定，人民的決定成為法律或事實的依據。如果一方面國會欲保有本身的自由權，另一方面欲重視民意，此時對國會言之，最佳的方式即是善於洞悉民意的歸向，做好民意調查。

第三節　公民投票之標的

通常，公民投票的標的皆與憲法及一般法令相關，對於政府所提出的法案亦可成為投票的標的，但此情況卻很少發生。有關公民投票標的合乎憲法規定的例子可參照義大利憲法第 75 條第 1 款、第 76 條及第 77 條第 1 款相關之規定。經驗證明當只有國會唯一代表政府權力時，由於在國會專制的情況下，將會導致直接民主在實施上的限制，此現象發生於世界各國皆然，成為是一個極為普遍的特例。

在此，同時須強調的是，公民投票的標的亦可能會出現較為複雜的情況。公民投票不僅是在針對某建議案提出接受或拒絕的抉擇而已，亦可能因標的的多重選項，產生更多不同的抉擇。舉瑞士公民投票為例，即產生了 3 種組合須抉擇的情況：其一是針對聯邦憲法部分修正的人民創制案；其二是國會反建議案，亦稱之「反方案」（countre-project）；其三是維持現狀（即對上述兩案皆拒絕）。瑞士人民得同時拒絕上述兩案；或接受第 1 案拒絕第 2 案；或接受第 2 案拒絕第 1 案；或同時接受兩案（從 1988 年起適用）[1]。同時，上述 3 種組合抉擇情況亦經瑞士各州憲法條文修正後，明訂各州亦得適用於各州法律修正投票（如 1993 年瑞士首府伯恩州憲法修正後第 63 條第 II 至第 IV 款之規定）。至於瑞士州政府是否得針對政府令提出公民投票，經筆者研究發現此種投票至今從未實施過，而 1998 年

---

[1] 參瑞士聯邦憲法第139條b項條文規定。

瑞士尼德瓦得（Nidwald）州憲法亦刪除了第5313條與此相關之規定。

除了公民投票的標的須在形式上採以共同的規範特徵外，公民投票的實質內容亦是值得關注的關鍵。因此，在舉行投票時，眾人對投票議題自然產生高度的興趣。以下可歸納數項投票的主題，例如法律規章、政府計畫措施、國際條約、財政措施、有自由決定權的行政法案（如政府對開採、經營、土地使用等的讓與）、純政治法案（如解散國會，或稱罷免權）等。至於與純行政有關的法案交付人民投票表決的例子甚少。

然而，在公民投票行使方面卻有例外的規定，如美國加州及1949年前的瑞士皆動用緊急條款，使得公民投票的結果立刻進入生效狀態，無需等待生效期限。

另外，公民投票的結果亦有可能經由例外規定之動用而遭到擱置。在此，值得比較的是，如針對稅法，公務人員薪資法規等，在瑞士皆可交付投票決定，然如丹麥〈依該國憲法第42條VI款之規定〉、義大利〈依憲法第75條II款之規定〉及前威瑪共和國，除總統做出不同的決定外〈憲法第73條IV款之規定〉等國卻禁止以投票做出決定。

第四節　公民投票之種類

公民投票分為強制性與任意性兩種。前者是須依規定完成人民投票，若無人民的投票結果，政府欲採行的措施則無法定奪，且未能生效實施；後者須提出請求後經人民投票決定，若無人民的投票，則相關的法案仍然有效，惟如仍舉行投票，則須在期限內舉行。經兩者相較言之，強制性公民投票較具制裁作用，因人民可做最後的公決；而任意性公民投票，通常取決於國會授意，使得國會與人民需達成妥協，妥協後法案的提出則不致有太大的爭議。以瑞士為例，聯邦國會所採取須公民投票的法案必與憲法條例相關，如修憲，此時的公民投票屬於強制性；同時，針對歐洲聯盟條約的投票亦屬強制性。另在地方性投票方面，瑞士各州的議會亦得針對議

會法案訴諸於任意性公民投票，由於法案的提出係出自議會本身，故議會有權決定是否須進一步交付人民投票。整體言之，法案如訴諸於任意性投票，其位階則低於訴諸強制性投票的法案，蓋屬任意性投票的法案，亦可無需舉行投票而將其法案經國會修訂即可。一般言之，立法性公民投票概屬任意性。

再者，人民創制係亦出自於強制投票。沒有人有義務須發動對法案的創制，惟創制案一經發動，即進入了瑞士的司法體系（聯邦及各州），儘管經由國會同意，仍須訴諸於人民投票公決，此種投票即為強制性公民投票。

第五節　訴諸公民投票之對象

對於任意性公民投票言之，誰具有提出公民投票的權利？特定的對象為何？大體上，公民投票權主要授與 4 種特定對象：(1) 法案的制作者，一般說來即指國會機關；(2) 總統；(3) 法定機關；(4) 公民團體。

一、國會機關

國會係提出公民投票的主要授與對象，在此可針對國會機關在政治運作上作進一步區分：

（一）國會的多數：公民投票的發動通常經由國會的多數進行。以瑞士為例，大多數各州即以議會多數作為特定的對象〈如瑞士首府伯恩自 1972 年 3 月 5 日修憲後即照如此規定〉；同時奧地利憲法第 43 條 II 款亦有同樣規定。以國會的多數提出重大法案，並利用公民投票案來決定，在憲政的原理上有其正當性，主要理由在於由國會議員合力通過重大法案，並與人民分擔重大的政治責任。

以瑞士做案例比較，任意性公民投票經由國會多數的議員來發動，以伯恩 2002 年新憲法規定：為數 160 席之議會，須 100 名議員共同聯名發動方為有效〈該州憲法第 61 條 II 款之規定〉。另一方面，任意性公民投票亦得經由國會少數的議員來發動，如聖－加勒州（Saint-Gall）2001 年新憲法規定：為數 180 席之議會，只須 60 名議員共同聯名發動即可〈該州憲法第 49 條 I 款之規定〉。

（二）國會的少數：通常以國會議員三分之一人數即可發動公民投票案。此規定存在於丹麥憲法第 42 條 I 款；奧地利憲法第 44 條 II 款關於部分修憲條款有用樣之規定；義大利憲法第 138 條 II 款針對憲法全部修正案須五分之一人數提出公民投票案亦有所規定；同樣地，瑞士侏格（Zoug）州憲法第 34 條 I 款與聖－加勒（Saint-Gall）州憲法第 47 條 I 款亦有規定。以國會的少數發動公民投票，藉以經由人民仲裁，並以此加以區隔朝野政治立場，如是規定即在充分保障國會少數的權力，然而卻因此導致少數反對黨與多數執政黨因公民投票案而掀起之政治對立戰爭，反對黨此時常以「公民投票」藉口，迫使執政黨在某些立場上退卻或讓步，因而在立法方面之溝通協調，因政黨的激情與政治化而顯得複雜冗長（Aubert, 2001: 40~59）。

（三）兩院制國會的上議院：當兩院制的國會因上議院未具備如同下議院的權力時，而有所謂上議院得向人民提出訴求之補償。此為德國威瑪共和國針對修憲案（憲法第 76 條 II 款之規定）之例。

二、總統提出

以法國案例言之，依法國憲法規定，公民投票由總統提出。依法國第五共和憲法第 11 條規定：無論國會之贊成或反對，准許總統直接與人民

制定法律。尤其在制定國家重大政策方針時，總統直接向人民徵詢意見，被認為是法國憲法所賦與總統之特別權。然而在法式之任意性公民投票裏，以單獨之個人向人民做徵詢，往往出自於個人喜好，同時所徵詢的主題對總統本人有利（Capitant,1972: 162）。

三、法定機關

　　公民投票發動權亦可授與制定公民投票法案的機關。德國威瑪憲法曾定出一套繁複的實施依據，其中總統得將國會制定的法律交由人民公決（威瑪憲法第 73 至 76 條之規定），然而此規定卻從未實施過；同樣地，瑞士聯邦憲法賦與瑞士 8 個州在聯邦法律及條例方面擁有訴諸於人民投票的權限（1899 年瑞士聯邦憲法第 141 條之規定），此規定溯自 1874 年始，至 2004 年首次施行，當時瑞士 11 個州皆反對聯邦政府所提出之稅法，主要理由是該稅法減少稅收致使得各州財政收入縮減，故 11 州因而提出投票的請求；同時，瑞士地方市民亦針對該稅法由社會黨發動人民投票的訴求，認為該法違反公平原則，最後於 2004 年 5 月 16 日投票否決該稅法。在此，值得一提的是，由上述 11 州連同地方市民針對聯邦稅法提出投票的請求，導致當時欲實施的聯邦稅法遭到否決。此外，義大利憲法第 75 條及第 138 條 II 款亦有類似的規定，卻同樣地極少施行（Aubert, 2006: 486）。

四、公民團體

　　對於任意性公民投票言之，其權利直接授與公民團體行之。授與公民團體提出投票之請求，最早可追溯自法國大革命時期（依 1793 年法國憲法第 59 條之規定），後來此種投票遂成為瑞士、美國各州習慣性之投票方式，同時加上義大利於近期民主改革後亦完成了相同之實施。公民團體發動投票會產生團體間實際之衝突，某些公民團體為實現投票須完成聯署方

符合規定。以德國威瑪憲法為例（第 72 條與第 73 條 III 款），曾規定為數三分之一國會議員得將所通過的法律延期兩個月頒布，此時二十分之一登記之選民（約 200 萬人）得將所延期之法律訴諸於公民投票，以求贊成或反對。由於依規定須 200 萬人聯署，並須以兩個月期限完成，故上述之規定未曾實施過（Aubert, 2006: 490~492）。

第六節　公民投票之時效性

公民投票之時效性分為先前性（préalable）與事後性（subséquent）。

一、先前性與事後性之標準

政府對尚未制定的政策與措施，事先訴諸公民投票，此類公民投票屬於先前性投票；而政府對既定的政策與措施，事後以公民投票表決，此類公民投票屬於事後性投票。

對於先前性的投票來說，具有原則示範作用，換言之，人民在第一時間即干預政治決定過程，以便在政策尚未形成前，即具備民意指標示範作用，然缺點在於因政策尚未形成，故公民投票的訴求較不明確。一般言之，公民投票通常是事後性的投票（Aubert, 2001: 53）。

瑞士經由公民創制提出全部憲法修正案（依瑞士憲法第 120 條之規定），於 1935 年曾舉行先前性的投票；同樣地，部分憲法修正案（憲法第 121 條 5 款之規定）亦得經由先前性的投票表決。而法國在公民投票方面，取決於總統所做的決定，公民投票在實效上有時為先前性，有時為事後性，如 1972 年特針對批准布魯塞爾條約舉行事後性的公民投票；另亦針對「打開歐洲大門新展望」訴求，舉行先前性的公民投票（Aubert, 2001: 54~55）。

二、事後性的投票分為終止性（suspensif）與決議性（résolutoire）兩種

在法案尚未具備效力前投票，稱之為終止性投票；對已生效之法案進行投票，稱之為決議性投票。終止性投票的好處，在於人民得就不樂於見到的法案拒絕使之生效。以瑞士、丹麥及義大利為例，瑞士所採行的公民投票大都屬於決議性，特針對法規繼續施行與否做最後的決定（瑞士憲法第 89 條之 1 之規定）；丹麥法律（憲法第 42 條 VII 款）亦提出相同的規定；至於義大利法律，對其立法程度而言，公民投票屬於「廢止式」（abrogatoire）投票（義大利憲法第 75 條之規定），意指以公民投票尋求對某一項法律的廢除（Aubert, 2001: 57）。

對決議性或廢止性公民投票言之，瑞士聯邦法律將其界定為「緊急法」（urgent law）（依 1999 年瑞士聯邦憲法第 165 條之規定）；而義大利法律在其憲法判例文中將公民投票純界定為「廢止性」投票，如於 1990 年義大利行使投票將比例代表制改以兩輪多數選舉制。而決議性投票並不具備追溯之效力，如義大利於 1970 年廢除離婚法，但以不追溯原則，至 2 年後才正式廢除（Aubert, 2001: 58）。

第七節　公民投票結果之判定

公民投票結果的判定須依贊成或反對的情況而定，但實施公民投票的國家，對於票數的計算有著不同之規定。對於公民投票法案結果判定的情況，有下列 4 種：

一、贊成票須超過反對票

此為公民投票制度最為普遍的情況，例如瑞士、法國、及美國各州等

皆是透過投票結果以分出勝負判定。但瑞士如針對聯邦憲法修正案時，各州贊成票或反對票亦須附帶超過所有州的半數。

二、贊成票須超過選舉人投票的半數

此為德國威瑪憲法第 76 條 I 款特針對以人民創制權提出對憲法修正案的規定。

三、贊成票須超過反對票，卻不及選舉人數的半數

此為丹麥憲法第 88 條特針對憲法修正案的規定，其中明定須至少具備 40% 以上的贊成票。

四、贊成票須超過反對票，或反對票須超過贊成票，所超過的票數不及選舉人數的半數，但須超過30%的票數

此為丹麥憲法第 42 條 V 款特針對一般法律所提出的規定，其中明定為否決一項法律須至少 30% 提出對該法律之反對票。

五、廢止性公民投票須投票者超過所有選舉人半數，公民投票方為有效；然後贊成廢止議案之人數超過投票數一半者，即通過廢止性公民投票。

以義大利為例，廢止性公民投票須所有選舉人的半數前往投票，方為有效，如 1990 年 6 月義大利針對是否限制狩獵的權利投票，當時狩獵者大都表示反對，投票結果約 1800 萬票贊成，200 萬票反對，然而投票結果無效，主要理由在於所有選舉人為 4500 萬人，須獲半數出席投票方為有效（如假設贊成者為 1800 萬人，反對者為 600 萬人，則投票結果卻有效，贊成通過）。究當時原因是狩獵者本身大都棄權，不參加投票。

5 全球公民投票

目次

　　全球第一次全國性公民投票開始於 1793 年 6 月 24 日，當時法國依照大革命時期國民公會之法令，將 1793 年憲法（亦稱元年憲法）（Constitution de l'An I）訴諸於人民投票通過。至今，全世界所有的國家併在一起合算，約計共 1538 次的全國性投票[1]。本章主要分兩部分，首先，第一部分：全球公民投票數量的擴增；其次，第二部分：公民投票在各國間分布的情形。依次分別探討。

第一節　全國公民投票數量之擴增

　　據統計，世界各國舉辦公民投票有愈來愈增多的趨勢。從 1793 至 1900 年，只有 71 件全國性公民投票，但至 1990 年已有 844 件，直至今日，已超過了 1538 件的全民投票。此擴增的現象用來證明了公民投票的重要性外，公民投票更是符合了國際潮流的趨向。早期歐陸帝國的瓦解，例如奧匈帝國、沙皇政權，以至於 20 世紀後期的蘇聯解體等，同時，第 2 次世界大戰後各殖民地紛紛獨立建國，導致於公民投票蔚為當時流行的時尚，公民投票遂成了民主正當性的一種利器。

　　在 20 世紀初期，當時之君主立憲制度盛行於世界各國，唯有美國、法國及瑞士 3 國實行民主共和制。迄今，在聯合國體系之下的 193 個會員國，大多數的國家均為民主國家，擁有民主憲法及國家主權，並受世界各國之承認。較先進的歐美國家，為致力於實施半直接民主制（semi-direct democracy system），不遺餘力，率先倡導公民創制與複決權之行使，造成公民投票數量有愈來愈擴增的趨勢。

　　由世界各國分布的情況來看，儘管公民投票曾被廣泛的使用，然而卻仍不夠普及化。現代人類講求創新的民主概念，認為創新將會使得社會更

---

[1]　See《Guidebook to Direct Democracy in Switzerland and beyond》, 2010, Initiative and Referendum Institute，其書中第208頁提到至2010年的數字是1538次。

加的進步，但是在直接民主之要求下，人民直接干預立法，卻直至今日仍屬例外。

第二節　各國分布之情形

公民投票之舉辦，大都集中在少部分國家。瑞士是實施公民投票最具代表性的國家，雖其人口不及 800 萬人，然而瑞士政府曾舉辦占全世界三分之一數目的全國性公民投票。在 18 世紀，瑞士所舉辦的公民投票總共57 次，幾占當時世界實施數目的 8 成（全世界數目是 71 次）。之後瑞士實施公民投票數目雖有降低，但仍維持在水準之上。最近數十年來，瑞士的公民投票數目約為其他歐洲國家的 2 倍，如與世界其他國家相較，亦超過於 2 倍之多[2]。

除瑞士外，半直接民主在世界各國的發展極為不均衡，舉辦為數 10次以上公民投票的國家甚少，而又多集中於歐洲數國[3]。大多的國家各自舉辦公民投票，然而在數目上相差瑞士甚多。值得注意的是，許多國家的民主制度過於守舊，故從未舉辦過全國性的公民投票（例如美國、印度、中國、日本等）。世界各國如此不均衡的現象顯然與本身之政治制度相關。

事實上，經研究發現，在某些具半直接民主制度的國家裏，當公民投票發動時，幾乎已不受公權力的監督，主要理由在於公民投票已大致制度化，如針對憲法務必強制投票，此為澳洲、愛爾蘭之例；又如人民擁有對立法的創制權，此為義大利、烏拉圭之例；或上述兩種方式皆具備，以此為瑞士之例（Suksi, 1993）[4]。至於依丹麥憲法的規定，創制權屬國會少數

---

[2]　參 Initiative and referendum Institute 之數據。

[3]　比較例外的 3 個國家如下：澳洲（49次公民投票）；紐西蘭（45次公民投票）；烏拉圭（23次公民投票）。

[4]　芬蘭作者蘇柯西（Suksi）將全球160個國家的憲法針對公民投票的規範做比較，得出

來行使。

　　然而，以法國言之，法國實施公民投票雖亦有先例，但從未行使人民創制及強制投票；而對日本來說，日本憲法規定凡涉及修憲，務必強制交由人民投票決定（Suksi, 1993: 142）[5]，但日本至今修憲強制投票未曾實施過。

　　在此，似乎可進一步做假設，對慣於實施半直接民主的國家是否與地緣、人口及社會經濟所帶來的影響相關呢？依盧梭（Jean-Jacques Rousseau）過去所提出的論點來看，為求法律最後交人民通過，須符合兩個基本條件：(1) 小國寡民（Rousseau, 1964: 978）[6]；(2) 自給自足的農業，並帶來繁榮的經濟（盧梭認為藝術、科學及商業的發展，刺激了對資源的享受，故一般市民較沉迷於私領域，對公共事務較不關心）（Rousseau, 1964:390）。

　　事實上，如盧梭所述之第 2 個基本條件未必符合現代的事實情況，正如蘇柯西（Suksi）所提出的反證（Suksi, 1993）：愈非都市化的國家，其憲法在公民投票的規範愈顯缺乏。至於如盧梭所提出之第 1 個基本條件，以人口及地理學的觀點言之，現今實施半直接民主的國家要比盧梭所提及之「每個人皆彼此認識」的共同體大的多了。盧氏認為在歐洲唯有一個科西嘉島（Corse），該島上「人民擁有立法的能力」（Rousseau, 1964: 390~391），然而事實上很多國家如瑞士、美國加州、法國、義大利等皆能將現今的公民投票推動的甚為順暢，同時投票人口幾占數百萬，甚至數

　　下列研究結果：總共32個國家的憲法具備強制性憲法公民投票的規定，惟在立法公民投票方面，無任一國家規定須強制投票；同時，在任意性投票及人民創制方面，世界各國的憲法甚少規範，只有利比亞、義大利、列支敦斯登、菲律賓及瑞士的憲法有規定。然如進一步參考勃特勒及倫尼（Butler and Ranney）在其"Referendums around the World: The Growing Use if Direct Democracy"書中所提到的國家仍須加上烏拉奎（Butler and Ranney, 1994, p.7），及匈牙利（Butler and Ranney, 1994, p.185～186）。

5　依日本憲法第96條之規定。

6　參盧梭名著"Considerations on the Government of Poland"，盧梭曾指出：「大國由於管轄範圍太大，治理不易，立法力量無法展現出來，而只能透過其代表完成。」

千萬以上。由此論述可知過去盧梭所舉出「小國寡民」之基本條件，與現今國家的情況並不相合。因此如考量最適當的投票數目恐無法找出其合理的數據；然而可認定的是大多數超過 1 億人口以上的國家如美國、印度、中國大陸、印尼及日本等，至今尚未實施過全國性公民投票，但如此亦未必完全合乎上述情況，如巴西為例（1 億 6 千萬人口，5 次公民投票）[7]；及前蘇聯（2 億 5 千萬人口，1 次公民投票）。蘇聯當時透過戈巴契夫（Gorbatchev）發動公民投票，其最主要的用意在於重建蘇聯新秩序，並以人民投票決定蘇聯政權的正當性，然卻導致諸多地方政府群起表達獨立之意願，並紛紛抵制投票，同時亦有其他地方政府趁機會尋求發動主權獨立公民投票[8]。

　　針對大國言之，因人口眾多的關係，似較抗拒直接民主，主要理由在於全國性公民投票會造成族群間緊張之關係，故此種潛在族群衝突將易經由國會妥協而獲致緩和的局面。

　　依波格達諾（Vernon Bogdanor）之論點[9]，在屬小或中型的國家裏，人口較同質，無族群的參雜，對公民投票經常性的實施較為有利，此可用來解釋為何愛爾蘭、丹麥、義大利及法國等較易實施公民投票；然相較於比利時，由於佛拉蒙與瓦隆（Flamands and Wallons）語言區經年文化衝突不斷，故甚難以人民投票方式來解決其爭端；同樣的，荷蘭亦是個奇特的例子，荷蘭自傳統來即是古老的議會民主國家，並屬於同質性社會，然其至 2005 年才實施首次之全國性公民投票；此外，對於瑞士來說，亦屬特例：瑞士並非屬同性質社會，各州保有語言、宗教及文化之特殊性，然而瑞士訂有強制性憲法公民投票規範，投票須過半數通過方為有效。

　　任何一個國家實施公民投票，是否有受其他國家的影響而相互模仿？

---

[7]　截至2005年，巴西的全國性公民投票次數計5次（參巴西全國性公民投票網站）。

[8]　當時波羅的海紛尋求獨立之3小國（愛沙尼亞、立陶宛、拉脫維亞）、亞美尼亞、喬治亞、摩爾多瓦等抵制投票；哈薩克、烏克蘭及俄羅斯尋求發動主權獨立投票。

[9]　論點出自Butler and Ranney, "Referendum around the World: The Growing Use of Direct Democracy", Mac Milan, 1994, p.185～188。

答案是不盡然。例如早期英國的屬地或殖民地，甚至大英國協，沿襲西敏寺（Westminster）的國會制度，如澳洲、愛爾蘭實施公民投票卻極為普遍，但如加拿大實施情況甚少，而對印度言之，卻從未實施過。

　　然而，值得思考的是公民投票在經年的實施下，亦會孕育出某種特定的政治文化。換言之，即為英國人所稱之「習慣文化」（habit forming culture）。半直接民主本身擁有一種自發性的產出機制，它可使得人民的權力獲致適當的發揚，正如義大利及瑞士人民所擁有的創制權一般。但是，半直接民主機制亦可隨一國家政權的更替而有所改變，如德國曾於1919 至 1933 年威瑪憲法時期實施人民創制制度，爾後卻於 1949 年後完全改變成純代表國會制度。

第三節　公民投票系統比較

　　如比較全球實施公民投票的情況，可得出 3 種投票模式。

一、三種模式

　　（一）公民投票成為人民對領袖信仰的凝聚，以免造成政黨及利益團體分化的危險。此時之創制出自於國家領導人之手，以國家之名號召人民投票，此模式稱之為「集權式」投票。

　　（二）公民投票成為人民團體的一種自發性活動，並經由執政者的意志合力完成投票。此時之創制出自於人民之手，與前述之集權式投票不同，此模式是屬於「權力下放式」投票。

　　（三）公民投票成為一種循經驗法則式的投票，通常在屬代表式民主制內，由國會發動創制。此時之創制出自於國會之手，由於國會行使創制投票並無法源之依據，只憑經驗式的訴諸政黨投票，故此模式屬於經驗性「政黨式」投票。

　　上述 3 種公民投票模式的分類或許過於簡單化。事實上，如更進一步來比較同類公民投票模式實施的國家，可發現如義大利、瑞士兩國，同樣創制係出自於人民之手，然而以人民權力之規範來比較該兩國，顯然義大利所受到的限制要比瑞士來的多。此外，甚多國家由於權力制度混雜，故上述三種模式有可能皆會混合在一起。

二、改良型

　　以下由威利（Hans-Urs Wili）針對公民投票模式所做出的改良型，威氏以直接民主做分類，分出 6 大投票系統（如表 5-2），與前述之 3 大投票模式相似。

　　（一）丹麥系統：某些國家實施公民投票仿傚於丹麥系統，公民投票得經由國會少數發動，此系統與前述之訴諸於「政黨式」投票相似。

　　（二）法國系統：某些國家實施公民投票仿傚於法國系統，公民投票成為是總統的權力工具，此系統與前述之「集權式」投票相似。

　　（三）義大利系統：某些國家實施公民投票仿傚於義大利系統，公民投票主要特色在於創制權得經由國會外人民團體有限的行使。

　　（四）瑞士系統：某些國家實施公民投票仿傚於瑞士系統，公民投票主要特色在於創制權得經由國會外人民團體行使，換言之，創制權屬於人民所擁有。

　　（五）混合系統：某些國家實施公民投票如大英國協 23 國，以設定特定議題做為投票項目。

　　（六）拉丁美洲系統：某些拉丁美洲國家如 13 國採行多種系統而成。

　　表 5-2 針對 132 國憲法做公民投票規範比較，其中因美國屬地方性公民投票（在其密西西比以西之 25 州實施創制複決制度亦具特色），然不在下表之分類系統內。表 5-2、圖 5-1 共分出 6 大系統，大體上，世界各國

憲法的制定者，針對與公民投票相關之規範，均出自於制定者本身之手，
故對公民投票在實施的成效上，較不易彰顯，同時在下表中可得出採行其
中公民投票系統較多的國家，其實施的情況較不頻繁，反之，採行其中公
民投票系統較少的國家，其實施的情況較頻繁的結論（Wili, 2006）。

表 5-1　全球公民投票實施之情形

年份	歐洲（瑞士）	中東	亞洲	美洲	澳洲及大洋洲	非洲	總計
1900 年前	68(57)	0	0	3	0	0	71
1901-1910	14(12)	0	0	0	4	0	18
1911-1920	21(15)	0	0	3	5	0	29
1921-1930	36(28)	1	0	2	6	0	45
1931-1940	40(23)	0	0	7	6	0	53
1941-1950	36(21)	1	1	3	11	0	52
1951-1960	38(32)	8	5	3	5	9	68
1961-1970	44(30)	18	4	4	7	19	96
1971-1980	116(87)	36	14	8	14	34	222
1981-1990	129(76)	24	6	12	7	22	200
1991-2000	235(105)	4	20	76	15	35	385
2001-2010	168	20	10	44	22	35	299
總計	945	112	60	165	102	154	1538

資料來源：Initiative and Referendum Institute, 2010.

表 5-2　全球公民投票系統之分類

特徵	世界影響力	實施時間 （1971 ～ 2005）	評價
丹麥系統：國會少數反對黨權力	採行地區有限： 5 國（如丹麥、愛爾蘭等）	35 次 （實施極為有限）	維護國會少數的權力
法國系統：總統特權（法國憲法第 3、11、89 條之規定）	35 國仿傚法國系統、14 國類似。 採行地區： 非洲早期殖民地、前蘇聯、阿拉伯土耳其語系國家	98 次 （實施數目有限）	集權式投票
義大利系統：國會外少數反對黨有限權力：廢止性公民投票（義大利憲法第 75 條之規定）限制： 1. 設法定投票人數門檻 2. 受憲法法院實質監督 3. 公民投票不適用範圍（4 項）：財政、刑法與大赦、庇護、國際條約	採行地區： 東歐 12 國類似。 使用非廢止性公民投票	128 次 （實施良好）	國會外少數反對黨有限權力的保障
瑞士系統：非國會少數反對黨權力（依瑞士憲法第 138 ～ 142、163 ～ 165、192 ～ 194 條之規定）	採行地區： 4 國部分類似 （澳洲、列支登斯敦、密克羅尼西亞、烏拉圭）	395 次 （實施極為良好）	由少數決定是否須針對法律或人民創制案投票
混合系統：設定特定議題	採行地區： 大英國協 23 國	15 次 （實施較少）	
拉丁美洲系統：多種系統合成	採行地區： 拉丁美洲 13 國	102 次 （自發性，非制度性之實施）	不相容系統之混合導致投票可行性降低

資料來源：作者整理。

全球公民投票系統之分類

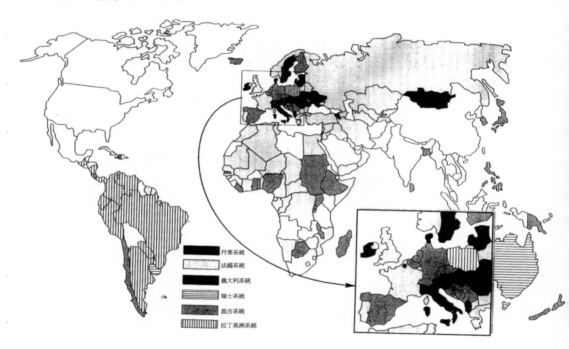

圖 5-1 全球公民投票系統分類圖

資料來源：Initiative and Referendum Institute.

6

半直接民主制與公民投票：
瑞士創制、複決投票

　　比較制度學大師鄒格（Serge Zogg）曾於 1990 年代將歐國之民主制度分成直接民主、代表民主、半直接民主、半代表民主四大類型。之後，法國學者艾蒙（Francis Hamon）更以歐洲 19 國之直接民主規範做比較，歸納出瑞士是屬於半直接民主制的國家。何謂「半直接民主制」（Semi-Direct Democracy）？此制對現代國家所強調之直接民主具何特殊功用及效益？值得研究。誠如瑞士採直接民主制，該國民主制度冠以人民主權為原則，充分保障創制、複決權之行使，立下典範。同時，瑞士實施全國性公民投票之數量居全球之冠。本文採文獻分析及案例研究法，藉先進民主制度模型剖析半直接民主制之規範及民主效能，並進一步研究瑞士人民創制、複決制度，及其實施公民投票之經驗，提供研究參考。

第一節　半直接民主制

　　以歐洲各國直接民主規範相比較，發現瑞士是實施「半直接民主制」（Semi-Direct Democracy）類型的國家。鄒格（Serge Zogg）曾就歐國劃分出三個等級：半直接民主制、半代表民主制、純代表民主制等（1996: 14），將瑞士歸類於第一級。之後，艾蒙（Francis Hamon）又進一步做了歐 19 國直接民主規範比較（2006: 65），如表 6-1。

一、半直接民主制之界定

　　半直接民主係依一混合制，混合了純代表民主與直接民主之成分，尤其更增加了直接民主的部分。在此制度下，人民不僅可選議員或政府首長，同時亦可透過創制與複決權之民主機制直接干預公共事務，如是之機制係由法律本身之強制力與對公民參政的需求兩造間所達成的妥協（Zogg, 1996: 14）。因而，公民無須透過中界表達自身之主權，而可針對特定之政治議題，經選舉人與團體、政府等提出後進行投票。對於法律與

決策方面，人民尤其擁有在憲法、立法方面更大的權限，但立法權仍舊維持屬於國會之職權（Aubert, 2006: 481~495；李昌麟，2007: 35）。

二、直接民主規範之比較

　　鄒格、艾蒙分別將歐洲 19 國之公民投票制度做比較，共比較出 7 大直接民主規範類別：全國性公民投票入憲、強制性憲法複決、人民創制、一般之任意性公民複決、特別之任意性公民複決、公民投票數量、及直接民主制度歸類等。見表 6-1。

表 6-1　歐洲 19 國直接民主規範比較表

國家	全國性公民投票入憲	強制性憲法公民複決	人民創制	一般之任意性公民複決[1]	特別之任意性公民複決[2]	公民投票數量[3]	直接民主制度歸類
瑞士	有	有	有[4]	有	有	531	半直接民主
列支敦士登	有	無	有[5]	有	有	85	半直接民主
義大利	有	無	有[6]	有	有	62	半直接民主
愛爾蘭	有	有	無	無	有	29	半直接民主
丹麥	有	有	無	無	無	12	半直接民主
法國	有	有[7]	無	無	有	9	半代表民主
奧地利	有	有[8]	有[9]	無	有	3	半代表民主
西班牙	有	有[10]	有[11]	無	有	3	半代表民主
瑞典	有	無	無	無	有	7	半代表民主
挪威	無	無	無	無	有	6	半代表民主
盧森堡	有	無	無	無	有	4	半代表民主
芬蘭	有	無	無	無	有	3	半代表民主
冰島	有	有[12]	無	無	有	0	半代表民主

表 6-1　歐洲 19 國直接民主規範比較表（續）

國家	全國性公民投票入憲	強制性憲法公民複決	人民創制	一般之任意性公民複決 [1]	特別之任意性公民複決 [2]	公民投票數量 [3]	直接民主制度歸類
希臘	有	無	無	無	有	0	半代表民主
葡萄牙	有	無	無	無	有	0	半代表民主
比利時	無	無	無	無	有	1	純代表民主
英國	無	無	無	無	有	1	純代表民主
德國	無	無	無	無	無	0	純代表民主
荷蘭	無	無	無	無	有	1	純代表民主

資料來源： Zogg and Hamon. 2006. Centre d'Etudes et de documentation sur la démocratie directe.
附註：
1 依鄒格與艾蒙之解釋，一般之任意性公民複決之規範係依照憲法的規定，並至少曾施行過一次以上。
2 特別之任意性公民複決亦照憲法之規定，但可從未施行過；亦可憲法並未規定，直接由政府或國會施行。
3 各國公民投票數量之計算係自 2006 年止。
4 瑞士憲法人民創制係自 1874 年起；立法人民創制自 2003 年起。
5 列支敦士登包含了憲法與立法人民創制。
6 義大利之請願權對國會不具強制力，故請願無實施公民投票之必要。
7 法國強制性憲法公民複決意謂憲法修正創制案由國會提出，並經國會兩院同意。
8 奧地利強制性憲法公民複決是在憲法全部修正之情況下進行。
9 奧地利之請願權對國會不具強制力，故請願無實施公民投票之必要。
10 西班牙強制性憲法公民複決意謂憲法全部或部分修正，倘涉及基本原則受到影響時。
11 西班牙之請願權對國會不具強制力，故請願無實施公民投票之必要。
12 冰島強制性憲法公民複決意謂當修憲而改變路德教會之權力時。

　　以表 6-1 可比較出瑞士、列支敦士登、義大利、愛爾蘭、丹麥等國均屬半直接民主國家，具備多項人民創制與複決規範，尤其瑞士公民投票數量居冠，所獲致之民主效益及評價最高。

第二節　瑞士公民創制、複決制度

一、瑞士公民投票之特徵

　　瑞士為公民投票之典範國，其投票甚為頻繁。正如歐勃（Jean François Aubert）所述：「瑞士的公民投票不向其他國家，只做為一特定訴求，並以權力運用投票移轉至人民身上。相反地，瑞士的公民投票卻反應在一般政治生活中，每 3 至 6 個月，瑞士人可針對多項議題投票表決。」（2001: 40~59）

　　以量來說，從 1848 至 2006 年，瑞士人民經投票自行表決了 531 項問題，創下世界紀錄。除美國西部州外，歐洲其餘國家實無國能比。同時，在研究中發現，瑞士最為頻繁的投票是在 20 世紀後半期，大約一半以上的投票是從 1970 年後才開始。

　　以質來說，與公眾事務相關的議題均訴諸投票決定。以 1990 至 1999 年之投票議題為例，如新憲法（1999 年）、成人年齡、國會議員地位、政府組織、司法組織、刑法章節修正、移民、外來人歸化、歐洲經濟圈、Bretton Woods 機構（世界銀行、國際貨幣基金會）、聯合國藍盔和平部隊、聯邦稅（特別是附加稅 TVA 部分）、能源經濟、核能電廠、水資源保護、國土整頓、穿越阿爾卑斯山鐵路路線、高速公路、道路圓環、空中導航、疾病保險、老年保險、失業保險、母系保險、上夜班、文化、官方語言、農業、葡萄種植、菸酒、毒品、麻醉醫藥處方、軍人薪餉、武器輸出、拒服兵役、基因遺傳、活體解剖、賭博事業等（Aubert, 2001: 46~49），上述之各項問題均屬聯邦法議題，紛於十年內投票完畢，然尚有諸多地方性投票議題，因限於篇幅，在此不一一列舉。

　　瑞士公民投票從不由官方發動，故政府無法藉投票強化其正當性，無法以公民投票理由訴諸投票，亦無權號召人民投票，此為其重要之特點所在。但是，公民投票可經由國會而產生，通常係針對憲法修正案，或其他同等級之案件。對憲法投票來說，因係出自憲法議題本身，國會只通過修

憲案，而終究須經強制性投票交由人民決定[1]。

　　除強制性投票外，其餘投票方式之產生，係基於市民團體自願發起而成。通常除對一般性法律，須經五萬市民聯合申請外；而針對人民創制案，須經十萬市民聯合提出建議案。由於是市民自己提出之創制案，故政府不能主控其行使創制案之政治議程（Cobbs and Elder, 1972: 93~105）。

　　對於強制性或任意性公民投票之產生，主要在於以國會權責提出相關案件後成立，換言之，關鍵在於以國會來引導政治議題，並做抉擇。對人民創制案之產生，係來自人民主動提出訴求，尤其所提出之訴求是政府不願提出而立。從人民創制案送交至政府審理單位至完成投票所需時間甚為冗長（約計 4 年），對政府來說，政府有必要在此期間採取對創制案議題公開的政治立場。

二、傳統之規範

　　瑞士之直接民主規範明訂於聯邦憲法第 138 至 142 條之條文內，規定了人民的創制與複決。同時，第 192 至 195 條針對聯邦憲法修正條文，亦具備同樣之規定[2]。

（一）人民創制

　　依瑞士聯邦憲法之規定，以全部或部分憲法之修正為由而發起之人民

---

[1]　一般來說，國會別無選擇。當國會欲採行之法案在與憲法相牴觸之情況下，必然須經對憲法之修正途徑行之，而終究須完成強制性之公民投票。然而，瑞士亦曾發生極為例外之案例，即是國會引用憲法條例，將法案以強制性公民投票通過為法律條文（例如1987年涉及人民創制投票方式修正及反方案之表決，國會因之援引憲法條例以人民投票表決，卻不採用1976年時因政治法議題做簡單國會修法之方式）。這是透過國會唯一的一次獨自針對國會審查法案權訴諸公民投票行使的案例，換言之，非經法律之需要，國會將選擇性投票轉為強制性投票。

[2]　參瑞士國會網站：http://www.admin.ch/ch/f/rs/1/101.fr.pdf

創制案，須經十萬市民之提議提出申請。在此，瑞士人民針對憲法全部或部分修正所提出之人民創制案[3]，經聯邦議會政治審查通過，及司法機關認定生效後實施人民投票。其投票結果，票數須達至人民投票與州投票之雙重多數，方可通過。

　　依照瑞士之傳統，聯邦級之人民創制只能針對憲法修正而提出。從過去為讓市民擁有創制權，曾做過多次立法人民創制建議而無效。此種可直接干預聯邦立法的人民創制，長期以來，始終被認為是禁忌，最後才終於於 2003 年解禁。但是，在地方級的政治系統內，立法層次的人民創制卻可在各州境內行使，以日內瓦為例：為數一萬市民擁有針對立法法案之建議權，在發起創制案後，聯署者須在 4 個月期限內簽署完畢。而通常，在瑞士州層級之政治法的管理較聯邦層級來的完善（Papadopoulos, 2000: 73~75）。

（二）複決

　　瑞士之人民複決，依聯邦法律亦可稱之為人民諮商，或人民與各州之諮商。而人民諮商之條件，需在人民提出創制法案或某些經聯邦議會通過的法案再交人民複決，此做為瑞士憲法針對合乎人民投票之一般標準性法案所作出之明確規定[4]。憲法亦規範了強制性與任意性公民投票；中止性與廢止性公民投票兩類。

　　強制性公民投票係依瑞士聯邦憲法第 140 條而定。該投票係針對聯邦憲法修正、與憲法相牴觸之為期超過一年之緊急聯邦法令、及加入集體安全組織之國際條約（如聯合國、北大西洋公約組織）或超國共同體（如歐洲聯盟）。其投票結果須以票數達至雙重投票人與各州之多數方為通過。憲法第 141 條規定了各類屬聯邦規範性的法令可訴求於任意性或中止性之

---

[3]　通常，以憲法部分修正之人民創制案件較多。

[4]　除一般標準性法案外，憲法第141條第3款亦規定：屬憲法或法律之聯邦法令，經聯邦議會投票通過後，亦可再訴諸任意性之公民投票，做最後之決定。

公民投票。

在任意性公民投票方面，特針對法令在正式公布第 100 天之期限內，經五萬市民或八個州聯合請求投票。所針對的法令各為聯邦法、與憲法相合之為期超過一年之緊急聯邦法、及三種涉及國際條約之協定：(1) 未確定期間及未正式公告之協定。(2) 瑞士加入國際組織之協定。(3) 多邊國家統一協定。與強制性公民投票不同的是，其投票結果只須投票人之多數方可通過。

無論是強制性或任意性，公民投票開啟了對法令暫時中止的效力。如一旦展開投票之法定過程，法案即便是已進入期限卻進不了生效期；或投票之請求未曾提出，或一經提出卻達不到聯署數目既定之規定；或投票之請求提出後，展開投票之結果符合預期，此等情況皆會影響法令既定的效力。公民投票之法定程序遂進入了後國會之階段，並接續聯邦議會之工作，在訴諸投票之形式下進行，之後將所通過之規範性法令付諸於生效實施。在廢止性公民投票方面，廢止性投票是針對規範性法令所作出之懲罰效果，當人民諮詢完成後，對其受爭議之法令做正式之裁決（此為聯邦憲法第 165 條有關緊急性聯邦法之規定）。例如：聯邦議會在緊急之情況下通過法令，並付諸無限期實施，但在憲法規定下，只要涉及生效期長達一年之緊急法令，遇有爭議情況，可訴諸於投票決定。對於與憲法規定相牴觸之緊急法令，尤可以強制性投票表決；反之，法令如與憲法規定相合，則訴諸於選擇性投票。為確保聯邦緊急法令進入生效期無誤，所採行之聯邦緊急條款規定須事前經聯邦議會 101 位國家議會議員及 24 位州議會議員過半數通過方為有效（Hottelier, 2003: 660~662）。

三、2003年推行制度改革

2003 年瑞士推動民主制度改革，對於人民創制及任意性公民投票均做出重大之修正（Grisel, 2004: 456）。

（一）一般性之人民創制

1. 概念

　　經由 2003 年 2 月 9 日瑞士人民與州投票通過一項針對聯邦公民法之改革，帶來人民創制法的一次革新：依聯邦憲法第 139 條 a 項新規定，今後十萬市民不僅可提出對聯邦憲法之修正案外，甚至可提出對聯邦法律的修正或通過案，進行人民創制。

　　長期以來，人民創制法在純憲法修正之限制下，普遭爭議，尤其在不斷增多之憲法形式修正計畫案裡所帶來之風險，恐將取代了立法或法規之制定。甚多之人民創制案為達成聯邦憲法之部分修正，實際帶來了在一般法律水平上某些可以實現之議題。如此反而迫使制定者須訂出具立法水平之規範性內容。

　　鑒於此種特殊之人民創制所帶來之效果，將一方面會產生在聯邦憲法修正下，任何一個計畫案將可導致人民與州之訴求，只要十萬選舉人透過聯署即可完成。另一方面，在聯邦層級以立法為內容之人民創制法之缺失下，迫使了訂立創制案之作者訂立規範性內容，作為行使權利唯一之表達方式，而使其達成聯邦憲法修正之訴求。2003 年 2 月 9 日瑞士的改革致力於允許人民創制在適當的法律規範水平上行使。如人民創制過去即被承認可在憲法部分修正之範圍內行使，此改革並不影響在聯邦層次上之民主既定基準，而使人民創制在法律之水平上成為一般性的權力。

2. 程序

　　一般創制允許選舉人團體提出對憲法之立法層次的規範性修正或通過之建議，惟僅只針對一般性之建議案。2003 年 2 月 9 日之改革並未提出可以任何方式編寫法案並在之後提出申請之規定。同樣的，此問題從 1891 年來針對憲法部分修正時即已存在。因此，對於所謂之立法創制權行使之承認部分，亦就是授權予創制者以任何方式編寫之相關建議案，在聯邦級權力範圍內從未受到承認。

　　一般性之人民創制須依其性質內容透過聯邦議會對案例進行重要之編撰及審議工作，亦就是聯邦議會基於其訂立規範之職權，須將屬人民之創制案件加以推動。如聯邦議會否決了人民創制案，此時聯邦議會須將創制案交付人民投票（符合了瑞士聯邦憲法第 139 條 a 項第 5 款之規定）。如創制案經人民投票同意後，聯邦議會需在憲法或立法之層級內修改規定，於此，對聯邦議會言之，議會須將人民之建議（people's proposition）亦納入屬議會原有之規範性層級（normatif rank）（Aubert, Mahon, 2003）。

3. 聯邦法院之角色

　　2003 年 2 月 9 日之改革意圖依瑞士聯邦憲法第 139 條 a 項之意旨，冀在避免經聯邦議會對一般性人民創制進行重要之編撰及審議工作時恐產生背離之風險。

　　聯邦憲法第 189 條第 1 項之 1 條文，授予聯邦法院對於聯邦議會在不遵守一般性人民創制之案件提出訴求與案情之情況下，所引發爭訟事件之裁定權。此條文延伸了聯邦法院在對政治法的爭訟案件時成為了憲法法院，給予了聯邦法官因聯邦議會審理一般性人民創制案件涉及爭訟之裁定權力。

　　創制之重要實無庸置疑。瑞士的憲法制度在其傳統之基礎上，係以聯邦議會作為所有聯邦層級政府之最高權力機關，符合了聯邦憲法第 148 條第 1 項之規定，而聯邦法院之權責在於對聯邦議會所制定的法律是否涉及違憲所導致之爭訟案件做最後之裁定。尤其，聯邦憲法第 191 條明確規定了權力分立的代表性，特針對聯邦法院及其他機關有責任施行聯邦法，即便是聯邦法有違憲之虞，亦無合法性之理由拒絕施行。現今聯邦憲法 189 條第 1 項之 1 之規定授與聯邦法官在聯邦議會針對聯邦級之人民創制法案審理過程（依聯邦憲法第 139 條 a 款之規定）之監督權。聯邦憲法第 189 條第 1 項之 1 設定聯邦法院之權限，事關於現今由立法者依憲法通過新司法權限之執行規定[5]。

5　參http://www.bger.ch/fr/index.htm

（二）任意性公民投票之延伸

　　自傳統來，經瑞士聯邦議會所同意訴諸於任意性公民投票之國際條約可分成三種：其一是針對未受時間限定及官方未能廢止之條約；其二是針對瑞士加入國際組織之條約；其三是針對多國區域統合之條約。2003 年 2 月 9 日之改革特將上列第三種做了修正：更簡化了國際協定任意性之公民投票，對於多國區域統合之條約，修正為只要涉及法律規範之條約並經聯邦議會通過均可訴諸於公民投票。

（三）「雙承認」程序

　　當聯邦議會審理對聯邦憲法修正之人民創制案時，聯邦議會亦可針對該案件提出「反方案」（contre-projet）（主要針對人民創制案件提出不同的版本）。反方案與人民創制案得一併訴諸人民與州的投票，前者可提供選民另外一種選擇。長期來，在對憲法修正之正反方案同時提出時，反方案與正方案有兩相較勁之作用，通常正方案受反方案之牽制，成功通過的機會受到影響。選民針對兩方案投票做抉擇，不能同時贊同兩案。投票結果常因票數分散出現了人民與州未能同時依規定以雙重多數通過。

　　從 1987 年 4 月 7 日起，聯邦所建立之「雙承認」制允許市民可針對人民創制案與聯邦議會所提出之反方案兩相表決。通常，當聯邦議會通過為修改憲法而提出之人民創制方案的反方案後，兩案訴諸投票表決，此時選民須同時針對三項問表示意見：前一、二項問題係徵求選民對人民創制方案或反方案直接表達支持或反對，換言之，選民可支持人民創制方案或反方案。第三項問題係附帶問題。選民回答支持兩案之一案，可以在人民與州就兩案投票結果皆通過之情形下，使之生效。

　　此「雙承認制」曾於 2000 年 9 月 24 日首次施行，針對「多加一分錢」之人民創制案及由聯邦議會所提出對新能源徵收額外的使用費兩案同時表決，然而表決結果皆被人民與州雙重否決，使得對此「額外徵收」之

建議案胎死腹中。另外，2002 年 9 月 22 日經投票針對「瑞士國家銀行擁有過多的黃金儲金備用來支付老年保險」之人民創制案，及由聯邦議會提出「受爭議之老年保險的黃金儲金交給各州使用，並在州另成立相關基金會」之反方案，其兩案投票結果亦均未獲人民與州雙重通過，聯邦議會在其反方案中所附帶之建議，亦未能獲採納（Klöti, Knoepfel, Krieei, Linder, Papadopoulos, Sciarini, 2006: 128~132）。

儘管「雙承認制」有其正當之理論依據，然而事實上此制卻不易推行。1987 年所推出之「雙承認制」帶來了困擾，依聯邦憲法之規定，針對「附帶建議」之創制案，兩案的其中一案如獲致人民與州的多數票，而另一案卻只獲致州的多數票時，該兩案仍無法生效通過。因此，2003 年 2 月 9 日亦進行對「雙承認制」之改革，將規範做了權宜性的調整，特別針對第 139 條 b 項第 3 款的規定，如兩案中之一案獲得投票人之多數票數，另一案則獲得州的多數票時，需計算兩案各自從投票人與州所獲得之總票數百分比，其中一案所獲致的百分比較高者，即算通過。

此「雙承認制」之修正仍有不盡理想之處，以百分比之計算似過於現實，有待商權。例如：當兩案經投票後，人民創制案獲投票人 55% 之票數，而反方案獲 45% 票數；同時，在州的投票人民創制案卻獲致 40% 之票數，而反方案獲 60% 之票數，此時經百分比計算，是以反方案最後獲致通過（反方案獲 105% 之票數；人民創制案獲致 95%）。事實上，「雙承認制」並未經常使用，該制甚至在理論上反會產生人民投票之票數與州的票數過於分歧的風險（Hottelier, 2003: 662~670）。

第三節　公民投票的政治影響

以瑞士案例言之，任意性公民投票可促成人民與立法者之妥協，促進民主協商與共識的建立。人民創制得以表達公共意見，雖造成社會的對立，然其代表人民的權力，授與選民提出建議方案，成為直接民主的理想

模式。較為遺憾的是，在公民投票動員方面，愈來愈產生職業化之傾向，金錢成為組織動員的替代品，以金錢為利誘，作為案件聯署及支持投票的伎倆，實不足取（Kriesi and Trechsel, 2008）。

一、任意性公民投票是一種妥協的機制

　　任意性公民投票係針對國會在制定新的法律時所提供人民的一種否決權。當它成為一種工具時，往往呈現出一種立法者與人民間之利害關係。在投票經驗顯示上，人民對較創新之法案顯得較不熱衷，且有權透過投票加以否決。在過去著名的例子如達摩克利斯之劍，以在上位國王之尊挑戰立法者，正因此任意性公民投票被認為是禁忌。另外，一個政黨或一個利益團體經常在立法之時，以公民投票之訴求來做為威脅，持以立法者未能顧及到他者的利益，或者所提出之立法案件難以接受等藉口。鑒此，為免於國會在立法上的努力遭到人民拒絕，國會通常屈就此現實並盡量避免爭端，寧願向反對者讓步。甚有時，為免除人民直接向國會開火，聯邦議會甘願將法案放棄。任意性公民投票因此成了一種壓力或勒索的工具，因為它可約束官方為所欲為，並避免爭端。在瑞士，所有涉及立法的主要精義在於避免因公民投票可能帶來之爭端，在如此經驗式之影響下，使得官方不得不在決定過程中讓反對者得以干預。然而，當法案在形成前會遭多方所提出之訴求而影響，而少數的反對者很難阻止其立法過程之運作，因此，立法公民投票權在於促進民主的協商與共識的建立，其主要的目的在於國會提出法案前需經利害關係人[6]的協商。

　　在瑞士，共識決的實施的確反映在行政決策上。從 1959 年來瑞士聯邦聯合政府由四大政黨共同組成（激進黨、基督民主黨、社會黨及中間派民主聯盟）。瑞士聯合政府的組成一般被形容為「魔術組合」，主要受任意性公民投票直接調和的影響。事實上，天主教保守人士及之後的社會黨

---

[6]　所有相對立的政黨及利益團體針對一項法律利用其否決權發動任意性公民投票。

人士曾積極地運用此任意性公民投票做為武器，以致於他們能陸續地被整合進入至政府。鑒此，瑞士之政治機構如行政、立法機構均容納反對黨在法案制定過程中之參與。此聯合政府證明了為何公民投票極少使用，自1874年來只有7%的立法案件訴諸於公民投票。

　　任意性公民投票對瑞士政治制度的影響是屬於間接的，舉一句「在瑞士最有效的公民投票其實是沒有投票」之名言，可茲證明。

　　然而，瑞士之共識制度並不能完全避免任意性公民投票的使用。從1874年至1995年有190個案件訴諸於投票，其中126件經投票通過，而64件遭否決。在傳統上，大都由右派反對黨發起公民投票運動。事實上，任意性公民投票之實踐來自於保守派人士，他們經常阻撓了必要的立法修正，有時阻礙了在緊急問題上希望維持現狀之決議。但是，近數年來，反而是左派政黨、工會聯盟及推動社會運動者發動愈來愈多的公民投票。例如當國會制定被進步人士認為是反動的法律，而維持現狀被其認為是比較好的情況。因而，在某些時候當國會受制於保守勢力的影響，任意性公民投票同樣地可阻饒國會採倒退性法律，而屈就於進步人士派所主張之利益。

　　有時候，任意性公民投票是為解決紛爭而作為妥協之機制，此種解決之道同樣會引人非議。事實上，在發起公民投票之時，對法案持以對立性之對手[7]言之，不會因投票而有調停化解對立之機會，反而會互相串聯導致妥協終告失敗。例如在1976年，極右與極左派因為多國對第3世界國家發展援助之法案持以截然反對的立場，而互相聯合起來，展開戰鬥。雖然極右與極左派在意識形態上極為對立，但還是互相結合，引發了反對此法律的公民投票，最後在1976年6月13日人民投票結果以56.4%之多數否決了該項法律。同樣相類似的案件亦屢見不鮮，極端派為推翻共識決，常集結起來訴諸於公民投票（例如墮胎、為道德或宗教原因拒服兵役等）。

---

[7]　對法案言之，某些人士認為法案有瑕疵，然而某些人士卻認為太超過。

　　總之，任意性公民投票得以使國會甫完成投票的法律暫停進入生效期。然因公民投票而導致法律中止的影響至今仍頗受爭議。當公民投票為針對國會的法律被提出後，而在法律進入生效前需人民投票，爭議焦點在於一般人對於規定所產生的實際效力並不清楚，只有依照個人的情懷或假設性的情愫做出決定。為了改善此缺點，曾有建議改採義大利公民投票模式，將中止性投票改以廢止性投票。義大利模式允許法律無須人民意見立刻進入生效期，之後人民可自行對新法律實施的經驗做意見表達，假使一法律經實施後，未能滿足於期待，一部分之市民可要求公民投票，進而可導致該法律受到撤銷（Papadopoulos, 2000: 62~63）。

二、人民創制作為抗拒的工具

　　任意性公民投票並不具備建設性的功能，它只能用來拒絕國會的法案，並不能提出建議。相反地，人民創制代表了人民權利，授予部分選民對所有人民提出建議方案。為此，未擁有權力之團體可藉此傳達訴求。此外，人民創制亦可作為反對人士運動偏好的工具，如環保組織、工人工會及社會黨[8]、非政府政黨、小型組織等。

　　從 1970 年代開始，瑞士人民創制案件數目擴增。在 1891 至 1970 年間總計 102 件創制案件被發起，而在 1970 至 1994 年較短之 24 年間內，即有 150 件案件被提出。該案件增多最主要的原因，係由於在 1971 年政治法之修正，女性被允許與男性一樣可以投票，使得選舉人口得以倍數成長。因而，在 1977 年，為了抑制暴增之人民創制案件的數量，各邦決定增加基本聯署人人數從五萬人至十萬人；並限定以 18 個月為聯署期。然而，這較嚴格的規定並未帶來預期的效果，在 1981 至 1990 年間，瑞士市民發動比前十年更多的創制投票，每件案件均合乎十萬人聯署，及在 18

---

[8] 雖然瑞士政府曾延攬社會黨，然而在聯邦議會係受多數之資產階級所控制，因而社會黨仍被視為反對黨。

個月期間完成的規定。因而，女性投票人之增加不能單獨來解釋人民提出對憲法修正案建議之案件擴增的原因。依專家表示，由於 1950 至 1960 年期間瑞士因政府治理不當，導致經濟與社會的不安定，而之後在快速的經濟成長後，人民創制案之同時暴增亦正是為宣洩其不安的政治表現。

事實上，瑞士亦遭受戰後的經濟發展危機，1974 年的石油經濟危機成為為數眾多的人民創制案件主要形成的原因，其被提出的訴求大都冀望重整瑞士的經濟及經濟資源的分配更能趨於公平化。一般說來，推動此等創制案件的多屬左派政黨及工會團體。同時，基督民主黨、獨立聯盟及資方組織（中小企業或大型企業）等亦訴諸創制權，並同樣以經濟訴求積極發動創制投票，使得人民創制案件暴增。

此外，1970 至 1980 年歐洲興起新的社會運動[9]，帶來了在政治議程上新的議題。在後唯物主義思潮之影響下，人們尋找與過去傳統目標相異的議題，如極大化的經濟發展、財富分配、能致力於環保與維持生活品質的替代方案等。推動此等運動大抵皆為生態主義者及反核人士，他們以人民創制為由，進而使公共意見得以充分動員，並使其進入政治系統。在1974 至 1993 年間，32% 訴諸人民的創制案，係以生態、能源、動物法、禁止公路擁塞等相關議題作為訴求。此外瑞士之生態黨之所以獲得選民的青睞，主要亦歸功於其對人民創制案的提出，及積極的投入選戰，因而自1979 年之國會選舉起，綠黨即成功地進入國家議會（Klöti, Knoepfel. et al. 2006: 46~50）。

三、公民投票的動員

瑞士人民權力之行使要比美國加州容易些：例如依規定的聯署人數目較少、聯署期限較長、社會較同質等。同時，瑞士獲致對人民創制案聯署

9　在此所界定「新」的社會運動，是指戰後西歐國家所推行的運動，該等運動接替於之前所謂的「舊」工運。例如1960年代學運、反核、生態、和平主義、反文化等運動，及據地為王、女性運動等。

人門檻之成功比例甚高。然而，近 10 餘年來，瑞士在公民投票之動員方面，尤其在用金錢作為聯署的報酬有愈來愈白熱化的趨勢。人民創制投票的實現，仍需歸功於支持者鍥而不捨的透過職業性組織來動員。以一般性之動員來說，投票動員委員會的成立，在於引導地方性的團體，並與其它的組織結合起來，共同發動公民投票。通常，為尋求聯署，組織需廣發聯署書。然而，由於通訊投票的影響，使得動員的組織為尋求聯署人聯署愈來愈感到困難，如此導致動員效果的降低，對於創制案的發起、完成聯署及立法公民投票的動員等都受到了影響。由是之故，金錢成為組織動員的替代品，「職業者」取代了「業餘者」，成為公民投票動員經常可以看到的現象。在一個傳媒的社會，有效的溝通與宣傳促使「職業者」的介入。

　　在公民投票動員方面，以金錢做為利誘，作為聯署及支持投票的伎倆，實不足取。然而，「職業者」動員的神通廣大，操暗盤的作法，不得不讓人驚訝。職業人在公民投票動員中依稀可見，但如何操盤？價碼如何計算？實難真正得知。

　　對於業餘者來說，他們並未離開動員的抬面，他們亦能動員組織戰，引導公共議題，並不以金錢利誘作為唯一打贏選戰的手段。例如「為求無軍隊的瑞士」團體，係反軍國主義的業餘組織，它曾成功的為推動軍隊的廢除訴求，而獲致可觀的聯署，同時打了一場漂亮的投票選戰。之後該團體僅以一個月獲得 18 萬份聯署書，為反購置戰機之訴求，提出創制案。1999 年，榮民組織為了殘疾人士部分年金取消而發動抗爭，成功地完成了以殘疾者公平權為訴求之創制。

　　總之，瑞士的公民投票動員有愈來愈職業化的趨向，但對業餘團體來說仍屬重要，主要在其議題的引導廣泛地引起人民的興趣，同時，發動者善於建立組織網絡，深植基層（Delly, 2001: 204~208）。

表 6-2　瑞士公民投票統計（1848 ～ 2005 年）

種類	強制性公民投票	任意性公民投票	人民創制	反方案
通過	137	78	14	19
不通過	48	73	145	14

資料來源：Hamon , Francis. 2006. *Le référendum, étude comparative*. Paris：LGDJ.

表 6-3　瑞士公民投票（2003 年 5 月～ 2006 年 9 月）

日期	題目	種類	投票率	通過	不通過
2003/5/18	軍隊法	F	49.5%	76%	24%
2003/5/18	人民保護法	F	49.5%	80.6%	19.4%
2003/5/18	《公平租金》	I	49.6%	32.7%	67.3%
2003/5/18	《無車星期日》	I	49.8%	37.6%	62.4%
2003/5/18	《殘障人士公平權》	I	49.7%	37.7%	62.3%
2003/5/18	《去核能》	I	49.7%	33.7%	66.3%
2003/5/18	《延期付款加息》	I	49.6%	41.6%	58.4%
2003/5/18	職業培訓	I	49.6%	31.6%	68.4%
2003/5/18	《買得起的健康》	I	49.7%	27.1%	72.9%
2004/2/8	高速公路計畫	CP	45.6%	37.2%	62.8%
2004/2/8	義務法	F	45.4%	35.9%	64.1%
2004/2/8	終生監禁	I	45.5%	56.2%	43.8%
2004/5/16	老年保險法	F	50.1%	32.1%	67.9%
2004/5/16	老年保險法令	O	50.1%	31.4%	68.6%
2004/5/16	家庭與夫妻稅	F	50.8%	34.1%	65.9%
2004/9/26	入籍	O	53.8%	43.2%	56.8%
2004/9/26	國籍取得	O	53.8%	48.4%	51.6%
2004/9/26	《對所有人之郵政服務》	I	53.5%	49.8%	50.2%
2004/9/26	贏利損失津貼法	F	53.8%	55.5%	44.5%
2004/9/28	聯邦與州間之任務分配	O	36.8%	64.4%	35.6%

表 6-3　瑞士公民投票（2003 年 5 月～ 2006 年 9 月）（續）

日期	題目	種類	投票率	通過	不通過
2004/9/28	金融新制度	O	36.8%	73.8%	26.2%
2004/9/28	幹細胞研究	F	37%	66.4%	33.6%
2005/6/5	申根地區協會	F	56.6%	54.6%	45.4%
2005/6/5	《人員流動合同》	F	56.5%	58%	42.6%
2005/9/25	歐洲共同體協定	F	54.5%	56%	44%
2005/11/27	《無遺傳控制食品》	I	42.2%	55.7%	44.3%
2005/11/27	工作法	F	42.3%	50.6%	49.4%
2006/5/21	憲法條文修正	F	27.8%	85.6%	14.4%
2006/9/24	《對老年保險的國家銀行紅利》	I	47.8%	41.7%	58.3%
2006/9/24	外國人聯邦法	I	48.3%	68%	32%
2006/9/24	庇護聯邦法	I	48.4%	67.8%	32.2%

資料來源：Hamon , Francis. 2006. *Le référendum, étude comparative*. Paris：LGDJ.

綜觀瑞士之公民投票制度，提出以下研究結論：

一、從學者鄒格與艾蒙特針對歐洲 19 國直接民主規範比較的論點中得知，瑞士、列支敦士登、義大利、愛爾蘭、丹麥等國均屬半直接民主國家，此等國家國會擁有立法權，但人民可透過創制複決權之行使，直接投票干預政策決定。尤其，瑞士實施公民投票之數量高居全球之冠，堪稱為直接民主典範國。

二、瑞士除強制性修憲投票於聯邦憲法有明文規定外，對人民創制、一般及特別之任意性立法複決均有詳細之規範。尤其 2003 年推行民主制度改革後，更大幅修改了人民創制規定，瑞士人民不僅可修改聯邦憲法，亦可修改或通過聯邦法律。

三、以瑞士實施公民投票經驗顯示，任意性公民投票可促成人民與立法者之妥協，促進民主協商與共識的建立。人民創制得以表達公共意見，雖造成社會的對立，然其代表人民的權力，授與選民提

　　出建議方案，成為直接民主的理想模式。較為遺憾的是，在公民
　　投票動員方面，愈來愈產生職業化之傾向，金錢成為組織動員的
　　替代品，以金錢為利誘，作為案件聯署及支持投票的伎倆，實不
　　足取。
四、以民主治理之論點言之，一般市民如何參與公共事務與決策？成
　　為現代「公共治理學」的一門核心學問。21 世紀人類在熱切追求
　　「空間正義」及「人間正義」之今天，如何訓練人民行使創制、
　　複決權，實際參與公共決策，成為民主治理之要務。

7

半總統制與半代表民主制：
法國公民投票制度之弔詭

目次

在比較憲法與制度學之領域裏，法國第五共和是屬於實施典型之半總統體制（Semi-Presidential System）的國家，法國政治學大師杜維傑（Maurice Duverger）在其系列之專書中即曾明確地勾勒出半總統制之三大特色：(1) 總統係由全民普選產生；(2) 總統握有特別權力，這些權力行使時不必經由政府；(3) 總統之外尚有一總理及閣員等組成的政府向國會負責（1985: 188；劉嘉甯，1990: 3）。法半總統制是總統制與內閣制間之「混合制」，然而，總統所享有之特別權即是向總統制傾斜，國家大權交於總統，總統對人民負責。的確，法國總統總以「仲裁者」自居，手中握有一張最為關乎民意的公民複決發動權政治王牌，歷來之公民複決皆為總統所發動。值得研究的是，此政治王牌無論在運用、行使及所導致之衝擊、影響等諸多因素下不無充斥著人為或法制弔詭之處，成為是一種權力遊戲。因而，法國的公民投票制度遂為關注、探討之焦點。

國內學界大多專精於法國半總統制實施之精髓與其良窳，惟對「半代表民主制」似較少著墨。半代表民主制是在比較制度學裏被視為是深受半總統制影響下的一種政治產出制度，此制向來是檢視法國實施直接民主程度之重要準據；同時，公民投票亦是直接民主之實施的主要方式。何謂半代表民主制？其民主效益及評價為何？法國公民投票制度有何爭論及弔詭等？正是本章研究之重點，兼採用文獻分析法探討之。

第一節　半代表民主制

以歐洲直接民主比較制度來審視法國之公民投票制度，發現法國是實施「半代表民主制」（Semi-Representative Democracy）有限的國家。鄒格（Serge Zogg）曾就歐洲各國之直接民主公民投票制度做比較，將 19 個國家劃出三個等級：「純代表民主制」、「半代表民主制」、「半直接民主制」等（1996: 14），法國只歸類於第二級。之後，艾蒙（Francis Hamon）又進一步做了 19 國直接民主規範比較（2006: 65），如表 7-1。

一、半代表民主制之界定

　　首先，要說明的是，半代表民主制如半總統制般，亦是屬於「混合制」。它混合了純代表民主制與直接民主制。半代表民主制係以純代表民主制為主，但亦包括了部分直接民主的成分。其與純代表民主制之區別，在於人民得以參與決策的部分。在實施半代表民主制的國家中，人民不僅是選舉國會議員而已，甚可干預總統與行政首長之任命，選民經由定期頻繁的選舉，擁有對當選者的某些控制權；此外，此制亦具備某些如公民投票行使之直接民主典範，但在行使之數量上較少，人民只被允許在某種重要的議題上行之。法國堪稱是典型之半代表民主制國家[1]。

二、直接民主規範之比較

　　鄒格與艾蒙將歐洲 19 國之公民投票制度做比較，共比較出 7 大直接民主規範類別：全國性公民投票入憲、強制性憲法複決、人民創制、一般之任意性公民複決、特別之任意性公民複決、直接民主制度歸類，及公民投票數量等。見表 7-1。

表 7-1　歐洲 19 國直接民主規範比較表

國家	全國性公民投票入憲	強制性憲法公民複決	人民創制	一般之任意性公民複決[1]	特別之任意性公民複決[2]	直接民主制度歸類	公民投票數量[3]
瑞士	有	有	有[4]	有	有	半直接民主	531
列支敦士登	有	無	有[5]	有	有	半直接民主	85
義大利	有	無	有[6]	有	有	半直接民主	62
愛爾蘭	有	有	無	無	有	半直接民主	29
丹麥	有	有	無	無	有	半直接民主	12

---

[1]　當然，其餘施行半總統制的國家如芬蘭、冰島、葡萄牙、奧地利等國同樣是屬於半代表民主制，然其公民投票在制度規範及實施之程度上卻各有分別。

表 7-1 歐洲 19 國直接民主規範比較表（續）

國家	全國性公民投票入憲	強制性憲法公民複決	人民創制	一般之任意性公民複決[1]	特別之任意性公民複決[2]	直接民主制度歸類	公民投票數量[3]
法國	有	有[7]	無	無	有	半代表民主	9
奧地利	有	有[8]	有[9]	無	有	半代表民主	3
西班牙	有	有[10]	有[11]	無	有	半代表民主	3
瑞典	有	無	無	無	有	半代表民主	7
挪威	無	無	無	無	有	半代表民主	6
盧森堡	有	無	無	無	有	半代表民主	4
芬蘭	有	無	無	無	有	半代表民主	3
冰島	有	有[12]	無	無	有	半代表民主	0
希臘	有	無	無	無	有	半代表民主	0
葡萄牙	有	無	無	無	有	半代表民主	0
比利時	無	無	無	無	有	純代表民主	1
英國	無	無	無	無	有	純代表民主	1
德國	無	無	無	無	無	純代表民主	0
荷蘭	無	無	無	無	有	純代表民主	1

資料來源：Zogg and Hamon. 2006. Centre d'Etudes et de documentation sur la démocratie directe.

附註：

1 依鄒格與艾蒙之解釋，一般之任意性公民複決之規範係依照憲法的規定，並至少曾施行過一次以上。

2 特別之任意性公民複決亦照憲法之規定，但可從未施行過；亦可憲法並未規定，直接由政府或國會施行。

3 各國公民投票數量之計算係自 2006 年止。

4 瑞士憲法人民創制係自 1874 年起；立法人民創制自 2003 年起。

5 列支敦士登包含了憲法與立法人民創制。

6 義大利之請願權對國會不具強制力，故請願無實施公民投票之必要。

7 法國強制性憲法公民複決意謂憲法修正創制案由國會提出，並經國會兩院同意。

8 奧地利強制性憲法公民複決是在憲法全部修正之情況下進行。

9 奧地利之請願權對國會不具強制力，故請願無實施公民投票之必要。

10 西班牙強制性憲法公民複決意謂憲法全部或部分修正，倘涉及基本原則受到影響時。

11 西班牙之請願權對國會不具強制力，故請願無實施公民投票之必要。

12 冰島強制性憲法公民複決意謂當修憲而改變路德教會之權力時。

以表 7-1 可比較出法國屬半代表制民主國家，並無人民創制[2]、立法公民複決規範等，其民主效益及評價不及所實施半直接民主制之國家如瑞士、列支敦士登、義大利、愛爾蘭、丹麥等國。從鄒格與艾蒙之論點可得出法式之半代表民主制，提供了法國長期來在實施公民投票之民主效益上某種特定性之具體註解。

第二節　第五共和之前的情形

法國公民投票曾是世界之先驅，具長時期之實施經驗。1793 年憲法的全國性公民投票，無疑是第一次在現代國家舉辦。然而，法國在 1793 年人民投票通過憲法後卻從未頒布（Champagne, 2009: 60）。在此暫不討論為何未頒布，畢竟 1793 年所訂之憲法，曾賦予公民投票極為重要之位置。在憲法投票方面，屬強制性投票；在立法投票方面，屬任意性投票；而創制權只屬小部分市民所有，並須結合成無數個初級集會（assemblées primaires）而發起。至第五共和建立前，歷經數次憲法變遷，一般立法及人民創制投票相關規定卻無疾而終，但對於公民投票確立了兩大經驗法則：(1) 公民投票只針對憲法，未能針對一般立法而投票；(2) 公權力擁有對創制之控制權，有時經國會行使（1795 年憲法、1946 年第四共和憲法為例）；有時經行政部門行使（如拿破崙憲法）。

19 世紀時期，法國的公民投票愈來愈傾向於執政者之權力個人化，它只充作於維持或增強帝國政權統治人民之正當性，成為「集權式」（如拿破崙稱帝時期）之人民複決投票。尤其，在第二帝國建立後，此種投票形成了對共和政體的絕望。

1945 年二次世界大戰後，法國重獲自由。在此過渡期，戴高樂將軍欲

---

[2] 法國地方雖有人民創制投票，然成效不彰，時至今日屬人民之創制權仍受制於政府行政首長之掌控中。

限制國會的權力，重新引用公民複決投票，可是第四共和憲法只給予其極
為有限的位置，只能針對國會已通過的憲法修正案，而又必須是當國會之
多數出現較弱局面時，才能進行干預。

　　從 1793 至 1958 年共有 15 次公民複決。見表 7-2。

表 7-2　法國公民複決（1793 ～ 1958）

議題	投票率（%）	合法登記之選民回答「是」（%）	投票單回答「是」（%）
1793 年 6 月 24 日憲法	26.7	26.5	99.3
1795 年 8 月 22 日憲法	13.7	13.1	95.6
1799 年 12 月 13 日憲法	3.8	2.4	63.7
1800：拿破崙一世執政	43.1	51.2	99.9
1802：終生執政	51.2	51	99.8
1804：拿破崙稱帝	43.3	43.8	99.7
1815：帝國憲法附加條例	18.8	18.6	99.6
1851：10 年執政期	79.7	73.4	92.1
1852：帝國重建	79.7	76.6	96.9
1870：國會帝國	83.1	67.3	82.4
1945：國會憲法權之賦與	79.9	72.9	96.4
1945：臨時政體	79.9	50	66.3
1946：1946 年 4 月 19 日憲法草案	80.7	36.9	47
1946：1946 年 10 月 27 日憲法	68.6	36	53.6
1958：1958 年 10 月 4 日憲法	84.9	66.4	79.2

資料來源：Hamon , Francis. 2006. *Le référendum, étude comparative*. Paris : LGDJ.

第三節　第五共和之情形

　　依法國 1958 年憲法第 3 條之規定，公民投票係國家主權行使的兩種方式之一[3]，然而，該條文並未附實施之依據，既無行使範圍之限定，亦無相關之程序。以該憲法全文言之，公民投票之組成，唯有依第 11、89 條所規定之範圍為據，復經 2005、2008 年修憲，又增訂了第 88 條第 5 款。

　　一、第 89 條被包含在現行憲法第 16 章[4]，係一修憲條文。在此條文之規定中，公民複決只能視為是一種被確定之修憲工具，在經國會兩院均同意之修憲版本之情況下為之；不過，公民複決不是唯一選項，如總統決定將修憲案（已分別由國會兩院通過）訴諸於國會兩院所組成之「修憲會議」上投票表決，此時則就沒有在訴諸公民複決之必要。在仔細研究第五共和憲法當初在訂立第 89 條[5]之本意後，可大致明瞭的是，經由公民複決之修憲案，只是一項規定，而經由修憲會議之修憲則是一種權宜措施。在實際

---

[3]　法國1958年憲法第3條：「國家之主權屬於人民，經由其代表及藉由公民複決方式行使之。」

[4]　法國現行憲法第16章「憲法之修改」第89條：「憲法之修改，由共和國總統依總理之提議提出，或由國會議員提出。憲法修正草案或憲法修正提案須依第42條第3項所設之期限審查，並須經國會兩院以相同之文字表決通過。憲法之修改經公民複決同意後，始告確定。惟倘共和國總統決定將憲法修正草案提交國會兩院聯席會議表決，則此憲法修正草案勿須提交公民複決；在此情形，此憲法修正草案須獲聯席會議五分之三之多數有效票贊成，始得通過。聯席會議之秘書處由國民議會秘書處擔任之。國家領土之完整瀕臨危害時，不得著手或繼續憲法修改之程序。共和之政體，不得成為憲法修改之議題。」

[5]　法國1958年憲法第14章「憲法之修改」第89條原條文：「憲法之修改，由共和國總統依總理之提議提出，或由國會議員提出。憲法修正草案或憲法修正提案須經國會兩院以相同之文字表決通過。憲法之修改經公民複決同意後，始告確定。惟倘共和國總統決定將憲法修正草案提交國會兩院聯席會議表決，則此憲法修正草案勿須提交公民複決；在此情形，此憲法修正草案須獲聯席會議五分之三之多數有效票贊成，始得通過。聯席會議之秘書處由國民議會秘書處擔任之。國家領土之完整瀕臨危害時，不得著手或繼續憲法修改之程序。共和之政體，不得成為憲法修改之議題。」

上，法國總統皆以修憲會議作為修憲之主要管道，毫無疑問的，此種管道是最快速而確切的。法國依憲法第 89 條之規定曾修憲 24 次，23 次由國會兩院聯席修憲會議解決，唯有一次是經公民複決所完成：2000 年有關總統 5 年任期修憲案之通過。

二、第 88 條第 5 款係於 2005 及 2008 年增定[6]，主要限定總統在針對新會員國加入歐盟之法案訴諸於公民複決，或交由國會兩院投票各自以五分之三過半數方可通過。此條款不限制總統主觀的選擇權，得以依照國會修憲會議方式通過或公民複決之管道做自由選擇，而不受任何規範的拘束。當然，該增定條款之所以通過受到了 2005 年初期特別情勢之影響，2005 年 5 月 29 日針對歐洲憲法條約之批准所發動之公民複決，恰巧與針對宣布土耳其願加入歐盟之協商同時發生，法國總統希望能避免人民對條約的投票，被土耳其欲加入歐盟之民意所影響，因而增定憲法第 88 條第 5 款，係提供法國人民將有機會自行決定土耳其加入歐盟問題之保證，即便是歐憲條約在最後被批准後亦可進行，且成為基本及永久性之規定；但另一方面，亦須避諱此條款在涉及所有欲加入歐盟的國家之議題上施行，蓋公民投票的推動亦可能導致外交間之糾紛（如可能產生經多年之協商反使入盟失敗，而欲加入之國家卻願遵守歐盟既定之嚴格規範），基此考量，故 2008 年又增定加入歐盟的國家之條約批准法案，亦得經由國會兩院各自以五分之三過半數投票方式通過。

三、第 11 條[7]沿襲法國傳統之憲法，即立法公民複決。該條允許總

---

[6]　2005年增定第88條第5款條文：「所有加入歐洲聯盟國家之條約批准法案交由總統訴諸公民複決。」2008年又增定了該條文：「所有加入歐洲聯盟的國家之條約批准法案交由總統訴諸公民複決。然而，經由國會兩院各自以五分之三過半數通過，則法案交國會依第89條第3項程序通過。」

[7]　法國現行憲法（經1995、2008年修改）第11條：「總統依政府在國會會期中之提議下，或經兩院聯合建議，並刊登於政府公報，得訴諸所有涉及公權力組織、國家經社環境政策之改革及相等之公共服務，或未牴觸憲法但可影響現行制度運作之條約批准

統將某些經政府在國會會期間所做出之建議，或經兩院共同所建議之法案訴諸於公民複決。至今，所有依第 11 條所組成之公民複決皆是透過政府的建議案。然而，1995 年通過憲法第 11 條之新版本，在經政府建議下舉辦公民複決時，兩院亦須在辯論終結後發表公民複決聲明。而該項規定在 2005 年歐憲條約之公民複決首次實施。然而，令人懷疑的是，國會僅辯論並未做出投票結果，故只被認為是形式大於實質罷了。通常，政府的建議案只是一種形式而已，因為皆是總統本人政治性地採用對公民複決之創制權，並主動地公開宣示。幾乎所有第五共和所組成之公民複決，皆以憲法第 11 條所規定之範圍行之。2008 年修憲雖增定了公民複決亦得透過五分之一國會議員，經十分之一合法登記之選民支持下發動公民複決之規定，然屬人民創制規範部分，依舊有限。

　　第 11 條所涉及之公民複決行使範圍，並未界定清楚。歷任總統在使用上呈現出總統權力獨大，有獨裁之非議。總之，第 11 條所定出對公民投票進行之規範，仍有頗多瑕疵。分析如下：

之所有法案公民複決。當公民複決在政府建議下組成時，兩院同時作辯論後公告。依第一項所述之公民複決得透過五分之一國會議員，經十分之一合法登記之選民支持下發動公民複決。此創制為建議法案，不得作為在頒布未滿一年之法律的廢除。憲法委員會監督前項經組織法限定公民複決所提出範圍之遵行。倘建議法案未經兩院在組織法限定期間完成審查，由共和國總統訴諸公民複決。倘建議法案未獲法國人民投票通過時，任何同主題複決之新建議案在投票後兩年內均不得提出。當公民複決做出對法案通過之決定時，總統於諮詢結果宣告15日後頒布法律。」
1958年所定原憲法第11條「總統依政府在國會會期中之提議下，或經兩院聯合建議，並刊登於政府公報，得訴諸所有涉及公權力組織，及對共同體協定之同意，或未牴觸憲法但可影響現行制度運行之條約批准之所有法案公民複決。當公民複決做出對法案通過之決定時，總統依前條（憲法第10條）規定在期限內公布之。」

表 7-3　憲法第 11 條起草、修改過程

提議	內容
1958 年 6 月中旬憲法起草人德沛（Michel Debré）， Trav. pré.,vol, I: 252	第 A-6 條：於 A-1 條內所賦予總統之任務。總統在總理之提議下，得訴諸所有國會拒絕通過之法案，及所有涉及國家之基本問題公民複決。
憲法諮詢委員會之建議 Trav. pré.,vol, II: 571	第 9 條：總統依政府在國會會期中之提議下，或經兩院聯合建議，並刊登於政府公報，得訴諸所有涉及公權力組織，及對政府條約批准之同意，或共同體協定之同意之所有法案公民複決。
行政法院之意見 （1958 年 8 月 28 日） Trav. pré.,vol, III : 470	第 10 條：總統依政府在國會會期中之提議下，或經兩院聯合建議，並刊登於政府公報，得訴諸所有涉及公權力組織，及對共同體協定之同意，或未牴觸憲法但可影響現行制度運作之條約批准之所有法案公民複決。
1995 年修憲前之條文	第 11 條：總統依政府在國會會期中之提議下，或經兩院聯合建議，並刊登於政府公報，得訴諸所有涉及公權力組織，及對共同體協定之同意，或未牴觸憲法但可影響現行制度運作之條約批准之所有法案公民複決。當公民複決做出對法案通過之決定時，總統依前條（憲法第 10 條）規定在期限內公布之。
1995 年修憲後生效之條文	第 11 條：總統依政府在國會會期中之提議下，或經兩院聯合建議，並刊登於政府公報，得訴諸所有涉及公權力組織、國家經社環境政策之改革及相等之公共服務，或未牴觸憲法但可影響現行制度運作之條約批准之所有法案公民複決。當公民複決在政府建議下組成時，兩院同時作辯論後公告。當公民複決做出對法案通過之決定時，總統於諮詢結果宣告 15 日後頒布法律。
2008 年修憲後生效之條文	第 11 條：總統依政府在國會會期中之提議下，或經兩院聯合建議，並刊登於政府公報，得訴諸所有涉及公權力組織、國家經社環境政策之改革及相等之公共服務，或未牴觸憲法但可影響現行制度運作之條約批准之所有法案公民複決。當公民複決在政府建議下組成時，兩院同時作辯論後公告。依第一項所述之公民付覺得透過五分之一國會議員，經十分之一合法登記之選民支持下發動公民複決。此創制為建議法案，不得作為頒布未滿一年之法律的廢除。憲法委員會監督前項經組織法限定公

表 7-3 憲法第 11 條起草、修改過程（續）

提議	內容
	民複決所提出範圍之遵行。倘建議法案未經兩院在組織法限定期間完成審查，由總統訴諸公民複決。倘建議法案未獲法國人民投票通過時，任何同主題複決之新建議案在投票後兩年內均不得提出。當公民複決做出對法案通過之決定時，總統於諮詢結果宣告 15 日後頒布法律。

資料來源：*Documents pour servir à l'histoire de l'élaboration de la Constitution du 4 octobre 1958*. 1997. Paris : La Documentation française.

一、憲法第11條之弔詭

　　為定立 1958 年憲法所展開之準備工作，證實了第 11 條版本之受限，依 1958 年 6 月中旬原先的方案，公民複決可涉及任何之立法範圍（特針對國會有意拒絕對任何的法案通過時），及憲法的範圍（任何針對國家之基本問題）。但至 7 月 26 日在版本最後決定前送憲法諮詢委員會背書時，其範圍卻受限於 3 個特定標的：其一是公權力組織；其二是政府條約；其三是「聯邦」協定（亦就是法國非洲共同體協定）。

　　如此大的轉變，卻模糊地掩蓋了一個極重要之問題：總統是否能對涉及公權力組織之法案直接交付公民複決？甚至該法案亦涉及對憲法之修改？一方面，第 11 條規定：「所有涉及公權力組織法案」，正確定了對上述問題之回答；另一方面，憲法上有特別另外針對修憲的一章，卻與第 11 條毫無關聯，該章指出，所有針對憲法之修改案須首先經國會兩院之同意，即第 89 條之規定。對此，在 1958 年 7 月之立憲準備工作，證實了當時政府對上述問題的看法甚為分歧。依憲法諮詢委員會參與憲法起草之成員加諾（Raymond Janot）之解釋，當時立憲者是希望將第 11 條定為排除以公民複決作為修憲之適用依據。然而，當時亦有反對之論點。實際上，戴高樂總統卻動用兩次憲法第 11 條，而發動修憲公民複決。第一次於 1962 年，成功地改革了總統選舉方式；第二次是 1969 年，卻失敗地發

動區域與參議院之改革。戴高樂本人亦曾撰寫回憶錄，述及此兩項具有爭議性之公民複決。

二、憲法第11、89條之疑義

法國憲法學者茅斯（Maus）與巴斯雷格（Passelecq）在 1997 年出版之《1958 年憲法文體之見證》（Témoignages sur l'écriture de la Constitution de 1958）文獻中，專以憲法檔案之研究，藉憲法學者、專家，尤其是當時定立憲法之關鍵人，特針對 1958 年憲法第 11 條、第 89 條之爭議現身說法，提出值得參考之論據。本文藉此舉出其重要之論據，並加以論述如下：

1993 年法國官學界曾倡議憲法改革，對於憲法第 11、89 條提出甚多的疑問。例如當時憲法委員會委員長巴丹德（Robert Badinter）即曾提出質疑，認為第 11、89 條與憲法之規定不符。渠指出：「為何參議院成為修憲最主要之修憲機關？戴高樂為何將修憲大權交由參議院，而卻政治性地從中掌控，不考慮參議院之利益？換言之，為何參議院成為修憲的主要關鍵機關？同時憲法第 11、89 條又自相矛盾？」

法國前憲法委員會委員葛格爾（Francois Goguel）提出不同之看法。渠以為戴高樂提出以參議院做為關鍵機關之修憲案（第 89 條），主要是意識到先前已循第 11 條，作為訴諸修憲公民複決之依據，該條本身即作為賦予總統發動公民投票之正當性條款，故毫無疑問地，總統針對所有涉及公權力組織之法案，有權徵詢人民做決定。就像戴高樂曾徵詢過是否他本人（總統）可以直接普選產生。葛格爾強調，「事實上，戴高樂早知參議院並未具修憲之關鍵力量，因為總統自己有權進行修憲公民複決。」

法國憲法起草人之一傅葉（Jean Foyer）則為憲法作辯護。渠指出依憲法第 89 條來論，是完全符合其邏輯性。1958 年憲法第 45 條所闡釋之原則來自於第三共和，也就是法案需經兩院以同樣議題投票表決，尤其需透過雙方代表人數相等之兩院所組合而成之委員會管道，在一讀後交由國民

議會做最後的裁議。如是，兩院在憲法議題上均依憲法之規定，建立起平等權力是頗符合其邏輯的，這亦確保了憲法實施之嚴謹性。一般人只從戴高樂與參議院間之關係來論斷，是不盡公平的，且與事實有所出入。其兩造間關係之變壞是在 1959 年間的事。然而，在 1958 下半年兩造間之關係卻維持得很好。在此時期，戴高樂重新掌權後，由於當時參議院議長蒙納維（Gaston Monnerville）衷心擁護，因而兩造之關係良好，反而是當時國民議會議長勒托格（André Le Troquer）卻從中作梗，阻撓戴氏重返政權。

　　由上證明 1958 年戴高樂與參議院並未交惡，有心人卻由此來推斷戴氏於 1958 年欲用憲法第 11 條修憲？其實並不是。有這樣的論點是在之後才發生的事。在 1962 年，當戴氏察覺不能用憲法第 89 條修改總統選制時，才改以第 11 條用之。事實上，憲法第 11 條在起草時，曾經多次刪改，內行人當可察覺出當時起草人有意處理曾於第四共和即產生之兩大憲法問題，那就是歐洲共同體防衛（CED）與市區級選舉。第五共和建立後，才真正用憲法解決了第一項問題，但是第二項問題卻在當時仍懸置於高閣，難於一時能夠解決。因此，當時起草人注意了此兩項問題，正希望透過憲法途徑來處理，故訂立涉及未牴觸憲法但可影響現行制度運作之條約批准的條文，起草人的確看到了當時歐洲共同體防衛的情況；至於訂立公權力組織等專用詞彙上之條文，實乃針對當時選舉制度所想到的問題。

　　憲法學者帕斯勒（Olivier Passelecq）則提出較持平之意見，認為持草擬憲法經驗說並加以佐證其訂立條文之經過；或以原條文加以批判等，實不為過。帕氏從對憲法檔案之研究中，表達其觀點，認為憲法之修改問題是一個很值得研究的範例，其問題在於為何參議院在修憲問題上，須扮演主要之角色？同時亦一併提出直接公民複決問題。該學者舉出由憲法專家呂歇（François Luchaire）所揭露的一份於 1958 年 7 月 9 日在制憲工作小組會議上的報告，提到當時擔任憲法諮詢委員會成員之一加諾（Raymond Janot）曾提出以下看法：「國家元首針對修憲得直接訴諸人民以公民複決決定，並不一定事先須經國會審查修憲版本」。呂歇認為：「該條文（第11 條）之規範情況於現今可被理解，然並不應被視為是正當性原則」，故

採反對之態度。呂歇之反對論點卻遭加諾的駁斥：「此規範早在跨部會會議通過，曾一致決議國家元首得針對所有涉及政府機關之法案，訴諸人民以公民複決方式公決」，帕斯勒認為加諾所強調之論點甚為重要。

究當時所訂立之憲法第 11 條，曾連續訂出多個版本，同時在這些版本中皆定一關鍵性之詞彙，即針對以政府機關為主軸之公民複決，因而涉及「公權力組織」（Organisation des pouvoins publics）這專有詞彙，遂為最後拍板定案所採用之憲法專用名句。正如加諾所述，「憲法起草人在訂立該條文時，亦曾考慮過當時之阿爾及利亞自決問題，甚至考量未經國會而逕使公民複決修憲之可能性」。最後，加諾提出「當時以審查官之身分，擔任憲法諮詢委員會之成員，猶記憲法第 11 條之訂立是一項艱難棘手之使命，所幸最後該條文在政府之通過下完成了」。

三、1962年公民複決違憲之論證

1962 年 10 月 2 日，政府發布總統選舉法案於 10 月 28 日訴諸於公民複決之行政命令，該法案更改了憲法第 7 條之規定。這一道行政命令經由總統、總理具名，並陳述了公民複決係依憲法第 11 條為據之理由，引起莫大之爭議，被認為是違憲。其主要之爭議在於一般立法之法案是否可逕自交付公民複決？或交付之公民複決是否係用以達成修憲之目的？依憲法學者貝里亞（Georges Berlia）提出論證解釋，認為上述問題前者違憲，後者合憲（1962: 936 etc.）。

行政命令是否合乎憲法所強調之合法性原則？從 1958 年 10 月憲法自頒布來，行政命令下達多次，令人質疑；另條文之訂立應合乎邏輯，並力求合理明確。憲法條文中所訂立之規範，本可接受公評，然究其實是條文本身之訂立者遭到非議。

（一）政府制定憲法原文過於粗糙

　　該憲法分成各專章，第 14 章[8]名稱為「憲法之修改」，但其內容只有第 89 條一條，而相關之第 11 條卻放在名稱為「總統」之第 2 章內。

　　第 11、89 條明定均得經總理之建議而修憲，但為何兩條文不能放在同一專章，甚或兩條併一條，或在同一條細分為二，條文與專章在搭配上不一致；甚至，第 11 條被認為是違憲，因該條可同時用在憲法、立法之公民複決；同時，第 11 條在措詞用字上顯有瑕疵。

（二）詞句矛盾、不清楚

　　第 11 條僅提到涉及「公權力組織」之法案，並未明確說明是何種與公權力相關之法案？在憲法、立法之範圍下，到底何法案與其相關？以一般之立法範圍言之，涉及公權力組織相關法規甚多，例如選舉法規等。但自傳統以來，議員選舉屬一般立法範圍，而總統選舉則是屬憲法範圍。以憲法範圍言之，所有憲法條文幾皆包括公權力組織，憲法所明定之條文，除了與公權力關係相關的序言、權利宣言外，公權力組織、公權力關係幾乎皆是所有條文所規定之範圍。

　　在此，既然公權力組織同屬憲法、立法之範圍，更須確定的是，「公權力關係」則純屬憲法之範圍。因此，如以憲法第 11 條所規定之公權力組織，僅用於立法之範圍，將其一般之立法在政治上屬重要之法案訴諸於公民複決，則引用第 11 條在解釋其邏輯上是正當的。但事實上，法國政府於 1962 年發動公民複決，其援引憲法第 11 條並未與憲法之範圍分開來解釋，故造成政策失當。因此，如第 11 條能更確切地提出「所有涉及修憲與公權力組織相關之法案」（tout projet de loi portant révision de la Constitution ou relatif à l'organisation des pouvoirs publics），則其內容更具

8　第14章係1958年所定，現已修訂為第16章。

有說服力，然閱讀該條文卻見不到有如是之規範。

（三）國際條約規範亦欠妥當

　　第 11 條亦規定涉及「未牴觸憲法但可影響現行制度運作之條約批准之所有法案」，得受第 11 條之干預。然而，第 54 條同樣規定，憲法委員會如公告「國際協議條款涉及牴觸憲法，對其批准或認可唯有經修改憲法方得干預」。由是，兩條文相互對照，第 11 條針對國際條約之公民複決，定出了所訴諸投票之條約不會造成修憲之問題，但若條約或相關之法案會造成修憲問題時，這豈僅是第 11 條所能全部涵蓋乎？

四、戴高樂撰回憶錄澄清

　　在戴高樂（Charles De Gaulle）本人所撰述題為「希望」之回憶錄（Mémoires d'espoir）裏，對其發動公民複決之爭議提出澄清（1970: 334），本文特舉出戴氏對憲法第 11 條、第 89 條所持之觀點，擇要如下：

　　戴高樂提出，為求取權力亟需政治戰鬥，政治人物無必要為此爭論。正如同為法國人民爭取權力，而由人民選出總統這樣的想法是極為合乎民主的。同樣地，人民認為國家元首須帶領他們，因而支持戴高樂建立此民選制度。但是，總有反對者依舊不表支持，仍對此為人民所做出之民主改革施以攻擊。本人為之所採取的建議係針對憲法的改革，然卻遭致肆無忌憚之指責及詆毀，更產生瘋狂之護法戰爭，矛頭卻指向我一人，透過法界及媒體刻意製造毀詆本人的形象，並製造戴高樂將軍為建立獨裁政體不惜違憲之謠言。這些造謠之人秉持如下之說，「憲法第 89 條規定是經國會管道修憲，其餘則無修憲之特別條文，如用公民複決來進行即觸法。」

　　為平息此長久來之謬論，在此提出澄清，當時為人民直選訴之以改革，本人僅以第 11 條一簡單明瞭之憲法條文行之。憲法第 11 條是如此清楚明確之條文「總統得在政府之建議下，建議國家所有涉及公權力組織之

法案」！除第 11 條及憲法所規定有關國家元首選舉之方式外，尚有比「公權力組織」更適當且具體之說法嗎？1875 年憲法成立了第三共和，該憲法曾規範「在公權力組織上之法律」，此規範長期來難道未被法政學界所承認嗎？第 11 條之規定亦涵蓋在某些程度上對憲法之修正，為何仍須對修憲另提出釋疑之正當規範呢？如憲法原條文遭立法者刻意曲解，要如何還原其真象呢？為修正屬憲法範圍之法律，須依何種依據以訴諸公民複決？而第 11 條當公權力被認為可透過國會途徑來行使時，是否與第 89 條之規定相矛盾？此外，第 11、89 條均可依情況需要來實施公民複決，依第 3 條之規定「國家之主權屬於人民，經由其代表及藉由公民複決方式行使之」，不正說明了第 11、89 條之重要性嗎？最後，1958 年憲法係經人民投票完成，反對者憑何依據來反對此權力之轉變？

五、密特朗之看法

　　法國前總統密特朗（François Mitterrand）亦曾就憲法第 11、89 條表示意見（Pouvoirs, 1988: 131）。密特朗認為「憲法第 89 條是修憲之主要條文，該條文業經人民同意，在使用上無庸置疑；惟第 11 條並無清楚之規範，在使用上須審慎為之，尤其在透過向人民商議前，最好先經國會做更為周延之辯論。」

六、擴充第11條所界定之範圍

　　憲法第 11 條所界定的範圍過於狹隘，使得戴高樂之後的政府不得不提出憲法改革之主張。從 1972 至 1988 年間，藉政府所舉辦之人民複決投票，觀察出人民參與投票之比率仍偏低。蓋對所設定之議題（如國際條約、政府制度等），人民並無產生高度的興趣。鑒此，在輿論及政壇間不時醞釀製造諸多以「公民投票為訴求」之議題。

　　在 1980 年代初期，社會黨執政之密特朗政府有意擴充憲法第 11 條所

界定之範圍，為使能活化公民投票達至實施數頻繁及人民之高度參與為目標。密特朗曾針對憲法第 11 條提出「涉及公共自由基本保證」之附加條款政府案，然該案當時卻受參議院反對派之杯葛，同時鑒於該案如訴諸公民投票將逃避憲法委員會之監督，致產生對司法機關在其對公共自由保證上弱化之虞而未獲通過。

　　席哈克（Jacques Chirac）政府卻於 1995 年通過對憲法第 11 條範圍擴充之修憲條文：「涉及國家經社環境政策之改革及相等之公共服務」，但儘管第 11 條已修訂完成，卻仍未見公民複決依該修訂而施行。

　　薩科奇（Nicolas Sarkozy）政府最後於 2008 年 7 月完成了極為重要的一次憲法第 11 條擴充國會與人民共同發動創制修憲條文：「公民複決得透過五分之一國會議員，經十分之一合法登記之選民支持下發動創制」，開啟了今後「分享式」之創制投票規範新頁（référendum d'initiative partagée）[9]。

七、權力遊戲之弔詭

　　法國之公民投票是屬於錯綜複雜之權力遊戲。第五共和實施全國性公民複決計 9 次，如表 7-4。從過去歷屆六位總統戴高樂（Charles de Gaulle）、龐畢度（Georges Pompidou）、季斯卡（Valéry Giscard d'Estaing）、密特朗（François Mitterrand）、席哈克（Jacques Chirac）、及薩科奇（Nicolas Sarkozy）等（張世賢、陳恆鈞，2010: 146），只有季斯卡、薩科奇未曾發動外，四位總統均有發動公民複決之先例。由於公民複決政治操作面向複雜，如藉用「鐵三角」（發動者、賭注、行情）模式分析，則似可窺出端倪（Parodi, 2001: 21）。以圖 7-1 表示：

9　法國國民議會於2012年1月10日通過對憲法第11條之實施。
　　http://www.assemblee-nationale.fr/13/dossiers/art11_Constitution_pl.asp

表 7-4　法國第五共和公民複決（1961 ～ 2005）

議題	投票率（%）	合法登記之選民回答「是」（%）	投票單回答「是」（%）
1961：阿爾及利亞自決	76.5	55.9	75.3
1962：艾維亞協定	75.6	64.8	90.7
1962：總統直選	77.2	46.4	61.7
1969：區域與參議院改革	80.6	36.7	46.8
1972：歐洲共同體擴充	60.7	36.1	67.7
1988：新喀里多尼亞自決	37	26	80
1992：馬斯垂克條約	69.7	34	51
2000：總統任期	30.2	18.5	72.3
2005：歐洲憲法草案	69.4	30.6	45.3

資料來源：*Les pouvoirs publics, Textes essentiels*. 2002. 8ᵉ édition. Paris: La Documentation française: p.II-47

圖 7-1　「鐵三角」圖

附註：
1 發動者：總統（第五共和之公民複決皆為總統所發動）。
2 賭注：以總統屬國會之多數或少數政黨而定（法國屬雙首長制，行政、立法之關係常以政治協商為主，政治面向極其複雜）。
3 行情：須考量總統之聲望、民意基礎及支持度（法國總統係民選產生）。

（一）案例比較

　　以 1961 至 2005 年第五共和實施之 9 次公民複決來比較：占有 6 次之投票（1961、1962 之 1、1962 之 2、1972、1988、2005）為當時屬國會多數政黨的總統所發起，此種條件使總統可掌控多數之局面，勝算較大，賭注較小，行情亦較看好。但是，1969、2005 年之兩次則被視為是賭注大且

震撼大的投票；而 1992、2000 年之兩次則是總統行情逆勢上漲的投票。

1. 賭注大、震撼大之投票

　　以 1969 年之投票為例，當時總統戴高樂，為超越黨派，以仲裁者自居，希望以公民複決決定法國之政治體制及其前程，此種立場使得總統面對的政治處境最困難，賭注亦最大。最後投票結果遭到選民反對（反對率53%），戴氏只有面對選民，向人民負責，黯然辭去國家元首職務，離開政壇。此時公民投票之賭注對發動者本身，具甚大之影響，值得警惕。

　　2005 年針對歐洲憲法草案之公民複決被認為是最具震撼力一次之「政治賭注」投票（Martin, 2005: 709~710）。當時席哈克在總統連任任期屆滿前，展現雄心壯志，冀望於法國人民投票同意歐洲憲法草案，使得政府將擁有強大之民意支持度作為後盾，藉以主導歐洲聯盟走上政治統合之路。席哈克總統在位時，推動歐洲統合與團結不遺餘力，曾提出「歐洲公民投票」觀點，認為「未來的歐洲有必要透過公民投票方式建立歐洲聯邦，制定一部歐洲新憲法，並以此票選歐洲總統」。同時，席氏期盼：「日後以公民投票決定政策將愈趨頻繁」（Jacques Chirac souhaite que le recours au référendum soit désormais plus fréquent）（李昌麟，2007: 10）。同樣的是，席哈克採以 2000 年發動公民複決成功之經驗，再度聯合右派聯盟季斯卡，立下第二次之右派政治合作大聯盟（UMP-UDF）之例。由於歐洲憲法草約本由法國所主導，季斯卡曾領銜訂立該草約；又對照於 1992 年人民投票同意馬斯垂克條約，故左右派均表一定之支持度，事前民調亦頗看好。豈料最後投票結果未獲通過（反對率高達 54% 以上），投下了一劑震撼彈，席哈克總統任期屆滿後表示將離開政壇，不再過問國政。

2. 行情逆勢上漲之投票

　　1992 年之公民複決（馬斯垂克條約），係由國會少數黨之總統密特朗發動，該次投票使總統所下之賭本較大，勝算不定，但結果行情卻開低走揚。觀察家普遍認為，在歐洲重建問題上，朝野本有共識，以致政治對立不致升高。該投票贊成率只達 51%，雖驚險過關，但開了第一次由少數黨

之總統發動公民複決之例。而 1992 年之投票反使密特朗總統聲望增高。

　　2000 年是法國第三次左右共治期（Cohabitation），席哈克採以策略聯合右派聯盟季斯卡（Giscard d'Estaing）發起第五共和來第一次之修憲公民複決，該次投票席哈克聲望逆勢上揚，結果出人意料，投票結果贊成率高達 72%。

（二）薩科奇捲土重來？

　　民意支持度頗低之總統薩科奇，依法國《新觀察家》（Le Nouvel Observateur）期刊 2012 年 2 月初民調顯示只有 26%（2012: 49），薩氏於 2012 年 2 月卻出其不意公開提出以公民投票解決兩大政策性難題：其一是面對全國 400 萬失業人口之「失業」投票；其二是針對長期來非法入境法國之「移民」投票。由於 2012 年 4 月 22 日法國舉行第一輪總統大選；5 月 6 日為第二輪。而從 2 月起選戰已開打，故從 15 位總統候選人名單中，多位表態強烈反對薩科奇所提公民投票之建議，尤其是民調最高（占 32%）之強勁對手，於社會黨黨內初選勝出之總統候選人歐蘭德（François Hollande）認為該公民投票之說為無稽之談，人民應用選票唾棄薩科奇之無為而治，讓社會黨重新執政；極右派候選人勒朋（Marie Le Pen）（民調緊追在薩科奇後，占 16%），中間派候選人貝胡（François Bayrou）（占 12%）及極左派候選人梅隆雄（Jean-Luc Mélenchon）（占 0.9%）等均認為解決失業、移民問題是 2007 年薩科奇第一次選總統時之政見，如今執政 5 年卻跳票。最後歐蘭德當選 2012 年法國總統。

　　由於 2012 年薩科奇競選連任選舉行情低迷，故主動拋出公民投票議題企圖提升民意支持度，的確是一「高招」，然難奏效；然亦是一「險招」，因其政治處境比 2005 年席哈克之時更為困難。

八、政治動員與投票結果之弔詭

　　2005 年 5 月 29 日法國公民複決否決歐洲憲法草案，帶給世人莫大之震驚，許多學者、專家及觀察家們將該次投票結果形容為「政治地震」（TNS Sofres, Eurobarometer, EOS Gallup, 2005），雖左派（部分社會黨）、右派政黨均表支持歐憲草案，只有極左、極右派強烈反對，兩大陣營皆屬高度的動員，投票結果卻造成極左、極右派大勝利。

（一）政黨投票意向

　　法國大多數代表歐洲議會之政黨如：人民行動聯盟（UMP）、社會黨（PS）、法國民主聯盟（UDF）及綠黨（Les Verts）等大抵支持歐洲憲法草案。雖少部分社會黨與綠黨領導幹部較持反對之看法，及極少數屬人民行動聯盟派系的人士有不同意見外，法國左右兩大派系，均曾表示對歐憲持肯定之態度。然而，其他政黨如：國家陣線（FN）、法國行動黨（MPF）、法國人民聯盟（RPF）、共產革命聯盟（LCR）、工人聯盟（LO）及共產黨（PCF）等，對歐憲大都表示反對。

（二）主要之爭議

　　對於投下反對票之政黨來說，左派政黨認為由執政黨（右派）所主導的選戰太過於專擅，失去公平性之基礎，故法國共產黨傾向於投下反對票，以求抵制政府。此外，右派之中亦有三政黨傾向於反對此次投票：國家陣線（FN）、法國行動黨（MPF）、及法國人民聯盟（RPF）。

　　共產革命聯盟（LCR）與人民共和行動（MRC），係最為積極表態拒絕歐憲之政黨，由於該二黨未具官方選戰動員的資格，故無法得到選戰的發言權，同時亦不能獲致選戰開支的補助，因此藉由法國共產黨出面帶領，合力攻打選戰。同樣地，法國人民聯盟借助於與人民共和行動聯盟的

力量，聯合出擊。另外，國家陣線（極右派）同樣未具官方選戰動員的資格，亦無法獲得選戰開支的補助。綠黨、人民共和行動及 21 世紀公民參與行動（Cap21）三政團曾一致提出控訴，希望取消僅提供給少數政黨，在進行選戰時的廣播電視播製權規定。該項規定為獲致選戰動員資格，政黨需在國會至少取得 5 個席位（5 位國民議會議員、或 5 位參議員），或於 2004 年歐洲議會選舉中，至少得到 5% 之選票。由於這項規定的限制，使得上述三政團無法正式參與官方選戰。法國憲法委員會最後做出裁決，該項遭爭議之規定仍屬合法，同時亦不違反政黨間之公平性。

　　某些反對歐憲草案的支持者，亦針對政府主辦單位提出控告，認為主辦單位寄發給選民歐洲憲法草約原文一份，同時附帶 12 頁信函，而該信函主要只在強調憲法條文之正面意見，故似有故意偏袒，影響選情之嫌。法國憲法委員會在受理後，做出裁決，認為主辦單位寄發致選民的信函，實為正確描述歐洲新憲法條約制定之動機，並無涉及不法。

　　某些反對歐憲的支持者，質疑投票結果的公平性，認為若投票通過後，歐洲新憲將被批准，倘投票未通過，仍會遭致第二次公民複決或國會投票來取消第一次未通過之投票結果。

　　某些支持歐憲的支持者亦提出爭論，認為歐憲草案公民複決已失去投票的意義，某些選民投下反對票之理由，是因為不滿政府政策，或不滿政府專擅的行徑，這些因反對而反對之投票態度，與實際之理性投票並不相關。

（三）民意反應

　　依法國民意調查機構艾普索斯（IPSOS, 2005）在投票後研究發現，社會階層愈高，教育學識程度愈高之人口，較傾向投下對歐憲草案之贊成票；反之，社會階層趨於中等之下，教育學識程度較低之人口，較傾向投下反對票。此外，極為明顯的是，此次法國歐憲草案公民複決之投票結果，是屬左派（大都投下反對票）的一次勝利。投下反對票之比率，幾近

三分之二是屬左派人士所投；而幾近三分之一反對票，是屬極右派人士所投。

　　如以 1992 年馬斯垂克條約公民複決投票結果相較，歐憲草案投票結果，投下反對票的人數有明顯增多，依社會人口類別比較，在年齡、性別、職業類別中，反對票均有增多之趨勢。然而，針對退休人士、或政治傾向較支持右派的人士，投下反對票的人數並未增加。

　　對於左派政黨來說，左派投下反對票或贊成票者皆不乏多見，投票意向較不明顯，此為社會黨與綠黨之例。經統計，屬上述兩黨的支持者，投下反對票的比率，各占 56% 與 60%。

　　對於右派政黨來說，投票意向較明顯，約 80% 人民行動聯盟（UMP）的支持者投下贊成票；然而，法國行動黨（MPF），約 75% 的支持者卻投下了反對票。

　　值得注意的是，除法國各政黨支持者之投票意向外，亦有一群極為擁護自由主義的衛道人士，在此次歐憲草案投票，投下了反對票。

　　以地方區域比較，對歐憲草案較支持，投下贊成票較多之地區如都會大巴黎區、法國西部區、中西部羅亞爾省（Loire）及薩特（Sarthe）等。

　　以法國工會組織投票之情況言之，依法國民調機構西莎（CSA）所做的「社會網絡調查」（Liaisons Sociales, 2005）中指出，此次歐憲草約投票，所屬工會成員或支持者投下反對票之比率如下：屬職業總工會（CGT）的成員或支持者占 74%；屬聯合工會（FSU）者占 70%；團結工會（SUD）占 65%；勞動者工會（CFT）占 64%；法國民主工會（CFDT）占 46%；法國天主教職業工會（CFTC）占 37%；法國幹部培訓工會（CFE-CGC）占 35%。

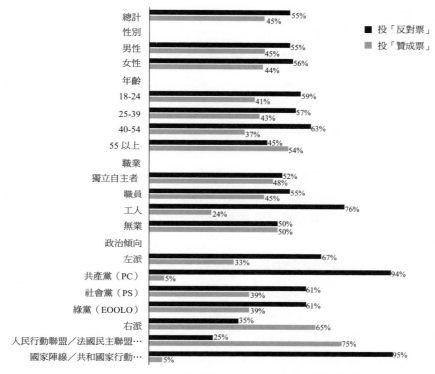

圖 7-2　2005 年法國歐洲憲法草案公民複決投票意向

資料來源：TNS- SOFRES. Eurobarometer. EOS-Gallup. 2005.

綜觀法國之公民投票制度，提出五項研究結論：

一、法國並非是直接民主制度之典範國，從研究得出其在公民投票
　　（創制、複決）之行使，因受半總統制之影響，是實施「半代表
　　民主制」有限的國家。法半代表民主制缺乏人民創制制度、及屬
　　國會權限之立法公民投票，故其民主效益、評價等不及半直接民
　　主制國家。法國前總統席哈克即曾表明公民投票制度之改進之
　　道：「法國須進一步擴展立法公民投票之範圍，重建公民創制權
　　制度，及擴大地方性之公民投票等。來年公民投票將與法國文化
　　及實際之生活緊密結合在一起」，言下之意無非是冀半直接民主

制強化半代表民主制之不足，其間道理，不言而喻。

二、從法國大革命來，歷經多次政權更迭，屬人民權力之公民投票規範，除第三共和國會制外卻始終入憲，雖有「集權式」投票之說，實因傳統制度使然：皇帝、總統向人民負責，有權向人民作徵詢。

三、戴高樂將軍延續傳統憲法既有之制度，為抵制國會過度濫權，並藉以強化行政權，重新引用公民複決。1962 年之修憲，確立半總統制，第五共和總統權力從此凌駕於所有公權力組織之上。

四、法國歷來之公民複決皆由總統所發動。第五共和實施全國性公民複決計 9 次，只有一次屬修憲複決，其餘 8 次均為立法複決；而修憲 24 次，23 次由國會兩院聯席修憲會議解決。問題關鍵在於憲法第 11、89 條之規定過於模糊不清，其爭議始終未間歇：總統在總理之提議下是否能對所有公權力組織之國會案逕付人民複決？未有定論。此為條文之弔詭。

五、藉用「鐵三角」（發動者、賭注、行情）模式，略窺出公民複決權力遊戲之複雜多變，政治動員造成了左右派政治勢力大對抗，投票結果卻成為權力者弔詭的賭注。

8

義大利廢止性公民投票

依義大利憲法之規定，創制投票之行使得依照兩種規定：(1) 透過 50 萬選民聯署提出請求；(2) 或經由 5 個區域議會聯名發起。凡涉及憲法或立法方面之議題，皆可透過公民投票決定[1]。

第一節　憲法公民投票

依義大利憲法第 138 條之規定，修憲及憲法法案經國會兩院審議後通過，國會兩院審議須各自於 3 個月期間連續完成，並經兩院過半數投票通過。所通過的法案即為法律，但仍須經由人民投票完成。故法律公告前 3 個月，得由國會兩院之一的五分之一議員、或 50 萬選民、或 5 個區域議會聯名提出公民投票之請求。經由公民投票法之規定，倘未獲致過半數選票，無法頒布。但如經國會兩院之一再投票，並獲致三分之二議員投票通過，此時即無舉辦公民投票之必要。

上述憲法公民投票的規範，堪稱嚴謹，同樣地，針對憲法創制投票之行使須符合下列兩種情況：(1) 憲法修正案須經國會兩院通過；(2) 經國會兩院之一第二次投票，倘未超過三分之二議員投票通過，才可由公民投票解決。當時，義大利憲法公民投票總共只實施了兩次：第一次於 2001 年 10 月投票，修定該國憲法第 2 部分第 5 單元；第二次於 2006 年 6 月投票，係針對當時政府之改革案，該案授與總理更多的權力，同時強化了地方區域的自治[2]。

---

[1] 　義大利憲法第132條規定，公民投票的議題亦可針對區域改革而投票，然卻從未施行。

[2] 　當時義大利政府之改革案係由總理貝魯斯寇尼（Sylvio Berlusconi）所領銜推出。

第二節　立法公民投票

依義大利憲法第 75 條之規定，由 50 萬選民或 5 個區域議會提出訴諸公民投票的請求，最後經由人民投票決定是否應將生效的法律或法案全部或部分廢止。

針對下列法令如稅捐、預算、大赦、刑期減免及國際條約之簽訂等，禁止使用人民投票來決定其存廢。

所有市民皆有權利參與公民投票，並定期選出國會議員。倘使過半數之選民參與投票，同時有效票數達至過半數，則用公民投票所決定之議題即告通過。公民投票實施之方式得依法律定之。

上述廢止性立法公民投票之憲法規範，提供人民對既定的法令是否繼續適用，透過創制投票做最後的決定。然而，依該憲法第 75 條最後一項之規定，人民提出創制投票之請求，須針對對法律的干預而行使創制權。過去，20 年來，義大利幾皆由基督民主黨主政，執政黨直到後來才完成廢止性立法投票之通過，當初因畏懼於廢止性公民投票恐成為反對黨（尤其是共產黨）之反對武器，故遲遲未通過該項法律。直到 1960 年代末期，由於執政黨權力的式微，故願與中間偏左的政黨結盟，並與其達成共識，執政黨終於不再反對由反對黨所提出之離婚法的制定，並願透過人民投票來決定是否贊成或反對。1970 年 5 月 25 日義大利最後依憲法的規定通過了公民投票法。

第三節　1970年5月25日公民投票法[3]

解析義大利於 1970 年 5 月 25 日所定立之公民投票法，得依下列公民

---

[3] 該公民投票法第7至13條涉及憲法公民投票（依義大利憲法第138條之規定）；而第27條之後的條文涉及廢止性立法公民投票。

聯署、聯署期限、最高法院的角色、憲法法院的角色、投票日期設定及公民投票的影響等 6 部分依次探討。

一、公民聯署

該公民投票法第 27 條之規定，50 萬選民聯署需符合規定（憲法第 75 條），同時，選務人員需備妥訴諸人民投票議題或須廢止的法令內容，做好投票準備作業。如涉及法令部分廢止之公民投票，須將全部法令及廢止之部分加以註記，並將人民請求公民投票之書面訴狀編號，以力求清晰明瞭；同時，對涉及法令全部廢止之公民投票，亦然。

二、聯署期限

依該公民投票法第 28 條之規定，聯署期限為 3 個月，並須將聯署書及聯署人基本資料一併送交最高法院審理公民投票聯署之單位，送交時間並以郵戳為憑。第 31 條規定：對於公民投票的請求，不得在國會議員任期之最後一年，亦不得在立法選舉期間，選民在收到選舉通知之 6 個月內提出。

三、最高法院角色

公民投票法第 32 條之規定，對於公民投票的請求，於每年 1 月 1 日至 9 月 30 日間提出申請。9 月 30 日後最高法院審理公民投票之單位即開始審查所提出之公民投票請求案，藉便確定請求案是否合乎法律的規定。雖然，該最高法院對公民投票之請求案具審查權，但是否接受請求案，仍須進一步由憲法法院來認定（憲法第 75 條第 2 項之規定）。在 10 月 31 日前，最高法院完成初審後，即以行政命令規定提案人於 11 月 20 日前完成對請求案之修正。最後於 12 月 15 日前，最高法院再完成複審。

四、憲法法院角色

依公民投票法第 33 條之規定，憲法法院院長在收到公民投票申請案如符合規定的審查結果時（如上述由最高法院進行審查，審查完畢後如案件均合法，即以行政命令文件通知憲法法院），即開始依行政命令將申請案排入國會議程審議，議程排定的時間通常於次年之 1 月 20 日後。依 1953 年 3 月 11 日憲法性法律第 2 條之規定，憲法法院於 2 月 10 日前以公開裁決方式決定申請案之通過與否（參照憲法第 75 條第 2 項之規定）。

五、投票日期設定

依公民投票法第 34 條之規定，總統在收到憲法法院之裁決文件後，即依部長會議之規定設定於 4 月 15 日至 6 月 15 日間（包含星期日）欲舉辦公民投票之日期。倘在國會兩院之一被解散之情況下，此時所預定舉辦之公民投票將因故延期舉行，該公民投票之延期舉辦將依總統召開兩院之一之選舉政府令之規定，並刊登於政府公報內。延期舉辦之公民投票將順延至國會選舉 365 日之後。

六、公民投票的影響

依公民投票法第 37 條之規定，公民投票之結果贊成廢止法律、法案或全部、部分條文等時，總統依法廢止法律、法案或全部、部分條文等。廢止法律等之生效期，係依所依法刊登於政府公報之日後算起。然而，總統得依部長之提議，延後法律廢止之生效期，延期生效日期通常最多在公告後 60 日內完成。

公民投票法第 38 條之規定，公民投票之結果不贊成廢止法律、法案或全部、部分條文等時，政府須公告投票結果，投票未通過之法律、法案或全部、部分條文等，在未違反公民投票法第 31 條之情況下，5 年內不得

再提出同樣之投票案。

公民投票法第 39 條之規定，倘在公民投票舉辦前，所審理之法律、法案或全部、部分條文等已先行廢止，此時政府須宣告公民投票停止舉行。

第四節　公民投票法之效益

義大利公民投票法屬一般性法律。該法涵蓋公民投票行使的規範，至為重要。尤其第 27 條第 3 項條文特以義大利憲法第 75 條第 1 項以公民投票廢止部分法令之規定做進一步的規範。此第 27 條第 3 項條文得以使公民投票成為可操控之工具，藉以對抗違反憲法原則之不合時宜的法令，甚至，某些法令曾經憲法法院裁定為無效。

除此之外，義大利公民投票法所規定之公民投票運作的時程，亦成為重要參考的依據。以下分為幾個重要的時段來探討：1 至 9 月份：向最高法院提出公民投票的申請案，並經最高法院審查聯署數是否合乎規定。10月至 12 月 15 日：由最高法院監督公民投票作業之監理部門，給予公民聯署做最後的核定（此亦為義大利憲法第 75 條第 2 項之規定）。12 月 16 日至 2 月 10 日：由憲法法院行使對公民投票法案之監督。2 月 10 日後，由總統決定舉辦公民投票的日期，該日期通常是在 2 月 10 日後之 50 至 70日內，推算是在 4 月 15 日至 6 月 15 日間之某星期日舉辦；同時，如人民投票結果同意該法令的廢止，則總統須依法廢止其法令；另一方面，總統在政府部會首長之建議下，該建議並經部長會議通過，得行使將已投票通過廢止之法令，往後延期需 60 日才生效之決定權。對於所廢止之法令需經公告才算有效，通常係在依法頒布之 30 日刊登於政府公報後，所廢止的法令方為生效。

該公民投票法亦提供公民投票實施的依據，然而，公民投票的實施，因投票結果的風險，亦會產生疑慮。故依該公民投票法第 39 條之規定，

如在投票前，所需經投票廢止的法令已先行由國會立法廢止，此時公民投票案隨即停止舉行。由上述第 39 條之規定得知，在公民投票舉辦前，亦得先將所要投票表決的法令先行廢止，此時就無必要再進行公民投票（Pizzorusso, 2001: 74~107；張福昌，2011: 253~280）。

第五節　廢止性公民投票之實施

1970 年代開始，義大利正式邁向政治改革的步伐，而廢止性公民投票的實施，成為了政治使用之工具。當初，擁有相對多數執政的基督民主黨針對離婚法廢止案公民投票與少數黨周旋，豈料最後卻造成贊成或反對離婚法左右兩派政治勢力之對立，天主教右派團體贊成離婚法的廢除；而非宗教的左派團體卻反對，形成壁壘分明的局面，結果是右派團體遭到挫敗。該挫敗導致日後公民投票的使用，成為抵抗國會多數的一種號召人民的工具；同時，公民投票亦成為少數黨向執政黨提出政策建議的一種方法。

整體言之，義大利廢止性公民投票主要政治用途分為下列三大方面：

其一是成為少數政黨利用之工具，尤其是激進黨及綠黨等。在此情況下，公民投票之建議案遂紛紛出籠，倡議者提出甚多之建議案，以便在經由憲法法院審查後再重新做調整，例如 1996 年所提出之建議案高達 20 項之多。該等建議案均對執政政府之施政提出政策建議，尤其是倡導環保生態及自由派之衛道人士等，合力出擊，形成壓力團體，如反核（1987年）、反恐怖主義刑事立法（1978、1981 年）、麻醉品使用除罪化（1993年）、墮胎（1981 年）、反工會平民主義之新主張（1995 年）、反政黨壟斷（1978 年）等。上述之戰術性公民投票被證明是極其有效，蓋可帶給不及 5% 之選民支持度（激進黨、綠黨）的少數政黨更多之影響力；同時，多數政黨因受少數政黨持公民投票為訴求之壓力，只得面對事實更加開放，因而造成了少數政黨訴諸公民投票之勝利（例如 1987、1993 及 1995

年之公民投票結果，票數皆過半數通過）。

　　其二是公民投票亦會受大政黨直接或間接的操控。例如反對黨於1974、1981年分別提出之離婚及墮胎公民投票，皆受到多數執政黨及右派政黨的杯葛，導致該兩項之公民投票均未獲半數選民票數之支持，故未通過。

　　其三是公民投票亦可受反對黨所用，以反對多數執政黨之施政。例如1985年義大利共產黨極力推動反對工資指數流動比例廢除之公民投票，此投票係義大利共產黨唯一之一次所主動發動之公民投票，投票結果卻慘遭滑鐵盧，未獲通過，但該次投票結果卻仍有45.7%之高票數，雖敗猶榮，特別是該次投票數顯已超過過去選民支持共產黨的人數。然而，上述例子係屬例外的情況，與義大利之政治傳統相違，尤其是對共產黨本身言之，該黨其實向來對直接民主多做保留，主動發起公民投票的案例甚少。

　　另一案例係1987年法官因職業過失涉及民事責任之公民投票，由當時社會黨總理卡西（Bettino Craxi）領銜發起，卡氏帶著總理的光環，藉該次公民投票的勝利進而預測來年立法選舉亦大好的情況，故公民投票進而淪為政客所操弄，成為預備選舉的實驗工具。儘管上述之公民投票結果為通過，此種投票卻被反對黨譏為民粹投票，由於受執政黨所操控，故真正的公民投票受到控制，無法實現。但是，義大利1990年代的公民投票，因市民主義之興起，重新找回了市民參政的影響力。例如當時多次之廢止性公民投票均由市民組成之委員會提出，成為眾所矚目之一次公共參與的大革新。市民委員會為社區公共事務挺身而出，反對大政黨壟斷操縱投票，主動針對國會立惡法為由，發動廢止性公民投票，以求重新修定選舉法及政黨法等。

　　義大利於1978年經激進黨提出反對對政黨過度政治捐獻之公民投票，曾獲得當時選民43.6%贊成票，可謂是轟動一時，在那時大的政黨均不支持此項建議案。之後，民意日愈感到大政黨壟斷投票，造成對公民投票質疑之趨勢下，企圖針對公民投票做改革之士隨即發動選舉法修定及公共捐助廢除之投票戰略，意圖出擊制勝，首先在選舉法修定方面，經由

廢止部分之規定，藉達到改變選舉法的目的；其次，以廢除原公共捐助規定，藉以重新立法。故於 1991 年達成具掮客優先之投票的廢除（95.6% 選民投票贊成），另外；1993 年將參議員投票原有之比例代表制廢除，改以一輪多數選制（贊成者亦高達 82.7%）。至於在政黨的公共捐助方面，過去的對政黨捐助規定亦於 1993 年廢除（創下 90.3% 的贊成者支持）。上述之廢止性公民投票促使立法者重新制定政黨及選舉法規。1999 年倡議選制改革之士有心將義大利選舉制度全面改為多數選舉，並廢除比例代表制，但遭失敗。但是，公民投票的影響力仍然成功，它可清除大黨（如基督民主黨、社會黨）過去的陋規，使得政治改革更加落實（Portelli, 2001: 605~614）。

義大利曾實施多次的公民投票，然而憲法法院對公民投票卻進行嚴格的監督。1974 至 2006 年，10 餘件經市民 50 萬聯署之創制案，曾遭憲法法院之撤銷。

第六節　憲法法院功能

廢止性公民投票申請之過程甚為複雜，首先要經過選民聯署，至最後投票結果公布，如獲通過，復由總統依法將公民投票所廢止的條文公布。

公民投票之申請，亦須經冗長的程序：首先經由最高法院公民投票審查之單位受理，受理單位對該申請案之合法性提出審查；接者再由憲法法院裁奪公民投票之申請案是否成立。最高法院的合法性審查，主要審查公民投票申請案是否合於立法規定；同時，憲法法院進一步之審查，主要在於審查該案是否合乎憲法第 75 條之規定。

義大利憲法法院依法行使職權，特別針對人民創制公民投票之行使，提出是否合憲之審查；在法律案之廢止方面，並明文規定禁止用投票來廢除之條例。同時，憲法法院亦定出可訴諸投票的相關規定，並做出了合憲解釋。

一、禁止用公民投廢止之條例

依義大利憲法第 75 條之規定，禁止用公民投票廢止之條例如下：稅法、預算法、大赦、刑期減免及國際條約等。憲法法院依憲法第 75 條內容做為審查公民投票法案之依據。

對於憲法法院之法官言之，除依憲法第 75 條所規定的內容外，仍須添加補充性的規定，主要係考量市民所提出之公民投票的法案恐仍有違憲之虞，因而，憲法法院須對廢止性公民投票進行是否違憲之實質審查。而禁止用公民投票廢止之稅法、預算法、大赦、刑期減免及國際條約相關條例等，被認為是形同憲法條文。

憲法法院法官同樣的定出禁止以公民投票來廢除具「標準性」之規範性條例，如憲法、修憲條例、憲法性法律、及具效力之立法條例等。

另一項禁止用公民投票來廢止具特定性之憲法法律。如涉及規範性的法律，在無損害憲法本文之情況下，亦是不能廢除及修訂的。例如當某項法律須廢除時，但該法卻是具憲法標準之特別法，在此情況下，該法之廢除，將恐導致具憲法標準之法律效力同時的廢除，如此會帶來憲法標準之退化，進而失去憲法所賦予之標準規範。此問題絕不能與為遵守人民意志為前提的一般法律廢止之投票相提並論。

最後，廢除全部或部分選舉法規部分，憲法法院雖並未明文禁止，然須附帶限制條件，及延長法規廢止後之生效期限等。

二、訴諸於選民投票議題之監控

訴諸於選民投票的議題係由憲法法院監控。為免議題模凝兩可，在議題一旦進入法定流程後，憲法法院即進行議題控管，憲法法院對投票議題是否合乎正當性具裁定權。

此裁定權在於保障選民投票具正當性。鑒此，針對公民投票之申請案，申請人須將問題做清楚地陳述，體例規格務必達到標準化與一致化，

通常，公民投票之申請案是否得以通過，端賴投票議題是否陳述得當。事實上，義大利憲法法院曾針對某些較具政治性議題之申請案採以不予通過的態度。例如有關選舉條例廢除之公民投票，經憲法法院審查後予以不通過，但曾引起莫大之爭議。在憲法法院不予通過之判決案例裡，通常法官採以議題不明確為主要不通過的理由，此為避免做贊成或反對的裁定，而引起對法官立場的爭議。

　　經由憲法法院對公民投票申請案件議題之控管，使得公民投票行使的正當性更加確立，同時更能避免投票議題過於政治化。公民投票的議題不僅須要陳述得當，亦須符合投票目的，不致誤導選民為要。

三、廢止性公民投票「合目的性」審查

　　憲法法院針對廢止性公民投票之目的性進行司法審查。首先對申請案件作文件查核，以案件內容審視其投票目的是否適當及妥切，尤其如在投票通過後，所欲廢除的法規是否將因此造成「空窗期」不良之影響？

　　憲法法院展開 3 類形式審查，藉以進一步核實申請案件是否合乎標準化規定。此 3 類形式審查如下：

　　第 1 類針對案件內容做審查，審查其目標與欲達成法規廢除的手段、目的是否一致及明確？

　　第 2 類為議題的設定是否合乎標準？通常，提出廢除法規的公民投票須有明確的議題，而議題的設定務必簡單明瞭。

　　第 3 類的審查著重於對投票之影響。依憲法法院的判例，禁止公民投票受政治性的影響而變質。基本上，憲法法院對廢止性公民投票持中立的態度，但如踰越法定範圍，仍須加以管制。例如義大利曾於 1993 年為修訂選舉法規造成當時政府的危機，及政黨勢力的對決。憲法法院當下即考量公民投票的申請案受政治性介入的影響，帶有可操縱之目的性，而使得投票本身因變質而失去了意義，故對該次的投票予以反對。

　　依上述義大利憲法法院之判例得知，憲法法院能運用司法職權，有效

防制經人民創制之廢止性公民投票的濫用。由於公民投票實施的層面複雜，因此選民對公民投票愈來愈缺乏興緻。

第七節　廢止性公民投票之改革

在公民投票實施之案例及憲法判例裡，屬直接民主、人民參政的公民投票制度雖有其理想，然而實際實施失調的情形，甚為嚴重。義大利人民深信公民投票制度須重新改良設計，如同公民投票成為市民的反權力，在過去屬比例代表制，如今再度改良成為多數決選制。在公民投票制度之設計裡，多元式的民主須尋得選舉團體足以抵抗國會多數立法，而公民投票成為了憲法保障選舉團體的一種制度。然而，一般對公民投票的概念，只認為它是做為代替國會立法的一種工具，而此般概念事實上卻與公民投票制度的本身相互矛盾。由於公民投票在實施方面，只在憲法所規範之邊緣為之，因為其公民投票只為廢除法規，無法用權衡方式修訂之；同時，選舉團體在現今之多數決選制下，不僅須選出其國會代表，且須支持國會的立法。如此，國會之立法權限被認為是理所當然，不容侵犯，而相對於公民投票之「剩餘立法」，對國會多數已經通過但遭爭議之特定法案加以人民投票表決是否廢除？此類廢止性之投票，仍存有諸多制度矛盾之處，且實施不易。如同當公民投票的使用被多數政治勢力所左右，造成少數反對勢力在國會的權力受到損害。更壞的情況是，多數決制度如與公民投票結合起來，將造成民粹投票的偏差而損害投票制度，不得不慎。鑒此，義大利須致力於公民投票改革，首先在投票之行使方面應致力於制度化，給予創制投票更大的限制，如聯署數目的增加、公民投票實施次數的限制、擴增禁止公民投票的項目等。對於義大利未來的公民投票，應限制其投票淪為不當之廢除法規的工具，同時憲法所賦予其「剩餘立法」之功能，因未能完全付諸實現，故須重新檢討其缺失；此外，須建立國會與公民投票推動者間之雙向對話機制，未來公民投票之建議案須透過由國會所做成的建

議，方屬正辦，而一旦訴諸於人民投票，係在國會拒絕採納建議案之情況下為之（Manzella, 1996: 137~148）。

第八節　棄權投票之增高

從 1997 年起，義大利所舉辦之廢止性公民投票，皆因未達所有選民出席人數的 50% 票數而無效，然而，此情況與 1997 年前選民參與的比率甚高完全不同。

棄權投票之增高證明了愈來愈多之選民如同與立法選舉般，對投票感到無趣；除此之外，不贊成公民投票之反對勢力以對立立場，寧可不願投反對黨，而鼓動市民缺席投票，企圖使投票未達至選舉人過半而無效。此種棄權投票的方式有時極為容易奏效，尤其受到天主教高層的鼓勵。例如羅馬教宗本篤十六世曾告誡義大利選民勿出席 2005 年 6 月 13 日涉及胚胎實驗研究法修訂之公民投票。

總之，義大利棄權投票之不斷增高，導致兩種嚴重的後果：

首先，廢止性公民投票不再引起市民間甚大的關注，義大利最近的公民投的改革亦未激起選民支持改革的熱情，反而是趨向更冷淡的態度。

其次，從 1997 年來因選民參政的冷淡，導致廢止性公民投票已失去其實用性，不僅公民投票的結果將因此無效，且反對公民投票團體因主張投棄權票，故一面倒向棄權，此時就無須與對手競爭，無須發動選戰，無須與發動公民投票團體進行大型辯論，以收攬支持者投票。

以此 50% 之選民參與投票的事實來證明，對於法規的廢止，須有過半數代表性的意義，此概念係出自於國會的投票亦須取決於過半數，方為有效。然而，公民投票的結果如有高度的出席率，則 50% 的設限，不攻自破。然儘管如此，事實經驗證明，如是之 50% 限定，反會導致惡性的影響，蓋對手如傾向於投棄權票，則公民投票的理想性則不就喪失殆盡麼！

　　為力求公民投票本身之遊戲規則公平化，似有進一步將 50% 的門檻降低的必要，例如東歐匈牙利所設立的門檻只有 25%；同樣地，亦可將選民的出席率替換成贊成票數率，如是，公民投票建議案的通過，將取決於 50% 投贊成票的情況。同時，至少有 25% 的選民參與投票，如此將使具意圖煽動棄權投票惡劣行徑之徒，無所遁形（Hamon, 2006: 31~36）。

表 8-1　義大利公民投票實施情況

日期	出席率（百分比）	議題	贊成票（百分比）
1974 年 5 月 12 日	87.7	離婚法	40.7
1978 年 6 月 11 日	81.2	公共秩序保護 政黨公共捐助	23.5 43.6
1981 年 5 月 17 日	79.4	反恐怖主義法 終生監禁 攜帶武器 墮胎（義大利激進黨所發起） 墮胎（生命行動團體所發起）	14.9 22.6 14.1 11.6 32
1985 年 6 月 9 日	77.9	薪資流動比例	45.7
1987 年 11 月 8 日	65.1	法官民事責任 部長刑事責任 核能電廠位置 核能電廠建造之地方捐助 國外核能計畫	80.2 85 80.6 79.7 71.9
1989 年 6 月 10 日	80.7	賦予歐洲議會制憲權	88.1
1990 年 6 月 3 日	43.4 42.9 43.1	狩獵規章 狩獵與私有財產 殺蟲劑使用	92.2 92.3 93.5
1991 年 6 月 9 日	62.2	選舉優先權（下議院）	95.6
1993 年 4 月 18 日	77	環境保護 反毒品法 政黨政治獻金 儲蓄銀行任命權	82.5 55.3 90.3 89.8

表 8-1　義大利公民投票實施情況（續）

日期	出席率 （百分比）	議題	贊成票 （百分比）
		取消國家動員部	90.1
		取消農業部	70.1
		取消觀光及遊樂部	82.2
		為參議院改革修訂選舉法	82.7
1995 年 6 月 11 日	57	工會代表（無限制）	50
		工會代表（有限制）	62.1
		公領域契約	64.7
		預防性監禁	63.7
		義大利廣播電視私營化	54.9
		從事商業許可	35.6
		工會津貼補助	56.2
		選舉法（超 15000 居民的市鎮）	49.4
		商店營業時間	37.5
		國營電視頻道轉讓	43
		電視廣告中斷	44.3
		電視廣告外包	43.6
1997 年 6 月 15 日	30.2	私營化	74.1
		因道德理由拒服兵役	71.7
		私人狩獵區之進入	80.9
		法官生涯	83.6
		新聞秩序之廢除	65.5
		法官額外司法工作	85.6
		取消農業政策部	66.9
1999 年 4 月 18 日	49.6	廢除下議院比例投票制選舉	91.1
2000 年 5 月 21 日	32	法官額外司法工作	75.2
	32.2	選舉開支之償還	71.7
	32.4	廢除下議院比例投票制選舉	82
	31.9	高級法官委員會選舉	70.6
	32.5	解雇	33.4
	32.2	工會或協會津貼補助	61.8
	32	法官生涯	69
2001 年 10 月 7 日	34.1	修憲（第 2 部分，第 5 單元）	64.2

表 8-1　義大利公民投票實施情況（續）

日期	出席率（百分比）	議題	贊成票（百分比）
2003 年 6 月 15 日	25.7	工作者重新融合 土地強制	86.7 85.6
2005 年 6 月 12-13 日	25.7	胚胎研究限制 生殖限制 胎兒合法地位 禁止夫妻雙方之外的器官捐贈	88 74.3 74.4 74.4
2006 年 6 月 25-26 日	53.7	修憲（第 2 部分）	38.7
2011 年 6 月 12-13 日	57	廢核	94

附註：

1 本表所列義大利的公民投票，分為：(1) 廢止性投票（依憲法第 75 條的規定）；(2)2006 年的修憲投票；及 (3)1989 年之展望未來歐洲的投票，該投票由國會提出，具諮詢性質，並不受憲法規範的限制。

2 對於義大利廢止性公民投票言之，投票之問題大致如下：「您贊成對此項法規的廢除嗎？」對此項法規反對者傾向於投贊成票，但其支持者傾向於投反對票。

9
東歐國家公民投票

　　1980 年代末期 由於柏林圍牆的倒塌，促使東歐國家快速之民主化，東歐各國紛紛重建體制，及完成新憲法之制定[1]。同時，在歐洲合作與安全方面，西歐諸國均提出對人權追求之主張，並經共同推動下，對東歐國家產生了莫大的影響。尤其，當時歐洲所倡導的民主改革，更加影響了東歐國家致力於民主化。1990 年在哥本哈根舉行之「人性空間」會議，及 1991 年在莫斯科舉行之「人權」會議，特針對東歐國家人權問題所牽涉的民主原則提出探討，引起了甚大的迴響。所謂的民主原則即是對法制之尊重、人民意志如同政府權力般具正當性基礎、如何促進民主制度合作及基本自由權利受到尊重等。

　　除此之外，歐洲理事會扮演了關鍵性之角色，促使東歐國家門戶大開，走上民主之路。再者，國際社會看見了東歐國家在民主化道路上的努力與進步，表示肯定。另一方面，究其實，東歐國家的民主化努力是為加入歐洲理事會而作準備，加入的條件除須是歐洲國家外，各國權利優越原則之承認、對基本自由與人權之尊重、多元國會民主之設置及對歐洲人權公約之遵守等，均是加入不可或缺之條件（Assemblée parlementaire du Conseil de l'Europe, 1992: 181~189）。

　　同時，歐洲理事會為欲加入之國家附帶提供合作援助計畫，並予以支持走上民主（Koller, 1990: 385 etc）。對歐洲共同體言之，其對東歐國家之民主化亦給予承認，首先公開承認東歐新獨立的國家，所承認的 5 大條件如下[2]：遵守聯合國憲章、遵守赫爾辛基條款、遵守巴黎憲章，促進人權、民主之追求及建立法制國家等。

　　1993 年 6 月 22 日在哥本哈根舉行之歐洲理事會特針對東歐及波羅的海國家願加入歐洲聯盟之事宜，重新提出成為穩定民主國家會員國之 3 項標準：其一是對人權的尊重；其二是對少數及弱勢者的保護；其三是法制優於一切。基此 3 項標準，未來欲加入歐盟的國家將因此朝向穩定的民主

---

[1]　然而，匈牙利只修訂了1949年的憲法；立陶宛亦維持1922年憲法不變，且只增訂1991年憲法性「市民權利與責任」法律條文。

[2]　參1991年12月16日歐12國宣言有關承認東歐新國家及蘇聯的準則。

之路而邁進。

　　對於此種民主標準之建立，須如何進一步地加以審視呢？在東歐任一國家之憲法內均可經由民主制度的標準來檢視，如以公民投票與憲法正義來檢驗，發現大多數國家刻正一反過去的獨裁專制，走向民主化。諸多國家雖已完成新憲法的重新制定或修改原憲法，然此等國家尚未能達成真正的民主，主要的理由在於因位於民主化的過渡期間，故民主的程度仍屬脆弱。

　　在公民投票界定方面，公民投票是做為政府或人民自己所提出之法案或建議案交付投票公決，對於東歐國家憲法言之，唯有波士尼亞—赫塞哥維納國家之憲法未對公民投票做規範，其餘國家之憲法皆規定主權屬於人民，主權可透過人民或代表來行使。尤其在人民直接干預部分，東歐各國之憲法大多以條文或以公民投票專章來規定，同時立法者藉參考憲法的規定另定所實施之法律依據。

　　正如東歐各國之憲法在公民投票方面均有明文規定，綜觀其規定，大致可分出下列諸項型式如：(1) 由總統或國會發動針對與國家利益相關之重大議題公民複決；(2) 強制或任意性憲法複決；(3) 中止性公民投票；(4) 廢止性公民投票；(5) 罷免領導者或解散國會之公民投票；(6) 憲法、立法及一般法案之人民創制投票。總之，在東歐國家憲法之條文中，幾乎可尋出上列所有公民投票的型式。同時，在地方性公民投票方面，係以市鎮級的投票為主，東歐各國的憲法亦均有規範如阿爾巴尼亞（第 108 條）、白俄羅斯（第 75 條）、保加利亞（第 136 條）、克羅埃西亞（第 132 條）、匈牙利（第 44 條）、波蘭（第 178 條）、俄羅斯（第 130 條）、斯洛伐克（第 67 條）、斯洛維尼亞（第 139 條），烏克蘭（第 38、138、143 條）。

　　如同其他國家般，如涉及一國之歷史、文化傳統、民主素養、及對政治平衡建置等方面的因素，均會對公民投票的一般理解與認識不同產生絕對性之影響。甚至，各政府相關單位對於公民投票的運用、實施等方面亦有所不同。尤其是當人民自己發動民主改革致力於自由民主化，甚至尋求國家的獨立等均大致以訴諸於公民投票解決，藉其力量完成任務。但是，

另一方面，在未經人民干預之情況下所成立之民主機構並不能視為直接民主機構，究其實，由於議會的設置，使得公民投票本身的行使情況因而受到了限制。

　　在此，針對東歐國家的公民投票，無論是該等國家具備憲法條文的規範與否，均有必要審慎來研究其公民投票實施的情況。綜觀言之，東歐國家實施公民投票的情況，可分下列幾大類：(1) 公民投票法的訂定過於嚴苛，以致於公民投票難以實施（如俄羅斯聯邦、保加利亞）；(2) 公民投票立法規範與原憲法不相符，導致公民投票推行困難（如摩爾多瓦）；(3) 在這些國家中，由於對公民投票缺乏認識或認識不足，因而對投票產生猜疑與不信任，究竟根本原因有二：(1) 對領導者言之，其輕忽公民投票真正之建置，反用以成為公權力的一種鬥爭型式，藉以操控、工具化，甚可使權力鬥爭浮上檯面，造成憲政危機。當然，這些國家在民主化的程度方面尚屬萌芽階段，民主的發展仍不夠成熟；(2) 對於這些國家的人民言之，一般民眾對公民投票，尤其在人民創制之行使方面，仍帶有高度的懷疑。畢竟，東歐國家在基本權利保護，尤其在結社、意見表達自由等方面的保障均起步較晚，因而，人民對公權力及政府施政均存有質疑的態度。總而言之，在對於公民投票的規範方面，大部分東歐國家均仿效西歐國家建立起公民參與公共事務的機制，尤其是建立人民創制之規範。然而，即便是東歐國家的憲法對公民投票大致做了原則性之規範，在實施公民投票方面，卻仍然有限。

第一節　公民投票入憲：有限的規範

　　東歐國家的公民投票係依照憲法的規定，在此，經研究發現東歐各國的憲政體制不盡相同：(1) 某些實行內閣制的國家願意仿效西歐國家致力於推動民主化，已具有顯著之成效（Massias, 2003: 1317）；(2) 某些實行總統制的國家，總統擁有絕對的權力（如俄羅斯聯邦、白俄羅斯），或總統

至少擁有重要的權利（如摩爾多瓦、烏克蘭）。對於前者言之，實行內閣制的國家，國會係推動公民投票的主要機關。由國會來限定公民投票標的的國家（如保加利亞、匈牙利、愛沙尼亞、斯洛維尼亞等），及由國會決定訴諸公民投票與否的國家（如保加利亞、愛沙尼亞、匈牙利、立陶宛、馬其頓、波蘭等）。唯有愛沙尼亞憲法明文規定公民投票超越任何政府權力機關之優越性[3]。如解讀愛沙尼亞憲法為何給予公民投票如此崇高之優越性？此問題即在於制憲者冀望於強化行政權，並透過國家領導人之干預直接以公民投票訴諸民意。但是，以匈牙利為例，代表民主卻是凌駕於直接民主之上，以 1993 年匈牙利憲法法院之判例足以為證（Commission de Venise, 1993: 15）。匈牙利憲法法院 1993 年以國會班底組成釋憲委員會解釋具爭議性之憲法條文，涉及公民投票是否可用以國會議員在任期屆滿前被解散；或用以造成議員的集體總辭？該憲法法院應本於職權解釋憲法條文是否禁止公民投票用作於上述情況？依匈牙利憲法第 2 條第 2 款之規定，公民投票與代表民主皆為民主政治重要之行使方式。然而，經該憲法法院證實依憲法第 19 條第 5 款之規定，是由國會來規範公民投票[4]。

匈牙利憲法法院認定相關之憲法條文均賦予國會為國家最高權力機關，同時國會享有凌駕公民投票之優越性，而公民投票僅作為國會的補充權力，唯有在國會認為有必要時方可行使。因而，該憲法法院認為公民投票不能用於解散國會，而國會議員之集體罷免被視為是有違議員任期行使之自由原則。

東歐各國訴諸公民投票之型式不盡相同，例如阿爾巴尼亞憲法是唯一認定可行使廢止性公民投票的國家（憲法第 150 條第 1 項）；立陶宛憲法亦是唯一認定可行使中止性公民投票的國家（憲法第 48 條），除此之外，立陶宛總統針對解散國會得向人民接受徵詢（憲法第 72 條 C 款）。同時，

---

[3]　依愛沙尼亞1992年憲法第106條之規定：「經公民投票所通過之法律隨即由總統頒布。由公民投票所做的決定凌駕於所有國家機關之決定之上。」

[4]　此憲法條文後經撤銷，然現行匈牙利憲法第28條B款仍規定由國會限定公民投票的標的及人民創制行使的方式。

在此需強調的是，解散國會條款，向來被認為是波羅的海沿岸國家之傳統民主治理的型式；至於羅馬尼亞人民得以在最後一刻決定是否須對牴觸憲法具嚴重情節的總統解除其總統職務（憲法第 95 條 C 款）。

東歐國家大都採以國家利益為訴求之一般任意性之公民投票（如克羅埃西亞、愛沙尼亞、匈牙利、羅馬尼亞）；尤其，針對國家利益為訴求之公民投票，某些國家往往刻意標出是具特定性議題之投票（如阿爾巴尼亞、立陶宛、波蘭、斯洛伐克）。在此，某些國家依情況亦具備強制性公民投票制度，換言之，強制性投票須委以憲法做約束，亦就是如涉及憲法問題須以對人民做徵詢為依歸：如憲法的表決通過（立陶宛）；或重要憲法條文之修訂（白俄羅斯、愛沙尼亞、拉脫維亞、立陶宛、烏克蘭）；加入或離開聯盟、超國共同體（匈牙利、拉脫維亞、馬其頓、捷克、斯洛伐克）；加入或離開一國（克羅埃西亞、塞爾維亞—蒙特內哥羅）；修訂國家邊境（馬其頓）；損害領土之完整（烏克蘭）；國家獨立、主權、國家統一、國家中立（摩爾多瓦）。

在發動公民投票方面，某些東歐國家的憲法規定可經由少數市民或政治團體發起，如斯洛維尼亞針對憲法修訂強制性之公民投票，只須 30 位國會議員提出請求（該憲法第 170 條之規定）。此種允許少數國會議員提出請求之投票，即為了抵制多數國會議員濫用的一種權宜之計。然對於大多數的東歐國家言之，須具備選民人數之一定數量及比例方得提出公民投票的請求，此時即可組合而成強制性之公民投票，甚至得經選民人數一定數量及比例完成人民創制投票。

東歐 4 國獨立國協（白俄羅斯、俄羅斯聯邦、摩爾多瓦、烏克蘭）針對公民投票行使的型式，在其憲法的規範上有諸多不同之處。例如俄羅斯聯邦曾於 2004 年重訂公民投票法，該法係出自 1995 年 10 月 10 日由國會立法通過之憲法性法律。依該公民投票法規定創制投票須 200 萬市民聯署，但亦可依俄羅斯聯邦憲法第 135 條第 5 項之規定，特針對新憲法之通

過亦得經由憲法會議提出（Danilenko, 2005: 439~448）[5]。另一方面，對俄羅斯聯邦言之，如確經憲法法院證實針對一特定問題須向人民徵詢以做最後之決定，此時總統則有義務推動及完成公民投票。在俄羅斯聯邦公民投票實施之經驗來看，公民投票之實施唯有依法經由人民創制來發起，但如是規定似與實際情況相違，眾所皆知 1993 年葉爾辛總統所發動之「全民投票」，是為解除國會與總統之危機而發起，最後導致了葉爾辛一人勝利，及新憲法的投票通過（Massias, 2001: 257~273）。究當時葉爾辛總統運用公民投票，雖及時解除一次憲政危機，然以總統身分強行介入主導卻遭來不少爭議；其次，由於當時的國會立法不夠嚴謹，故公民投票能經政治人物強行發動。之後，俄羅斯聯邦雖經 2004 年通過公民投票法後，確認公民投票須強制性地經由人民來發動，但此法被批評為欠缺實用性（Darilenko, 2005:444 etc），故今後人民創制投票甚難在俄羅斯聯邦實施。

　　對摩爾多瓦言之，創制投票卻是屬國會的職權外（依該國憲法第 66 條 C 款及第 75 條 C 款之規定），亦是屬總統的職權（憲法第 88 條 C 與 F 款之規定）及屬人民的權力（依該國選舉法第 152 條之規定）。摩爾多瓦憲法法院曾於 2000 年 4 月 11 日裁定國會無權反對總統或市民所提出公民投票之建議（Commission de Venise, 2000: 121~122）。

　　而對於烏克蘭、白俄羅斯言之，針對一般任意性公民投票，其發動情形與前述之摩爾多瓦情況一般。如烏克蘭國會、總統或 300 萬選民擁有對公民投票的建議權；同時，如涉及人民創制投票，依規定由總統宣布之（烏克蘭憲法第 106 之 6 條之規定）。白俄羅斯的情況亦大致類似，如創制權及訴諸公民投票的決定權同樣是屬於總統、兩院國會或 450,000 萬選民之職權（白俄羅斯憲法第 74 條及 84 條 C 款之規定）。

　　前述白俄羅斯、烏克蘭、摩爾多瓦 3 國對於強制性公民投票之投票標的亦有諸多規定，總歸納如下：(1) 憲法條文之新修訂（依白俄羅斯憲法

---

[5]　在此該作者曾指出雖俄羅斯聯邦憲法第135條第5項規定創制投票如涉及修憲，亦得經憲法會議提出，然相關之憲法會議條例並未獲國會通過，故創制權之發動仍屬人民所擁有。

第 140 條第 IV 項第 C 款及烏克蘭憲法第 156 條第 C 款之規定）；(2) 領土
完整之損害（烏克蘭憲法第 73 條之規定）；(3) 涉及獨立、主權、國家統
一或中立等議題（摩爾多瓦憲法第 142 條 C 款之規定）；(4) 修訂或廢止
經由公民投票通過之憲法條文（白俄羅斯憲法第 77 條 C 款之規定）。同
時，白俄羅斯亦具有任意性修憲公民投票制度，係由總統或 150,000 選民
提出，然而該制度亦以憲法條文的規定來保障國會的職權，換言之即由國
會對議題做決定是否需訴諸公民投票。

　　在研究東歐國家之公民投票案例，可進一步發現公民投票成為總統為
解決政府與國會的衝突之一種有效的仲裁方法，並可藉此增強總統的權力
（Massias, 2001: 1067~1068）。在此情況下，因鑒於總統運用人民投票成
功而導致其個人威望的增強，然憲法法院卻試圖抑止此種現象。研究發現
1993 年俄羅斯當年憲政危機的例子正是如此，當時，儘管憲法法院宣告 4
項欲訴諸公民投票議題中之 2 項無效，然而，4 項議題卻仍然於 1993 年 4
月 25 日經人民投票做了最後的裁定。同樣的，在白俄羅斯，該國路卡先
格（Loukachenko）總統為求憲法之修訂，及增強總統權力而訴諸人民投
票，雖遭致憲法法院的反對，但結果終究是總統的權力占上風（Massias,
2000: 1371~1372），1996 年在白俄羅斯，總統與國會的關係甚為緊張
（Gélard, 1997: 205~206），憲法法院經審查後宣告最高蘇維埃判決條例違
憲，該條例規定修憲草案須強制性地訴諸公民投票[6]，但是上述憲法法院
之判決，並未影響 1996 年 11 月 24 日公民投票的舉行，而公民投票的結
果反造成總統的大勝利，該總統為此倖免於被罷免的命運。之後，該總統
續運用公民投票修憲，又造成了總統個人旋風及總統體制的強化，2004 年
白俄羅斯總統為擴增其個人權利，再度訴諸公民投票，通過了廢除總統連
續任期數目的限制（該國 2004 年 10 月 17 日之公民投票）。

　　相反地，對於摩爾多瓦言之，該國總統企圖運用公民投票將摩國憲
政體制轉變為總統制，但卻成功地遭致憲法法院的制止（Commission de

---

[6]　該憲法法院於1996年11月4日立下判決，但公民投票卻於20日後照常舉行。

Venise, 1999: 447~449），該憲法法院認為總統無權做成修憲公民投票之建議，即使是公民投票照常舉行並獲致正面的結果，然此結果並不能視為是強制性的結果。同時，烏克蘭的例子亦屬同樣的情況，當年烏國訴諸於公民投票共 6 大問題之兩道題被認為是企圖增加總統的權力，結果遭致憲法法院裁定違憲（Massias, 2001: 1068~1069）[7]。

　　對東歐國家言之，各國憲法所規範禁止公民投票的項目甚多，與義大利憲法一般，經由憲法所規定不能行使公民投票的項目，同樣地在公民投票立法及相關選舉條例等方面亦有規定。對選民所發動的公民投票來說，通常禁止投票的項目如稅捐、預算議題（烏克蘭、阿爾巴尼亞、白俄羅斯、保加利亞、愛沙尼亞、匈牙利、立陶宛、斯洛伐克）；如財政議題（阿爾巴尼亞）；同樣地如大赦、恩典等議題（阿爾巴尼亞、白俄羅斯、匈牙利、羅馬尼亞）。此外，一般性之公民投票須避免之議題如國際條約之批准或廢除（愛沙尼亞）；如國際條約之執行（匈牙利、羅馬尼亞）；如基本權利與自由（阿爾巴尼亞、斯洛伐克）；如緊急情況之處置與結束（阿爾巴尼亞、愛沙尼亞、匈牙利）；如兵役法、宣戰、對立開啟、戒嚴宣告與廢除、動員與復員（立陶宛）；如國防（愛沙尼亞）；如宣戰與和平條約（如阿爾巴尼亞）；如司法議題（保加利亞）。禁止公民投票的項目實不可勝數。

　　俄羅斯聯邦 1995 年 10 月 10 日所制定之公民投票法，對禁止公民投票的項目做了極為嚴格之區隔，舉凡涉及聯邦政府人員之任期、人事組織、選舉、總統權力等，均為禁止投票的項目。之後，該法復於 2004 年做了進一步之修訂，雖略為放寬了禁止公民投票的項目（Danilenko, 2005: 439~448），但卻限制了今後的創制投票為市民所專屬。

　　對於匈牙利言之，禁止公民投票的項目亦相當多，總歸來說，這些項目不外乎是政府的施政計畫及與國會相關的問題（匈牙利憲法第 28 條 C

---

[7]　第1道問題詢問人民是否對國會不信任，及為增訂人民對國會不信任投票條例而修憲，後導致國會的解散？第2道問題詢問人民是否同意經全國性公民投票通過新憲法？此兩道題皆被該憲法法院裁定違憲。

款之規定)[8]。

　　一般言之，諸多東歐國家係由憲法法院監督公民投票的投票議題是否合憲（如阿爾巴尼亞、克羅埃西亞、羅馬尼亞及俄羅斯聯邦）。

　　由上述論證得知儘管東歐國家推動民主化不遺餘力，然對於公民投票仍設置諸多限制。當然這些限制意味著在面對投票的同時須審慎，以免造成失序紊亂的情事發生。但如與西歐國家相較，東歐國家的公民投票規定仍過於嚴苛。

　　最後，對保加利亞言之，公民投票成為國會的專利品，憲法的通過不須經由人民投票完成，同時依憲法規定由國會來界定全國性公民投票所行使的範圍。同樣地，保加利亞在公民投票法規範上設定諸多限制如國家政體、領土修訂、國家制度、憲法通過及修憲等均不能做為公民投票的議題，造成了保加利亞在立法的規範上，未充分重視人民主權，成為保加利亞公民投票法之一大缺失。此外，該國國會擁有訴諸公民投票專屬之權力，除享有建議權外，尚可決定向人民徵詢的議題內容，同時，公民投票之推動，只有透過公權力來完成，因該國並無具備人民創制制度[9]。

　　比較制度學大師艾蒙（Francis Hamon）將東歐國家的公民投票定調在「訴諸於政黨」（Hamon, 1995: 70~71），主要問題在於東歐國家的國會體制雖大致形成，但是國會須扮演的角色卻不明顯，形成政黨政治的拉鋸戰；另一方面，因國會的介入，故公民投票的發動方式往往不合憲法的規定，造成由國會逕行創制，美其名為行使其專屬之立法權，形成「國會專制」。質言之，東歐國家強調國會專制，事實上是受北歐國會民主所影響。

---

[8]　依匈牙利憲法第28條C款之規定，全國性公民投票不能設定下列議題：(1) 中央預算法、中央預算執行、中央政府稅收、關稅、中央政府徵收地方稅；(2) 國際條約義務、國際條約義務之執行相關法規；(3) 人民創制憲法條文；(4) 人事、國會權限、國會組織；(5) 解散國會；(6) 政府施政計畫；(7) 宣戰、緊急情況、國家危機情況；(8) 國內外軍隊調度；(9) 解散地方政府；(10) 大赦。

[9]　2002年保加利亞50萬市民被動員參與核能公民投票活動，然對此核能公民投票的建議並未經過審查。

除此之外，位處歐洲地緣中部及東部的國家，在這些國家中，同樣地，公民投票被定調在「訴諸於皇室」、「訴諸於市民」兩者。前者以羅馬尼亞、克羅埃西亞為例，如羅馬尼亞，唯有總統擁有訴諸公民投票的絕對權力。不少學者認為羅馬尼亞的公民投票因受制於總統權力，反造成蠱惑人心的偏差，成為是總統行個人權力之「民粹政治」（Lime, 1994: 364）。羅國總統得自行創制，只需與國會做單純的商議後，逕行訴諸人民投票，投票議題甚可影響國家利益（羅馬尼亞憲法第 90 條 C 款之規定）。至於「訴諸於市民」之公民投票，已開始漸漸受東歐國家之青睞，但真正實施的案例仍屬少見。

第二節　引進人民創制投票：市民參與

除保加利亞、波士尼亞—赫塞哥維納、愛沙尼亞、捷克及塞爾維亞—蒙特內哥羅外，其餘的東歐國家皆已建立了人民創制規範，然實際上人民創制投票卻極少實施。對於人民創制的行使方式，得經由選舉人團體發起以進行立法創制（如阿爾巴尼亞憲法第 81 條 C 款之規定；波蘭、羅馬尼亞亦然）；或進行憲法創制（如摩爾達維亞）。此外，對於人民創制所產生的影響，各國亦有所不同，通常不同之處在於選民發動創制的數目不同，如匈牙利憲法規定 3 種人民創制數目的情況：(1)20 萬選民發動創制，並強制舉行投票（匈牙利憲法第 28 條 C 款 (2) 之規定）；(2)10 萬選民提出創制申請，並經國會決定是否舉行投票（第 28 條 C 款 (4) 之規定）；(3)5 萬選民提出創制申請，並經國會辯論後受理（第 28 條 D 款之規定）。

人民創制投票提供市民一種政策建議權，甚至因有人民投票的影響，迫使國會屈就人民利益行事；同時，針對國會所做的決定，人民可以不予聽從。實際上，人民創制投票不僅授與一般市民政策建議權而已，同時亦授與少數之政治團體如此權力。另一方面，政府亦可運用此種投票，以化解與國會的衝突。正如此，1998 年斯洛伐克總統梅西亞（Vladimir

Meciar）獲致選民合法的聯署數目，進以發動為禁止重要企業私營化的創制投票，然而該項政府計畫草案並未獲國會多數的支持，後雖經投票，但因參加人數未達法定人數，故投票結果未能生效。

　　人民創制投票的標的與法定申請人數目皆經由憲法明文規定。例如阿爾巴尼亞憲法規定創制須由 5 萬選民提出，藉以廢止法令或針對極為重要的議題投票（該憲法第 150 條 C 款）；白俄羅斯憲法規定創制須由 45 萬選民提出與國家或公共事務有關之創制案，復經總統發動投票（憲法第 74 條）；同樣地，白俄羅斯憲法卻規定只須 15 萬選民即得向國會建議修憲（憲法第 138 條）。

　　拉脫維亞憲法規範了修憲人民創制，然而，對阿爾巴尼亞及羅馬尼亞言之，修憲創制係經由國會來創制，並由國會通過修憲，故相較之下，拉脫維亞的人民創制較有意義，依拉脫維亞憲法第 78 條之規定：至少十分之一的選民得向總統提出修憲創制申請，該創制案並須經國會審查，當國會在修正創制案後才通過，此時之憲法修正案亦須最後經由公民投票通過。

　　此外，1922 年即訂立之拉脫維亞憲法，後於 1991 年重啟生效，業經引用中止性投票制度，依該國憲法第 72 條之規定，第 72 條授與總統有權針對法律的頒布延期兩個月。同樣地，如經國會議員第三者提出請求延期頒布法律被視為當然的情況。對選民言之，選民亦擁有兩個月期限提出針對延期的法律交付公民投票，如十分之一的選民提出此請求，則公民投票務必將舉行；如無選民提出請求，法律將在延期後頒布。同時，拉脫維亞憲法亦規定：如國會重新審查法律，並經所有議員四分之三多數通過，此時即無必要再進行公民投票；而如果進行公民投票，將可導致所延期的法律無效，此時參與投票的選民至少須達過半數人數以上（憲法第 74 條之規定）。

　　同樣地，人民創制投票亦存在於其他東歐國家如克羅埃西亞（憲法第 86 條第 1、2 項之規定）（須 10% 選民聯署）；立陶宛（憲法第 9 條）（須 30 萬選民聯署）曾於 1992、1994 及 1996 年使用人民創制投票（Lapinskas,

1995: 129-130）；馬其頓（憲法第 73 條）（須 15 萬選民聯署）曾於 2004 年使用投票；俄羅斯（依 2004 年公民投票法之規定）（200 萬選民聯署）（Danilenko, 2005: 439~448）；斯洛伐克（憲法第 95 條）（須 35 萬選民聯署）曾於 1994、1998 及 2000 年使用創制投票；斯洛維尼亞（憲法第 90 條）（須 4 萬選民聯署）曾於 1996、1999 及 2003 年使用創制投票[10]；及烏克蘭（憲法第 72 條）（須 300 萬選民聯署）。

對於波蘭言之，波蘭憲法規定唯有人民創制方能舉辦投票（憲法第 118 條 C 款），故 1996 年由總統領銜提出人民創制法案 4 大議題，後經投票通過。

大部分東歐國家的憲法對人民創制均有明確的規範，此代表著東歐為民主化所展現出來的民主意志，願意將發言權提供人民，或至少在形式上提供依循。東歐人民過去長期在表達意見自由受剝奪與壓抑之下，對於如何行使人民創制其實並無太多的實際經驗；同時，在人民創制實施方面，因受限於嚴格的規範，故施行不易。

第三節　公民投票實施及影響

在公民投票的實施及影響方面，投票結果是否有效，端賴投票人數之多寡而定。通常，東歐國家所設定的法定人數須達至所有選民人數的半數以上（如白俄羅斯、克羅埃西亞、立陶宛、馬其頓、俄羅斯、斯洛伐克等），但亦有不同的情況如摩爾多瓦設定公民投票人數須達所有選民人數的 60%，方為有效，如此高門檻，使得公民投票極不易通過。如 1999 年 5 月 23 日摩爾多瓦舉行擴充總統權力之公民投票，投票人數達至所有選民人數的 56%，最後仍宣告無效。由於上述投票的失敗，摩爾多瓦隨即於

---

[10] 斯洛維尼亞曾於1996年舉行有關國會選舉制度之人民創制投票，該投票亦屬修憲人民複決投票。依該國憲法第168條、第170條C款之規定，修憲人民複決投票至少須30位國會議員提出，後經人民創制方式投票。

2000 年改革選舉法規，將法定投票人數門檻降低至 50%。如參與投票人數門檻太低，恐會造成投票結果代表性不足的問題，但如參與投票人數所設定的門檻是選舉人數的 50%，亦會產生問題，蓋一項建議案唯有達到所有選民 50% 的參與投票才有機會通過，被視為是極為困難的事情，此將會降低或排除少數及利益團體發起創制投票的意願。許多東歐國家因設定法定高門檻參與投票人數的影響，故多次舉行的公民投票皆未通過（請參考下表）。50% 人數門檻似乎過高，如以匈牙利為例，該國已降低門檻為 25%。而依拉脫維亞憲法第 79 條之規定，一般性公民投票須達到所有選民的 50% 參與投票人數才算通過；同時，對於修憲公民投票，該憲法所設定的規定亦同。

　　原則上，一旦公民投票人數達至法定人數後才算投票生效。投票的結果，如是強制性或任意性的投票可成為是政府決策，但亦有例外的情況。如保加利亞公民投票純為諮詢式投票，該投票只能算是一種大型的民意調查，不能成為是政府決策。然如以摩爾多瓦為例，其公民投票如涉及法案或修憲可成為強制性投票；但是，如涉及一般性的議題，亦可成為諮詢式投票。

　　至於公民投票對時間的影響，通常公民投票的結果具有一定的效力，一旦法案通過，即可立即生效，在時間之配置上，往往可增進時間效益，有助政府制定決策。然而，公民投票亦會產生曠日廢時的情況，如斯洛伐克的公民投票，曾涉及國家議會針對法案的廢止或修訂交由公民投票表決後通過，前後時程花費了 3 年時間才完成（依該國憲法第 97 條 C 款之規定）。經由公民投票通過後的結果，成為一種投票後的決定，此決定被稱為是「先決權」。在此情況下，此「先決權」亦有可能經一段期間後遭國會重新的修訂，例如在斯洛伐克，經公民投票所做出的決議，之後又被國會重新修訂，推翻了原決議。然而，上述之「先決權」，亦可被視為是人民投票所做成特有的決定，此決定已不屬於一般法律的範圍。故在白俄羅斯經由公民投票所通過的法律，不能由國會決定廢止或重新修訂，而須透過另一次的公民投票來決定前次的公民投票決議是否廢止或重新修訂（依

白俄羅斯憲法第 77 條 C 款之規定）。同樣地，依俄羅斯聯邦 2004 年所定立之公民投票法規定：經公民投票通過的法律不屬於司法範圍的法令，它擁有一種特定的位階，與一般法律的價值有所不同。公民投票所通過的法律，直接授與於人民主權的宣示，其位階不同於代表式民主之一般性法律。

　　公民投票亦可用做特定性的用途，它未僅是單純地通過或拒絕某一法案或某一項建議而已，當人民刻意用投票干預決策過程時，其意見的表達可成為對政府信任與否之信任投票；同時，公民投票亦可做為仲裁衝突的用途，特別是當總統與國會間產生衝突、嫌隙時，人民投票仲裁的結果，大致能化解該政治衝突與僵局，故對此言之，公民投票的效用甚大。例如愛沙尼亞憲法第 105 條特別規定：如法律案經公民投票未獲過半數選票通過，此時總統另行召集特別選舉；如公民投票之結果為否定，此時國會須解散，以示負責。公民投票另可成為大型的民意測驗調查，期能測出人民是否對國會信任，因而不會造成國會垮台的危機。而上述愛沙尼亞憲法對公民投票所做出的此種特別規定，受到了甚多的批評，特別是愛國在舉辦公民投票時，選民被迫須回答二項問題，而非只是一項問題。選民須回答：(1) 贊成或反對主文議題；(2) 贊成或反對新選舉。選民須同時回答第二項問題，而被認為是違反市民投票的自由，換言之，市民投票的自由並未獲尊重，因市民在投票之前，問題已預先設定，早有預謀，以致影響投票的結果。如上所述，愛沙尼亞憲法針對公民投票所做的特別規定，符合該憲法第 1 條的規定：「國家的最高權力來自於人民」，因此，當人民投下了否定票時，被認為是人民對執政者的不滿，因而該憲法特別規定了重新選舉，以便於人民意志能充分透過新的代表者展現出來。

　　在公民投票的實踐方面，自 1989 年來，除保加利亞外，幾乎所有的東歐國家皆舉辦過公民投票（參照表 9-1）。然而，儘管這些國家的憲法針對人民創制做了明確的規範，但在實施成效上仍相當有限。近年來，東歐國家致力於民主化不遺餘力，諸多國家漸漸透過市民組成市民團體、社

運組織等，藉以實施人民創制投票[11]。

　　在東歐國家實際的公民投票案例方面，大多是針對國家未來發展的諸多特定性議題，例如國家獨立、新憲法之通過、國家統一或分立、加入歐洲聯盟或北大西洋公約組織、國家體制或政府運作模式的選擇等。在此須註明在諸多東歐國家中，白俄羅斯與立陶宛的公民投票數目較少；另外，在公民投票時，有時列出多項問題徵求市民作答，而市民須在同一時間回答諸多問題，如白俄羅斯 1995 年 5 月 14 日具 5 項議題的投票、1996 年 11 月 24 日具 7 項議題的投票；而 2004 年 10 月 17 日卻只有 1 項議題透過投票。總歸來說，白俄羅斯的公民投票次數較少，從 1989 至 2005 年共 16 年間，總共只有 3 次投票，卻設定有 13 項問題供市民作答。然以立陶宛為例，立陶宛較為重要的公民投票於 1991 至 1996 年間舉行，在此期間，立陶宛市民總共回答 17 項問題，單 1994 年 8 月 27 日一次的投票即回答了 8 項問題。17 項問題大致為立陶宛獨立（1991 年 2 月 9 日）；新憲法之通過（1992 年 10 月 25 日）；蘇維埃軍隊撤出（1992 年 6 月 14 日）。在17 項問題中，只有 5 項問題生效，12 項問題因參與投票人數不足而失效。而上述公民投票的失敗將會導致發動者（部分市民團體）對公民投票愈來愈感到氣餒，如此可用來解釋為何從 1996 年起，立陶宛即不再舉辦公民投票，但唯有 2003 年 5 月 11 日為加入歐盟的一次公民投票為例外。

　　同樣地，以斯洛伐克為例，人民被徵詢過 8 次，可是此 8 次的公民投票幾乎全告失敗，唯有 2003 年 5 月 16、17 日為加入歐盟的一次公民投票結果通過生效（具 52.15% 的選民參與投票，投票結果高達 92.46% 票數為贊成票）；其餘的公民投票皆因參與人數不足而未能生效。而參與人數比例最低的一次是 1997 年的公民投票（只有 9.8%），甚至有一問題在投票前的最後一刻撤出[12]。

---

[11]　例如斯洛維尼亞於 2003 年 1 月 19 日舉行兩項公民投票：第一項針對恢復徵收電話服務費，由電訊公會所發起；第二項針對反鐵路私營化，由國家鐵路工會所發起。

[12]　斯洛伐克 1997 年 5 月 22、23 日舉辦公民投票，共設定 3 項問題：(1) 斯洛伐克加入北大西洋公約組織；(2) 擴展核子武器；(3) 外國軍隊基地之設置。由於該國總統及反對黨號召

　　另外，亦有某些出席率甚高的公民投票案例[13]。事實上，依東歐國家公民投票的經驗顯示，東歐人民出席投票的比例仍低，對公民投票並無高度的興趣。如是參與率低的投票，可作如下解釋。

一、人民會受過去的極權體制所影響，對於投票仍舊備感壓力存在，故對投票並無多大興致，甚至改採冷漠的態度。

二、其實，大部分的東歐國家近年來因民主化的努力獲致不少聲譽，但對於公民投票的實施仍舊有限，只能算是起步而已；而在過去實施公民投票的國家，往往投票結果係出自偽照，如波蘭於1946年發動第一次全國性公民投票，背後即由共產黨政府一手操控，當時所設定的投票議題為政治社會改革（Winczorek, 1995: 132），但由共產黨所策動投票。學者肯德（Pierre Kende）將此種由共產黨操控的投票稱為「假投票：純為蘇維埃投票」（pour l'homo sovieticus）（Kende, 1996: 356），換言之，人民投票係受到偽照及操控。

三、除上述歷史因素外，東歐國家人民的經濟因素亦成為一大問題，特別是位處中、東歐的國家，雖然這些國家近年來為加入歐洲聯盟做了諸多的努力，但是由於普遍高失業率，帶給人民生活貧苦，而政府越往自由化體制邁進，但在過渡期反造成貧窮不堪的社會現象，在此情況下，人民對公民投票的多項政治性議題，均

抵制投票，故參與投票人數只有9.8%；此外另有一項針對總統直接選舉問題，在投票前最後一刻由該國內政部長依政府令臨時撤出。此外，1988年8月26日反重要企業私營化之公民投票，及2000年8月8日、2004年4月3日的兩次針對立法選舉的公民投票，皆因參與人數的不足而未通過（1998年44%；2000年20%；2004年35.86%）。

13　立陶宛1991年5月22-23日民粹式公民投票，所設定投票的問題如下：「立陶宛是獨立民主國家嗎？」，參與投票人數高達84.7%，且90%回答是（Source:Kestutis Lapinskas, Ibid. p. 124）；另斯洛維尼亞1990年12月23日公民投票，投票問題如下：「成為一個獨立自主國家，不再成為南斯拉夫聯邦的一員」，參與投票為85%，且88.2%回答是；愛沙尼亞1991年3月3日的國家獨立公民投票，參與投票為82%，且77%回答是（Source: Michel Lesage. 1995. Constitutions d'Europe centrale, orientale et balte. Paris: Coll. Retour aux texts: p.66）；斯洛伐克2003年為加入歐洲聯盟之全國性公民投票，參與投票為52.15%，且高達92.46%回答是。

敬而遠之，大多秉持不過問的態度。

總之，東歐國家大抵皆在最初民主化轉型之過渡期間行使公民投票，而之後的投票案例卻愈來愈少，至今東歐人民主動發動公民投票的例子不多。東歐國家與西歐國家一般行使公民投票，其實仍屬特例，政府如何號召人民投票？的確是政府治理的一門學問，要如何將人民創制權具體落實於投票，對東歐國家言之，仍有待時間的考驗，東歐人民如要真正學會人民自主，仍需多花時間學習，以便未來能趕上如瑞士、美國加州般行使公民創制、複決的水準。

第四節　東歐國家公民投票之憲法規範

以下分別就東歐國家憲法對公民投票的規範做一歸納與對照（洪茂雄，2011: 170~171）。

一、阿爾巴尼亞

（一）憲法第 150 條第 1 項：任意性公民投票。

1. 標的：法律的廢止。

2. 創制案：5 萬市民提出。

（二）憲法第 150 條第 1 項：任意性公民投票。

1. 標的：特定議題。

2. 創制案：5 萬市民請求下由總統提出。

（三）憲法第 150 條第 2 項：任意性公民投票。

1. 標的：法案或特定議題。

2. 創制案：五分之一國會議員或於部長會議提出。

（四）憲法第 177 條第 4 項：任意性公民投票。

1. 標的：修憲案。

2. 創制案：三分之二國會議員提出（依該國選舉法之規定，獲得所有選民三分之一票數即算通過）。

（五）憲法第 177 條第 5 項：任意性公民投票。

1. 標的：經三分之二國會議員通過之修憲案。

2. 創制案：五分之一國會議員提出，具強制效力（依該國選舉法之規定，所有選民之半數如投票拒絕該修憲案，則無法生效）。

二、白俄羅斯

（一）憲法第 140 條第 4 章：強制性公民投票。

1. 標的：該憲法第 1、2、4、7 章之修訂。

2. 法定人數：50% 選民投票。

3. 效力：投票以多數決即通過。

（二）憲法第 147、149 條：任意性公民投票。

1. 標的：該憲法其他章節之修訂。

2. 創制案：15 萬選民請求下由國會提出，或由 40 位議員、總統、憲法法院提出。

3. 法定人數：50% 選民投票。

4. 效力：投票以多數決即通過。

（三）憲法第 74 條：任意性公民投票。

1. 標的：國家與公共事務議題。

2. 創制案：總統請求下由國會提出，或由國會兩院、45 萬選民（每區域及敏斯科市至少須 3 萬選民）提出。

3. 法定人數：50% 選民投票。

4. 效力：具強制性效力。

（四）憲法第 77 條：強制性公民投票。

1. 標的：經公民投票通過之修訂或廢止條文。

2.法定人數：50% 選民投票。

3.效力：具強制性效力。

三、烏克蘭

（一）憲法第 72、85、106 條：任意性公民投票。

1.標的：一般議題。

2.創制案：由國會、總統或 3 百萬選民提出。

3.效力：具強制性效力。

（二）憲法第 73 條：強制性公民投票。

1.標的：涉及領土完整的損害。

2.效力：具強制性效力。

（三）憲法第 106、156 條：強制性公民投票。

1.標的：涉及該國憲法第 1、3、13 章之修訂。

2.效力：具強制性效力。

四、斯洛維尼亞

（一）憲法第 3 條 A 款：任意性公民投票。

1.標的：加入超國組織之條約批准案。

2.創制案：由國會提出。

3.效力：具強制性效力。

（二）憲法第 90 條：任意性公民投票。

1.標的：國會建議案。

2.創制案：由國民議會三分之一議員、或 4 萬選民提出。

3.效力：具強制性效力。

（三）憲法第 170 條：任意性憲法公民投票。

1.標的：國民議會通過之修憲建議案。

2. 創制案：30 位議員提出。

3. 法定人數：50% 選民投票。

4. 效力：具強制性效力。

五、斯洛伐克

（一）憲法第 7、93 條：強制性公民投票。

標的：加入或退出與他國間之聯盟。

（二）憲法第 93 條：強制性公民投票。

標的：憲法法案之表決。

（三）憲法第 86、93、95、102 條：任意性公民投票。

1. 標的：公共利益議題。

2. 創制案：35 萬選民或國會提出，並由總統召集舉辦公民投票。

3. 法定人數：50% 選民投票。

4. 效力：具強制性效力（依該國憲法第 99 條 C 款之規定：3年內不能提出與該次公民投票同樣的議題；公民投票如通過，3 年內不能再依修憲或廢止法律的理由，將其修訂或廢止）。

六、塞爾維亞─蒙特內哥羅

憲法第 60 條：強制性公民投票。

1. 標的：退出塞爾維亞─蒙特內哥羅聯盟。

2. 效力：具強制性效力。

七、俄羅斯

（一）憲法第 84 條及 2004 年 6 月 28 日公民投票法：任意性公民投票。

　　1. 標的：一般性議題。

　　2. 創制案：200 萬市民發起，並由總統決定之。

　　3. 法定人數：50% 選民投票。

　　4. 效力：具強制性效力。

（二）憲法第 135 條第 3 款：任意性公民投票。

　　1. 標的：新憲法之通過。

　　2. 創制案：憲法會議。

　　3. 法定人數：50% 選民投票。

　　4. 效力：具強制性效力。

八、羅馬尼亞

（一）憲法第 90 條：任意性公民投票。

　　1. 標的：國家利益議題。

　　2. 創制案：總統與國會協商後提出。

　　3. 效力：具強制性效力。

（二）憲法第 95 條：強制性公民投票。

　　1. 標的：總統違反國家憲法，情節重大須停止其職務。

　　2. 創制案：國會通過對總統停止職務的建議案後，由國會提出。

　　3. 效力：具強制性效力。

（三）憲法第 150、151 條：任意性公民投票。

　　1. 標的：修憲議題。

　　2. 創制案：由總統針對政府建議案提出，或由四分之一議員、

50 萬選民提出。該修憲案亦須事先經國會兩院三分之二議員過半數通過。

3. 效力：具強制性效力。

九、保加利亞

（一）憲法第 84 條：任意性公民投票。

    1. 標的：國家利益議題（憲法、國會、國家預算、稅捐、司法等議題不在此標的範圍）。

    2. 創制案：由四分之一國會議員、總統、部長會議提出。

    3. 效力：具諮詢性效力。

十、克羅埃西亞

（一）憲法第 141 條：強制性公民投票。

    1. 標的：加入或退出與他國間之聯盟議題。

    2. 效力：具強制性效力，選民過半數投票通過。

（二）憲法第 80、86 條第 (1) 款：任意性公民投票。

    1. 標的：修憲、法律案、國會權限等議題。

    2. 創制案：由國會或 10% 選民提出。

    3. 法定人數：50% 選民投票。

    4. 效力：具強制性效力。

（三）憲法第 86 條第 (2) 款、第 97 條：任意性公民投票。

    1. 標的：修憲、國家獨立及國家團結等議題。

    2. 創制案：由總統（在政府與總理副署之建議下）、或 10% 選民提出。

    3. 決定是否投票：如屬人民創制須由國會決定；如屬複決則由總統決定。

4. 法定人數：50% 選民投票。

5. 效力：具強制性效力。

十一、愛沙尼亞

（一）憲法第 162 條：強制性公民投票。

　　1. 標的：憲法第 1 章或第 15 章之修訂。

　　2. 效力：具強制性效力。

（二）憲法第 65、163、164 條：任意性公民投票。

　　1. 標的：修憲。

　　2. 創制案：由國會五分之三議員提出。

　　3. 效力：具強制性效力。

（三）憲法第 105、106 條：任意性公民投票。

　　1. 標的：法律案、國家議題。

　　2. 創制案：由國會提出（如任一法案經投票未獲致半數選民之票數，此時總統須展開另一國會特別選舉）。

十二、匈牙利

（一）憲法第 28 條 C 之 2 款：任意性公民投票。

　　1. 標的：一般議題。

　　2. 創制案：20 萬選民提出。

　　3. 法定人數：相對多數（四分之一選民人數通過即可）。

（二）憲法第 28 條 C 之 4 款：任意性公民投票。

　　1. 標的：一般議題。

　　2. 創制案：三分之一國會議員之建議、總統、政府或 10 萬選民提出。

　　3. 法定人數：相對多數（四分之一選民人數通過即可）。

（三）憲法第 79 條：強制性公民投票。

    1. 標的：加入歐洲聯盟。

    2. 效力：具強制性效力。

十三、拉脫維亞

（一）憲法第 48 條：任意性公民投票。

    1. 標的：解散國會。

    2. 創制案：由總統提出。

    3. 效力：具強制性效力。

（二）憲法第 68 條第 2 款：強制性公民投票。

    1. 標的：加入歐洲聯盟。

    2. 創制案：由國會提出（依該國憲法第 79 條 C 款之規定，投票人數須達至最近一次國會選舉選民半數以上才算通過）。

    3. 效力：具強制性效力。

（三）憲法第 68 條第 3 款：任意性公民投票。

    1. 標的：加入歐洲聯盟憲法條款修訂。

    2. 創制案：由三分之一國會議員提出。

（四）憲法第 72 條：任意性公民投票。

    1. 標的：對新法之生效有爭議。

    2. 創制案：由總統或國會三分之一議員請求新法於通過後 7 日內停止生效；同時，亦得經十分之一選民提出對該新法廢止的公民投票，除非國會重新以四分之三過半數表決通過該新法者，不再此限（依該國憲法第 79 條 C 款之規定，投票人數須達至最近一次國會選舉選民半數以上才算通過）。

（五）憲法第 77 條：強制性公民投票。

    1. 標的：憲法第 1、2、3、4、6 及 77 條之修訂。

    2. 法定人數：符合所有選民過半人數投票方為有效。

（六）憲法第 78 條：任意性公民投票。

    1. 標的：修憲建議案。

    2. 創制案：在國會否決對法案之通過後，由 10% 選民提出請求。同時，投票人數須符合所有選民之過半數方為有效。

十四、立陶宛

（一）憲法第 9 條：任意性公民投票。

    1. 標的：涉及重要的國家議題（依憲法第 147、148 條之規定，憲法問題屬國家議題）。

    2. 創制案：由國會或 30 萬選民提出。

    3. 法定人數：50% 選民投票。

    4. 效力：具強制性效力。

（二）憲法第 69 條：任意性公民投票。

    1. 標的：法律案。

    2. 創制案：由國會提出。

    3. 效力：具強制性效力。

（三）憲法第 147、148 條：強制性公民投票。

    1. 標的：憲法第 1 條之修訂（原第 1 條規定：立陶宛係獨立的民主共和國）。

    2. 創制案：由國會或 30 萬選民提出。須至少占四分之三選民人數前往投票，方為有效。

（四）憲法第 151、152 條：強制性公民投票。

    標的：新憲法之通過。須過半數之選民前往投票，方為有效。

十五、馬其頓

（一）憲法第 68、73 條：任意性公民投票。

1. 標的：屬國會權限議題。

2. 創制案：由國會或 15 萬選民提出，並由國會舉辦公民投票。

3. 法定人數：50% 選民投票。

4. 效力：具強制性效力。

（二）憲法第 74 條：強制性公民投票。

1. 標的：國家疆界修訂。須經國會議員三分之二過半數通過。投票人數須達至所有選民之過半數，方為有效。

2. 效力：具強制性效力。

（三）憲法第 120 條第 III 部分：強制性公民投票。

1. 標的：加入或退出超國共同體聯盟。投票人數須達至所有選民之過半數，方為有效。

2. 效力：具強制性效力。

十六、摩爾多瓦

（一）憲法第 66、75、88、141 條及 2002 年選舉法：任意性公民投票。

1. 標的：修憲。

2. 創制案：由國會三分之一議員、總統、政府、或 20 萬選民（依該國選舉法之規定）提出，並由國會決定是否訴諸公民投票。

3. 法定人數：50% 選民投票。

4. 效力：具強制性效力（依選舉法之規定）。

（二）憲法第 66、75、88、141 條及 2002 年選舉法：任意性公民投票。

1. 標的：涉及國家緊急危難議題。

2. 創制案：由國會三分之一議員、總統、政府、或 20 萬選民（依該國選舉法之規定）提出。

3. 決定權：國會除創制案由國會議員本身提出外，無法拒絕公民投票的請求。

4. 效力：具諮詢性效力（依選舉法之規定）。

（三）憲法第66、75、88條及2002年選舉法：任意性公民投票。

　　1. 標的：涉及國家緊急危難法案。

　　2. 創制案：由國會三分之一議員、總統、政府、或20萬選民（依該國選舉法之規定）提出。

　　3. 決定權：國會除創制案由國會議員本身提出外，無法拒絕公民投票的請求。

　　4. 效力：具強制性效力（依選舉法之規定）。

（四）憲法第142條及2002年選舉法：強制性公民投票。

　　1. 標的：國家統一、中立及主權獨立。

　　2. 創制案：由國會三分之一議員、總統、政府、或20萬選民（依該國選舉法之規定）提出。須過半數之選民投票贊成或反對，方為有效。

十七、波蘭

（一）憲法第90條：任意性公民投票。

　　1. 標的：代表國家與超國組織簽定國際條例。

　　2. 創制案：由下議院或總統經參議院同意後提出。須過半數選民前往投票，方為有效。

（二）憲法第125條：任意性公民投票。

　　1. 標的：國家重要議題。

　　2. 創制案：由下議院或總統經參議院同意後提出。須過半數選民前往投票，方為有效。

（三）憲法第235條：任意性公民投票。

　　1. 標的：經兩院國會所通過之憲法第1、2及12章修憲案。

2. 創制案：由總統、參議院或五分之一國會議員提出。

3. 效力：具強制性效力。

十八、捷克

憲法第 10 條 A 款及第 62 條：強制性公民投票。

依該國憲法第 10 條之規定，涉及國際條約批准之修憲案須訴諸公民投票。

1. 標的：加入歐洲聯盟。

2. 創制案：由總統提出。

3. 效力：具強制性效力。

十九、波士尼亞─赫塞哥維納

該國憲法並無與公民投票相關條例的規範。

第五節　東歐國家實施公民投票之情況

以下表 9-1 概述東歐國家實施公民投票之情況。

表 9-1　東歐國家實施公民投票之情況（1989 ～ 2006 年）

阿爾巴尼亞			
公民投票類型	時間	標的	投票結果
制憲	06/11/1994	新憲法之通過	拒絕
憲法（諮詢式）	29/06/1997	共和或君主政體	未生效
制憲	22/11/1998	新憲法之通過	接受
白俄羅斯			
公民投票類型	時間	標的	投票結果
協議	14/05/1995	俄羅斯經濟聯盟	接受
憲法	14/05/1995	賦與總統解散國會權	接受
憲法	14/05/1995	俄羅斯語為第 2 官方語	接受
憲法	14/05/1995	新國旗與國歌	接受
立法	24/11/1996	國家通訊資金	拒絕
立法	24/11/1996	地方政府直接選舉	拒絕
憲法	24/11/1996	國會建議憲法改革	拒絕
憲法	24/11/1996	廢除死刑	拒絕
立法	24/11/1996	國家買賣交易無設限	拒絕
憲法	24/11/1996	總統建議憲法改革	接受
立法	24/11/1996	國慶紀念日	接受
憲法	17/10/2004	總統任期無設限	接受

表 9-1　東歐國家實施公民投票之情況（1989 ～ 2006 年）（續）

波士尼亞─赫塞哥維納			
公民投票類型	時間	標的	投票結果
法定	01/03/1992	波士尼亞─赫塞哥維納宣布獨立與中立	接受

保加利亞			
最近的一次公民投票為 1971 年；先前的公民投票為 1922 年、1946 年。			

克羅埃西亞			
公民投票類型	時間	標的	投票結果
法定	19/05/1991	克羅埃西亞獨立	接受
法定	19/05/1991	持續附屬於南斯拉夫	拒絕

愛沙尼亞			
先前的公民投票為 1923 年、1932 年、1933 年（2 次）、1936 年。			
公民投票類型	時間	標的	投票結果
法定	03/03/1991	獨立	接受
制憲	28/06/1992	新憲之通過	接受
─	28/06/1992	愛沙尼亞市民投票權請求	拒絕
憲法	14/09/2003	加入歐洲聯盟	接受

匈牙利			
公民投票類型	時間	標的	投票結果
立法	26/11/1989	勞工監護之廢除	接受
立法	26/11/1989	匈牙利社會黨黨產的公布	接受
立法	26/11/1989	結束黨營事業	接受
憲法	26/11/1989	由國會指派總統	接受
憲法	29/07/1989	總統直選	未生效
協議	16/11/1997	加入北大西洋公約組織	接受
憲法／協議 （憲法第 79 條）	12/04/2003	加入歐洲聯盟	接受
立法	05/12/2004	醫院私營化之結束	未生效
立法	05/12/2004	雙重國籍承認	未生效

表 9-1　東歐國家實施公民投票之情況（1989～2006 年）（續）

拉脫維亞			
先前的公民投票為 1923 年、1931 年、1933 年、1934 年。			
公民投票類型	時間	標的	投票結果
法定	03/03/1991	獨立	接受
立法	03/10/1998	移民政策管制	拒絕
立法	13/11/1999	退休補助法修訂	未生效
協議	21/09/2003	加入歐洲聯盟	接受
立陶宛			
公民投票類型	時間	標的	投票結果
法定	09/02/1991	獨立	接受
憲法	23/05/1992	總統制	未生效
—	14/06/1992	蘇維埃軍隊撤出	接受
制憲	25/10/1992	新憲法之通過	接受
立法	27/08/1994	反私營化法（第 1 部分）	未生效
立法	27/08/1994	反私營化法（第 2 部分）	未生效
立法	27/08/1994	立法透明化	未生效
立法	27/08/1994	長期成本投資價值計算	未生效
立法	27/08/1994	因通膨而造成利息償還	未生效
立法	27/08/1994	重整非法私營及未來國有財產私營化	未生效
立法	27/08/1994	重整遭受貶值之國有財產	未生效
立法	27/08/1994	非法私營法之執行	未生效
憲法	20/10/1996	下議院減少席次	接受
憲法	20/10/1996	國會選舉日期	未生效
憲法	20/10/1996	一半國家預算編入社會支出	接受
立法	20/10/1996	1990 年前之損失補償	未生效
憲法	10/11/1996	農作地之取得	未生效
協議	11/05/2003	加入歐洲聯盟	接受

表 9-1　東歐國家實施公民投票之情況（1989 ～ 2006 年）（續）

馬其頓			
公民投票類型	時間	標的	投票結果
法定	08/09/1991	獨立	接受
立法	07/11/2004	市政府土地限制修訂	未生效

摩爾多瓦			
公民投票類型	時間	標的	投票結果
法定	06/03/1994	獨立	接受
憲法	23/055/1999	總統制	接受

波蘭 先前的公民投票為 1946 年（3 次）、1987 年（2 次）針對政經改革的投票。			
公民投票類型	時間	標的	投票結果
立法	18/02/1996	私營化計畫 （投票結果贊成，惟投票人數不足）	未生效
立法	18/02/1996	國家投資基金私營化	未生效
立法	18/02/1996	私營化補助	未生效
立法	18/02/1996	公共養老津貼私營化投資	未生效
立法	18/02/1996	票卷私營化	未生效
制憲	25/05/1997	新憲法之通過	接受
協議	08/06/2003	加入歐洲聯盟	接受

捷克			
公民投票類型	時間	標的	投票結果
協議	14/06/2003	加入歐洲聯盟	接受

羅馬尼亞 先前的全國性公民投票計 6 次：1864 年、1866 年、1938 年、1941 年（2 次）、1986 年。			
公民投票類型	時間	標的	投票結果
制憲	08/12/1991	新憲法之通過	接受
憲法	19/11/2003	修憲	接受

表 9-1　東歐國家實施公民投票之情況（1989～2006 年）（續）

俄羅斯			
公民投票類型	時間	標的	投票結果
法定	17/03/1991	俄羅斯聯邦維持	接受
憲法	17/03/1991	總統直選	接受
民粹	25/04/1993	對葉爾辛總統的信任	接受
民粹	25/04/1993	葉爾辛總統社經政策	接受
憲法	25/04/1993	總統選舉	未生效
憲法	25/04/1993	國會選舉	未生效
制憲	12/12/1993	新憲法之通過	接受
塞爾維亞—蒙特內哥羅			
公民投票類型	時間	標的	投票結果
—	23/04/1998	科索沃決議之國際參與	拒絕
斯洛伐克			
公民投票類型	時間	標的	投票結果
立法	23/10/1994	私營化財政交易之公布	未生效
協議	24/05/1997	加入北大西洋公約組織	未生效
—	24/05/1997	外國軍事基地之設置	未生效
—	24/05/1997	核子武器開展	未生效
立法	26/09/1998	重要企業私營化之禁止	未生效
立法	11/11/2000	立法選舉	未生效
協議	17/05/2003	加入歐洲聯盟	接受
立法	03/04/2004	立法選舉	未生效

表 9-1　東歐國家實施公民投票之情況（1989 ～ 2006 年）（續）

斯洛維尼亞			
公民投票類型	時間	標的	投票結果
法定	23/12/1990	獨立	接受
憲法	08/12/1996	國會選舉制度（3 項建議）	拒絕
立法	10/01/1999	TET3 計畫	拒絕
立法	17/06/2001	未結婚女子人工授精	拒絕
立法	19/01/2003	電話賬單付費過多之重建	接受
立法	19/01/2003	國營鐵路幹線	接受
協議	23/03/2003	加入北大西洋公約組織	接受
協議	23/03/2003	加入歐洲聯盟	接受
立法	21/03/2003	一年付 10 個星期日	接受
烏克蘭			
公民投票類型	時間	標的	投票結果
法定	17/03/1991	國家主權	接受
法定	01/12/1991	獨立	接受
憲法	16/04/2000	兩院制	接受
憲法	16/04/2000	減少國會議員數目	接受
憲法	16/04/2000	在國會未過半或國家預算遭杯葛之情況下，總統可解散國會	接受
憲法	16/04/2000	國會豁免權之禁止	接受
南斯拉夫（直至國家分裂）			
民粹	02/07/1990	新憲法通過在新選舉前	接受
憲法	11/10/1992	立法選舉	接受

資料來源：Centre for Research on Direct Democracy：c2d.unige.ch.

10 美國各州立法公民投票

　　以地方政府層級言之，地方行使公民投票如與全國性公民投票相較，較受範圍侷限之影響。然地方性公民投票在其制度本身的界定、規範型式及應用情況等卻有其獨到之處及代表性。以美國為例，國家的立法權係經由聯邦及所組成的各自治州所分享，而各州得依本身之權限，設置地方立法公民投票制度。於今，美國大部分各州均實施該制度。

　　美國各州實施立法公民投票具有特殊的意義，主要是一方面各州經濟發展與人口逐步的成長（如加州近有 4000 萬的州民），使得地方州民對其自主權行使的要求愈來愈高；另一方面，美國屬聯邦制，華盛頓聯邦政府從未實施過全國性的公民投票，而由地方各州來行使（李昌麟，2007: 79）

第一節　美國地方性公民投票型式及規範

　　美國聯邦憲法與各州之憲法，對於以公民投票作為人民直接參與公共事務的管道，有不同之規定。而聯邦憲法並未明文規定人民得針對政治問題被徵詢以表示其同意權。由提倡美國聯邦主義早期制憲者麥迪遜（Madison）在其聯邦主義文件「第 10 卷」（Federalist No.10）裡（Brutus, 2011），大力對人民投票提出批判。麥氏主張：民意需過濾，使其淨化與超越，同時，公共意見須符合公共利益，故「公共利益須取決定於人民的代表而定，而非人民本身」。蓋人民代表係由人民自己選出，代表們能將地方利益及人民私利化為公共利益。公共意見與公共財係由人民代表，而非由人民自己連結而成。此外，在聯邦主義文件第 49 卷裡，麥迪遜公開表示反對以公民投票原則或「訴諸人民」之方式修憲，其提出反對的理由是：讓人民引起對政府執政能力懷疑的態度，是剝奪了政府必要的公信力，及其主導政事的穩定性；另一方面，如是似必激起了群眾情懷，使得沉默的大眾受到干擾。麥氏極力地駁斥：「應是公共的理智，而非公共的煽情來監控、管理政府。」同樣地，擁護聯邦體制的漢彌爾頓

（Hamilton）亦在聯邦主義文件「第 71 卷」裡，建議權力應著重於行政部門，以維護其獨立性，並力求制衡於立法部門。以漢氏的觀點言之，公共意見必須經由政府來管理，另一方面，人民所選出的代表，其所作所為亦必須經由政府來引導；身為國家的總統必須主導國政，並應有能力抵抗公共的「過渡想像」，以便於深思熟慮國家的重大政策走向。梁認為：共和政府的原則並不在盲目地順從人民所被激起的情懷，及過渡式的憧憬，而政府官員與民眾溝通時，更不能一昧迎合少數公眾的偏見而違背了公眾利益。麥迪遜與漢彌爾頓均對公民投票秉持著高度懷疑的態度（Brown, 1994: 363~371）。

　　但是，對反對聯邦主義者言之，認為聯邦憲法太過於強調精英式主義，從而輕視人民直接行使政權的基本權利，故強調由人民直接下命令強制政府，政府並須以民意作為施政之依歸（Storing, 1981）。因此，反對聯邦主義者以所謂「參與式民主」作為訴求（此概念於今而論，顯然已是現代民主政治發展必要的模式）。直至 19 世紀末期，經由美國提倡民眾主義者之極力爭取下，人民的創制、複決、及罷免權制度，遂於大部分各州政府所設置（曲兆祥，2004: 33~35）。

一、民眾主義支持者爭取人民權利

　　美國於爆發內戰後，曾邁入經濟急速成長期，經濟急速的成長係透過當時美國政府所激勵，但缺點是並未做有效的管理。經濟成長伴隨著快速的工業化，並使得生活水準顯著的提升，然而隨著景氣的行情，卻史無前例地產生了財富的集中，其主要的關鍵便在於富人與貧窮者（the haves and the have-nots）之間不平等的成長關係，及因社會與工業關係惡化而產生強烈的對立。大部分從事傳統農業者面對工業化的快速成長，似乎碰到了高度的發展窘境而難以突破。工業生產力的提高降低了價格與成本，但是，業者所獲得的相關利潤卻顯得不足，同時亦無法償還借貸與負擔工業生產的費用。因而，美國當時中西部與東部的工人團體與中西部、西部及

南部的農業團體聯合起來抗爭，希望政府能重新估量，並立即針對當時美國經濟的基本結構所引發的問題，採取有效的解決方案。

　　直至1890年，民眾主義的支持者主控了大多數民主黨西部及南部的地盤，並於國會選舉中當選了4名參議員與50餘名眾議員；1891年並推選了威佛（James B. Weaver）候選人角逐當時美國總統的寶座，結果獲得超過100萬張的選票與22張選舉人團的得票數。依當時威氏所提出的選舉綱領，他們希望揭發政府的腐敗，及強調美國工人當時遭受經濟窘迫的情況，比歐洲工人的情況還要嚴重。民眾主義的支持者後來受到民主黨的吸收，民主黨並於1896年總統選舉時推選布萊恩（William Jennings Bryan）為候選人，布氏被公認為「民權的捍衛者」，而當時與民眾主義相關的議題，依舊是民主黨所熱烈討論的核心問題，同時亦是直至20世紀初期美國改革運動所關切的問題。對於民眾主義的支持者言之，美國各州政府的立法，其腐化程度之深已非由單純的政府機構修正足以改善，因而主張繞過立法，直接由人民自決。布萊恩於1896年支持民眾主義者的要求，2年後（1898年）公民創制與複決權法案於南達科他州（S. Dakota）通過。之後公民投票快速的傳布，美國大多數各州（尤其在西部與南部）亦開始設置同樣的直接民主機制，當時參與此機制的州政府為數19個，但因第1次世界大戰影響，民眾主義運動暫停，後於1918年麻賽諸塞州（Massachusetts）陸續加入。1919年開始，其餘4州：阿拉斯加（Alaska）、懷俄明（Wyoming）、伊利諾（Illinois）及佛羅里達（Florida）等亦通過公民創制權行使的規定。此外，有關公民創制、複決、罷免權及直接民主行使的方式皆於美國當時的地方層級（郡與市政府）施行。至今為止，美國約計27個州具備公民創制、複決投票制度，[1]該制度規定若無選舉人集體的同意則法案無法生效。同時，為數24個州規定法案與修憲案得透過公民創制發起，所有選民的5%至15%的人數以

---

[1]　美國所屬之公民投票制度係為任意性之投票，其提出投票之請求為議會本身，或具一定人數的市民。

聯名請願的方式發起（Initiative & Referendum Institute at the University of Southern California, 2012）。另外，尚有15個州允許選民罷免當選者，一般之有效程序是罷免案須透過所有選民的特定百分比連署，並以最後投票作表決。但如今，由於選舉已相當的頻繁，如是罷免案因此極少使用。[2]

二、各州行使公民創制權

美國各州行使公民創制權頗具特色，各州行使公民創制權的情況如下：

依數據顯示，至 1910 年止使用創制次數甚多，全美總計為數 98 個創制案通過，後由於第 1 次世界大戰的影響導致次數減少；接著至 1930 年代復多次通過創制案，但又因戰爭影響，至 1940 年代次數又遞減，直至 1980 年代才又正式恢復公民創制權之行使。1980 年代共約 81 個創制法案獲通過，在當時，對於有些州，尤其是加州（California）及奧勒岡州（Oregon），兩大州公民創制權的行使，對當地的政治參與流程產生重大的衝擊與影響。每次與公民創制權相關的議題，常常主導了選情，候選人為求勝選亦往往贊助相關的運動，且動輒以公民創制權作為人權捍衛的訴求，如加州，當時的民主黨州長布朗（Jerry Brown）於 1974 年以維護公民創制權為由，使得地方的選制改革得以實現；1982 年共和黨州長德克美詹（George Deukmejian）極力為因犯罪造成的「受害者權利」提出立法創議。

在加州，利用地方公民創制權，而制定出許多重要的建議案，如下：

（一）1978 年第 13 號建議案：設定產業稅增加的最高限度。

（二）1986 年第 65 號建議案：帶有危險成分的商品務必貼上標籤註明。

---

[2]　加州州長罷免案例：2003年加州州長戴維斯（Gray Davis）遭罷免，被迫革職，新繼任人選為史瓦辛格（Arnold Schwarzenegger）。

（三）1988 年第 103 號建議案：降低汽車保險的價格。

（四）1988 年第 140 號建議案：限定州議員及參議員的任期，並減少
　　　近一半立法部門的預算。此項建議案亦受到當時當選加州州長
　　　的共和黨威爾遜（Pete Wilson）的支持。

　　但是，無論在政治或商業利益競爭各方面，公民創制權的行使反造成
龐大的財力、人力及物力的開支。1978 年加州為爭取「清潔室內空氣法
案」（Clean Indoor Air Act）的創制案，菸草業者卻耗費近 700 萬美元競相
抵制，而不論任何政治職位的候選人，亦包括州長在內均動員參與此競爭
活動。1984 年在密蘇里州（Missouri），為是否贊成或反對興建核能發電
廠進行公民創制而耗費巨資。而公民創制權的行使，反而轉變成一種商業
性的投資，加州某特定行業索價約 100 萬美元來負責公民創制法案的推動
（如負責聯署名單收集、訴願製作、法定服務、信件及廣告的發起等）。
一旦政治競爭活動展開時，贊成與反對者各占一邊，各執一詞，使得公民
創制的流程反變成是種利益團體的活動，這豈不變成是一種昂貴的政治流
程麼？它使得有錢有勢的團體反而得利。這些團體利用公民創制權的行
使，而使得無須受制於國會方面的監督。值得省思的是，繞過政治機構反
而將權力轉移至民眾主義支持者所最不信任的司法部門，復對於經由公民
創制所通過的法案，反對者無法求助於立法部門，因而投訴於法院。以加
州為例，加州於 1960 至 1980 年間經由公民創制權所通過的法案約計 10
次之多，而其中 6 次卻被司法法院裁定全部或部分法案為無效，其所持主
要的理由在於公民創制法案違反州憲法的規定。

　　美國大部分各州雖有行使公民創制權的規定，但對於法案的通過與否
常涉及圖利的嫌疑，反而使民眾的疑慮增高。據統計，1990 年加州的 28
個公民創制案，經由選民投票結果 22 個反對。由於很少選民願意鑽研在
公民創制案的議題上，故大都傾向於投下反對票。1990 年在加州投票，單
憑投票單上就有 200 項以上的創制建議案，投票人並無時間在投票所一下
子閱讀相關的建議案。因而，在行使公民創制權的同時，仍必須由民意代
表負責相關的投票活動宣傳，一方面藉由機會教育民眾，另一方面儘量使

投票不致流於形式（李昌麟，2007: 82~83）。

第二節　公民投票聯署與打選戰情況

對於公民投票言之，毫無疑問地，加州人是全世界提出最多建議案之地區。然而，加州在實行直接民主之法定規範內，公民創制投票之行使條件堪稱嚴格。對於公民行使創制須獲致前次州長選舉所參與的選民 5% 以上的聯署（對於憲法創制，更需 8% 以上的選民聯署），如此須符合 40 萬以上選民的聯署（憲法創制須 67 萬人數）。同時聯署須於 150 日期限內完成。此外，在現實之政治市場裡，對於公民創制投票言之，發起人必遭嚴峻之挑戰：如何在眾多的創制案件中以嶄新的建議案吸引市民的注意？以加州過去的經驗顯示對創制案的審查甚為嚴格，以 1980 年代為例，270 個創制案的發起，僅 46 個案件通過審查，最後才經人民投票完成。

上述如此艱難的情況，似可用來解釋為何美國加州因而產生出公民投票職業團體，而成為公民投票選戰的利器（Delley, 2001: 200~212）。在 1970 年代，公民投票團體尚未進到職業化的階段，而今為使公民創制案能達至有效聯署門檻人數，職業團體業已紛紛出籠，紛在如人群眾多的超級市場、百貨公司設立創制案聯署攤位爭取群眾聯署，並至住宅區挨家挨戶地尋求支持。

從創制案之義務支持者，至現今的職業推銷員，他們可獲致的報酬，保守估計，以聯署為名，以件計報酬（一件約 70 分美元），而為達成一項立法創制案，約計須 30 萬美元的聯署費用。1978 年加州政府允許以信件往來方式聯署，然後漸漸發展以電子信件（E-mail）聯署，而此種方式雖較為快速有效，然論件計酬（一件約 2 美元）索價雖較貴，但成果卻驚人。例如 1979 年降低所得稅徵收之創制建議案，經電子郵件方式聯署，傳送信件約計 600 萬封予收件人，結果收回 82 萬人聯署數，並獲致 180 萬美元捐款。1970 年代，如針對聯署所需花費約預算的 4%，即可完成聯

署；然而今天，須預算的 50% 方可完成。從 1976 至 1990 年，為創制所需花費的金錢愈來愈高，至今的花費已超過 100 萬美元。

如此鉅額的花費意味著財力勝於一切，在加州，公民投票職業團體如雨後春筍般紛紛成立，更因此影響了選戰進入白熱化的階段。公民投票職業化並不僅限於對聯署人數的蒐集而已，更需要透過專門人士做好宣傳、網路行銷、民調、法律建議等專門工作。一旦投票結束並不代表所有工作即結束，一項經人民投票通過的創制案，亦會引起投票後之爭訟，所需訴訟的費用更加龐大昂貴。例如 1998 年 11 月 3 日加州經人民投票之 12 件創制案，所花費的金額超過 200 萬美元以上。

由於加州政府並未明確規範公民投票打選戰活動開支的上限，及州政府曾明令禁止以公民投票聯署之名而獲取報酬的規定，而遭美國最高法院判決無效後，公民投票成為專門職業競相角逐的一種市場性活動。在最高法院的梅耶佛對葛倫 108 號判決書（Meyer v. Grant, 108 S. Ct）裡，最高法院的判決如下：有關於活動期間禁止給予報酬，即違反了意見表達的行使。最高法院認為一方面禁止於聯署期間給予報酬限制了聯署活動的參與，由於禁止人們傳播原創制法案人的論點，故阻礙了自由表達傳播的意志；另一方面，禁止給予報酬，使得聯署作業推動不易，抹殺了公共辯論的機會，並很難完成最後的創制投票。此外，最高法院總以表達自由為名，多次判決所限制花費的金額立法無效，並認為只要活動帳目及受款人或團體身分均公開，自無不法之處（如以下各判決之意旨：First National Bank v. Belloti, 435 US 765 (1978)；Citizens against Rent Control v. Berkeley, 454 US 290 (1981)）。因而，加州法律更加規定受款人或團體身分及財力、活動支出金額均須公開及透明化。不僅是捐贈人及捐贈金額名單須公開外，甚至如涉及 5 萬美元以上之捐贈，亦須公開捐贈者身分於各類媒體廣告之中。

第三節　新發展之趨勢

　　依數據顯示：美國行使直接民主甚為活絡。大部分的公民投票皆與議會選舉同時舉辦（舉辦時間為每兩年一次的 11 月份舉行）。所有不同性質的法案皆合併在一起投票（如憲法修正案、立法改革案等）。總計如 2004 年，共 34 個州完成 162 項投票；2005 年，共 12 個州完成 45 項投票；2006 年，32 個州完成 194 項的投票。

　　在所有投票議題中，最具爭論性及投票最頻繁之議題如下：同性戀權（Gay Rights）、減稅（Tax Cuts）及借貸許可（Bond Issues）。

　　對於同性戀議題投票，過去在美國的趨勢轉趨保守些。以 2005 年為例，禁止兩人同性婚姻在德州（Texas）及堪薩斯州（Kansas）投票通過；同時，同樣的議題亦於 2006 年在美 13 州投票通過；然而，緬因州（Maine）等卻拒絕廢除禁止對同性戀歧視之法令。至 2012 年美國為數 9 個州卻承認同性婚姻合法[3]。

　　對於減稅議題投票，選民大體上不屈服於自由經濟，大多數的減稅措施及公共支出上限皆經投票反對。惟為數可觀金額的公共借貸卻經投票通過，特別是在改善教育制度方面。

　　直接民主對美加州言之，可謂是甚為先進，在打公民投票選戰活動時，宣傳的開銷於 2005 年已打破了新的紀錄：2 億 3000 萬美元。然而，極多人民創制案，如工會權、大學自治權、未成年人墮胎等，雖經由當時州長史瓦辛格（A. Schwazenegger）的支持，最後卻皆以投票反對[4]。

　　在 2006 年，亞里桑納州（Arizona）舉辦非法移民之創制投票；路易斯安那州（Louisiana）進行地方行政改革投票；密西根州（Michigan）通過禁止在大學過度人種歧視的投票。

---

[3]　See Initiative & Referendum Institute at the University of Southern California.

[4]　Ibid.

第四節　美國加州公民創制、複決權之規定

依 1879 年加州憲法之規定，如下（Diémert, 1995: 85~87）：

一、加州憲法第2章：創制、複決及罷免

（一）第 8 條：公民創制權

1. 公民創制權為選民針對法律與修憲提出建議案，並以投票決定是否予以施行。
2. 公民創制案的確立須向加州政府秘書處提出訴願申請，其訴願內容須與法律或憲法修正案有關：
   (1) 針對法律案部分：經由曾經參加最近一次州長選舉百分之五以上選民的聯署。
   (2) 針對修憲案部分：經由曾經參加最近一次州長選舉百分之八以上選民的聯署。
3. 美國州政府秘書處核定公民創制訴願，在訴願書一旦宣告生效後之131 日進行投票，或舉行特別投票（曹金增，2004: 127~128）。

（二）第 9 條：公民複決權

1. 選民針對法律或相關條例以複決表達贊成或反對。然而對經宣告緊急性的法律、選舉法、及州政府的一般財政支出法規等不在此限。
2. 公民複決案的確立須在法律經通過 90 日後，向加州政府秘書處提出訴願申請，訴願內容請求在所通過的法律全部或部分複決，並經參加最近一次州長選舉百分之五以上的選民聯署。
3. 美國州長核定對相關法律的複決，在訴願書一旦宣告生效後之 131日進行投票，或由州政府舉行特別投票。州長可自行決定是否舉行

特別投票。

（三）第 10 條：公民創制、複決權：投票與生效期。立法修
　　　正或廢除。

1. 公民創制建議法案或經公民複決通過的法律，一旦經投票結果確認
後即進入生效期。另如針對法律部分條文，經由訴願申請交付公民
複決，但其餘的條文進入生效期。
2. 兩項法律條文如經同次投票，造成爭議的情況，而其間之一項倘得
到較多的票數則優先適用。
3. 可以透過立法修正或廢除經複決所通過的法律，亦可以修正或廢除
經由創制所通過的法律。
4. 公民創制案的申請須提出公民聯署訴願書，其備份亦必須交由檢察
總長，作為創制案訴願審查前的準備。
5. 訴願書或複決的法案、條例等，亦須事前透過立法審查。

（四）第 11 條：在地方各郡及市鎮的創制、複決之行使

　　公民的創制、複決權，可在每個地方郡區、市鎮，按照法律的規定以
公民投票的方式來行使。

二、第18章：憲法修正案與修憲

（一）第 1 條：立法修憲

　　國會兩院須擁有三分之二以上多數，經公開的辯論與投票並記錄於議
程之中，得以針對現行憲法作出修正的建議，或提出修正案。

（二）第 2 條：憲法會議

國會兩院須擁有三分之二以上多數，經公開的辯論與投票並記錄於議程之中，為求是否一旦修憲需召開憲法會議，得以透過選民投票表決之。如過半數之選民贊成該項建議，立法部門則須於 6 個月期限內進行憲法會議召集。

（三）第 3 條：創制修憲

選民可以透過公民創制權對憲法提出修正案。

（四）第 4 條：生效

修正案送交選民投票。若修正案獲致過半數選民的支持立即生效。若兩項修正案經同次投票造成爭議的情況，依規定其中獲得較多選票的修正案優先適用。

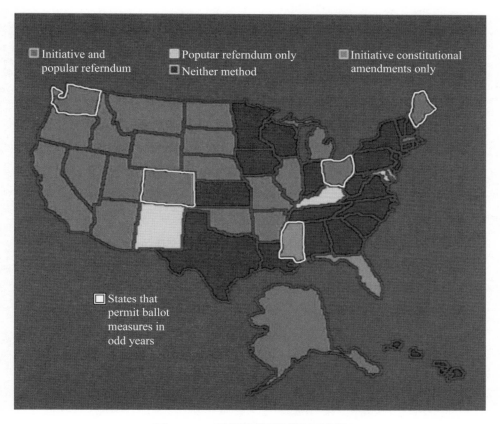

圖 10-1 美國創制與複決制度

資料來源：Initiative & Referendum Institute at the University of Southern California. 2012.

附註：1. 具人民創制與立法複決投票的州：共 22 州（California, Oregon, Washington, Montana, Idaho, Wyoming, Utah, Arizona, Nevada, Colorado, North Dakota, South Dakota, Oklahoma, Arkansas, Missouri, Michigan, Ohio, Nebraska, Maine, Massachusetts, Alaska, Illinois.）
2. 具立法複決投票的州：共 3 州（New Mexico, Kentucky, Maryland.）
3. 具修憲創制投票的州：共 2 州（Mississippi, Florida.）
4. 均無創制與立法複決投票的州：共 22 州（Texas, Kansas, Louisiana, Iowa, Minnesota, Wisconsin, Indiana, Tennessee, Alabama, Georgia, North Carolina, South Carolina, Virginia, West Virginia, Pennsylvania, New Jersey, Connecticut, Rhode Island, New York, Vermont, New Hampshire, Hawaii.）

11

歐洲地方性公民創制、複決投票之比較

　　1980 年代，歐洲致力於推動區域地方改革，對地方市民參與公共事務成為矚目焦點，歐洲理事會曾主張屬歐洲地方性事務，有必要採以「商議式民主」方式，訴諸市民決定（Council of Europe, 2010: 1~67）。歐洲由於受其推動區域地方改革影響，各國地方議會重訂一系列有關「公民參與」規範及實施規定；同時，地方市民經由「社區自主」、「市鎮自治」理念，主動提出創制、複決案，在當時，學界稱此直接參政模式為「參與革命」[1]（Participative Revolution）（Kaase, 1982: 173~189; Campbell, 2003: 8~9）；另一方面，因地方環境保護意識興起（Houšková and Montanarella, 2010: 1~5），促使地方民主改革腳步加快。由於涉及環保問題訴求不斷[2]引起普遍關切，市民對參與政治決策過程要求亦同步提升。至 1990 年代，歐陸各國更加速強化地方與區域治理，更進一步促進市民實際之參與。

　　本文主要架構以「民主治理」為範疇，特針對鄒格（Serge Zogg）所舉出之「歐洲民主制度類型」，以其所持特有之民主模式[3]「半直接民主」（Semi-Direct Democracy）（Zogg, 1996: 14~20; 2007: 1~2）來審視公民投票之行使。鄒氏強調公民投票與公共政策選擇之「正當性」（Legitimacy）及「契合性」（Coordination）。渠認為公民投票對公共政策的選擇，有其正當性，其主要論點在於投票結果必以多數決決定，多數人決定的公共政策符合正當性原則；另外，投票議題亦務必與政府推動之相關政策議題相契合，否則投票原有之公共性價值及意義即喪失（Zogg, 2007: 1~4; Aubert, 1972: 481~485）。同時，公民投票更能促進公共利益凝聚，增強其

1　「參與革命」理論強調如何行使直接民主，迄今人民創制及複決投票遂成為學界熱門討論之議題。

2　歐洲國家所涉地方政策爭議多在「環保治理」問題環節上，如城市環保、社區環保及整頓等。

3　鄒氏提出4種民主制度類型：直接民主、代表民主、半直接民主、半代表民主。其中「半直接民主」模式係混和直接民主與代表民主成分，尤以直接民主〈市民參政〉為主：市民不僅是選舉議員或政府首長，同時亦以創制、複決直接干預公共事務。此模式是針對選舉與市民參政的需求，在其兩造間所達成的妥協。公民未僅只透過中介表達自身的主權，更可經政府、選舉人及團體等提出法案後進行公民投票。對於法律與決策方面，人民尤擁有憲法與立法方面更大的權限，而立法權仍維持屬國會職權。

正當性（陳隆志、陳文賢，2011: 12）。同如勃特勒（David Butler）及倫尼（Austin Ranney）在 *Referendums Around The World: The Growing Use of Direct Democracy* 論著中，所舉出公民投票在現代民主之價值及其與民主法治之重要關連：「公民投票不僅是重要決策程序之一，其更能促使公共利益凌駕於私利之上。尤其，民主政治建立法制規則，須建立在人民同意之基礎上」（Butler and Ranney, 1978；吳宜容譯，2002: 19）。

　　本文針對歐洲德法義波瑞 5 國，由於該等國家自 1990 年至今在地方性公民投票的評價上甚具成效，並為學界所公認（Zogg, 2007: 1~2; Premat, 2008: 62~66），故本文以此 5 國在地方性公民投票立法規範及實施案例績效上，做一經驗性考察研究[4]。首先，在相關立法規範方面，公民投票既是歐陸國家在地方民主治理上所欲行使直接民主之主要方法，在屬歐洲板塊區域治理上，是否已儼然形成特有之區域治理模式？在其經驗研究方面，各國具體實施的地方性公民投票成效為何？其實施程度又如何等？文中以德法兩國，及義大利、波蘭、瑞士之地方公民投票實例，研究分析其地方性公民投票之成因、演進，並針對地方精英[5]角色、地方動員與政治文化關係、及地方性公民投票對議會政治之影響做一探討。

---

[4]　以德法義波瑞5國之政治制度背景言之，依學者鄒格（Serge Zogg）所提出4種歐洲民主國家制度之類型來比較，可得出德國實施「代表式民主」：西德在過去，人民之權力只侷限於定期選舉代表，然自東西德統一後，德國各邦地方政府開始建立人民創制、複決法規，實施地方性公民投票，成效卓著。法國實施「半代表式民主」：人民之權力除定期選舉代表外，亦可透過創制、複決投票干預公共事務，然因地方自治權力受制於地方政府，故人民投票極為有限。義大利、瑞士實施「半直接式民主」：人民之權力除定期選舉代表外，並能頻繁的使用創制、複決投票，成為慣例。波蘭民主化前為東歐共產國家，然自民主化後，地方政府開始提倡人民創制、複決投票，迄今成為東歐國家致力於民主改革不遺餘力的國家。

[5]　歐洲國家主行使代表式民主，地方治理之傳統以「精英式」為主，地方精英多出自於民意機構（議會）、政黨、政府部門、職業工會、媒體、意見領袖、民意協會等。

第一節　德法地方性公民投票實施之經驗

　　本文先以德法地方性公民投票，作一整體性制度化之探討與解析。首先，從「直接民主」基本理論得知：公民投票即是創制、複決權之行使，而在研究德法地方性公民投票經驗中發現，自 1990 年後，該兩國地方性投票特重於行使創制投票為主，創制投票在歐洲由於深受德法兩大國影響一時蔚為主流！然而，何謂「創制投票」？其整體創制過程為何？依柯布斯（Roger W. Cobbs）與艾爾德（Charles D. Elder）早期說法直接了當解釋：公民創制案，一經法定投票，即謂「創制投票」，而通常，地方創制投票過程是由市民團體針對特定議題而發起，並透過議題主導及力拼之抗爭管道，為使創制性議題能終究排入「政府議程」中（Cobbs and Elder, 1972: 93~105）。由於地方政府對市民團體所提出之創制案均係依一般行政流程處理，採以依案件申請之處理方式，經常是在創制案被提出之後，一旦進入法定流程才開始進行議題控管。柯氏與艾氏認為，進入法定流程後才進行議題控管之處理方式，是為政府處理市民團體創制案之消極處理方式，或以此稱政府對市民團體發動創制案之「間接干預」（Cobbs and Elder, 1972: 94~97）。

　　同時，在研究中亦發現：由於德法兩國地方所受其政治制度、政治文化、地方行政等因素之影響，在地方創制方面（如立法規範、實施成效），均有所不同。

一、德法地方創制、複決之規範

　　德法對公民創制之規定，不盡相同。德國自 1956 年於巴登—符騰堡（Bade-Württemberg）邦即訂立了公民創制法規，立下規範（Mehr Demokratie Institute, 2010: 1~16；陳耀祥，2011: 291）。直至 1990 年代，其他各邦開始修正其邦法，增訂創制、複決法規。學界對此時期各邦完成

之立法，稱「寧靜革命」[6]（Silent Revolution）（Premat, 2008: 212~213），意謂受 1990 年東西德統一後，聯邦政府為統一後的德國所提出系列民主改革之影響所致。而對於各邦所增訂之公民創制法規，亦稱一大「民主突破」。

　　法國對地方公民創制權之規定，亦至 1995 年公民創制、複決法通過後，才獲正式認定；在前 1971 年，雖訂立地方性投票規定，然未見實施之成效。依現行地方公民創制規定：法國任一地方市鎮（commune）[7]之五分之一選舉人得聯合發起公民創制案（Rui, 2004: 18）。

（一）德邦公民創制規定

　　德國各邦增訂公民創制之立法規定（Mehr Demokratie Institute, 2010: 2），在規定中明訂公民創制聯署門檻、聯署法定期限、及投票門檻等（如表 11-1）。

表 11-1　德國各邦公民創制立法規定

德國各邦及立法時間	公民創制案聯署門檻占法定選舉人百分比（%）	公民創制案聯署期限	投票人數法定門檻百分比（%）
巴登—符騰堡（Bade-Württemberg）1956 年	5～10%	4 週	從 30% 降至 25%*
巴伐利亞（Bayern）1995 年	3～10%	無期限	10～20%
布萊登堡（Brandenburg）1993 年	10%	6 週	25%
不來梅（Stadt Bremen）1994 年	10%	3 個月	25%
布瑞墨哈芬（Bremerhaven）1996 年	10%	6 週	30%
漢堡（Hamburg）1998 年	2～3%	6 個月	無門檻限制

6　「寧靜革命」意謂1990年後，德國各邦完成一系列公民創制法之立法規定及修訂。
7　法國地方市鎮（commune）是最基層之行政區域單位。

表 11-1　德國各邦公民創制立法規定（續）

德國各邦及立法時間	公民創制案聯署門檻占法定選舉人百分比（%）	公民創制案聯署期限	投票人數法定門檻百分比（%）
黑森（Hessen）1993 年	10%	6 週	25%
梅克倫堡—前波墨瑞（In Mecklenburg-Vorpommern externen）1994 年	2.5～10%	6 週	25%
下薩克森（Niedersachsen）1996 年	10%	3 至 6 個月	25%
北萊茵—西發里亞（Nordrhein-Westfalen）1994 年	3～10%	6 週至 3 個月	20%
萊茵—普法爾茲（Rheinland-Pfalz）1994 年	6～15%	2 個月	30%
薩爾（Saar）1997 年	15%	2 個月	30%
薩斯森（Sachsen）1993 年	5～15%	2 個月	25%
薩斯森—安哈特（Sachsen-Anhalt）1993 年	6～15%	6 週	30%
什列斯威—霍爾斯坦茵（Schleswig-Holstein）1990 年	10%	6 週	20%
圖林根（Thürig）1993 年	13～17%	1 個月	20～25%

資料來源：Mehr Demokratie Institute. 2010. "A Nationwide Referendum in Germany Study Report". Berlin: 1~16.
附註：＊ 2005 年巴登—符騰堡邦議會決議降低原法定 30% 至 25% 門檻。

　　在德國地方邦總數 16 邦中，於 1993 至 1998 年間，共 14 邦增訂公民創制法規，並大幅修正公民參政制度。在公民創制案聯署門檻方面，占法定選舉人百分比，從表 1 比較中得知：各邦法定之選舉人數百分比訂定標準不一，從最低之 2%（漢堡）至最高之 17%（圖林根）；在公民創制案聯署期限限制方面：從最嚴格之 4 週期限（巴登—符騰堡）至最寬鬆之無期限（巴伐利亞）；在投票人數門檻方面：從最低之無門檻限制（漢堡）至最高之 30%（布瑞墨哈芬、萊茵—普法爾茲、薩爾、薩斯森—安哈特

等）。依德國投票經驗顯示：低門檻及限制較低之邦，創制案之投票機會顯較高（Mehr Demokratie Institute, 2010: 2）。

然而，對法國來說，法國在地方性公民創制立法方面顯較保留，只附帶擴增地方公民「諮詢權」之規定，在其各行政區立法的情況，則與德國大不相同。由於法國政治文化傳統向以「公民請願」[8]為主，立法時常藉「請願」之名而立法，附帶增加公民創制規定，美其名以此作為監督議會機制，然其立法旨意仍未能連結民意，以符公民參政之需要。

（二）法國地方投票「合憲化」

針對法國地方投票一系列之「合憲化」之立法規定，係從 1971 年為地方市鎮合併而制定地方性投票之規定起，至 2003 年依組織法明訂地方投票受憲法保障（Rui, 2004: 15~21）（如表 11-2）。

表 11-2　法國地方投票「合憲化」（Constitutionnalisation）之立法規定

期間	地方投票 （國會法）	國際性規範有關 地方市民參與決策 之規定	與地方民主相關 之規定
1971～1985	1971 年 7 月 16 日第 71-588 號有關為市鎮合併而制定地方性投票之規定	1985 年歐洲理事會 10 月 15 日第 1 次協定第 5 條有關地方自治憲章之規定	1978 年 7 月 17 日第 78-753 號有關行政文件公開之規定。1983 年 7 月 12 日第 83-630 號有關公共調查民主化與環境保護之規定

8　法國「公民請願」又稱「請願權」（petition right），由來已久，源自法國大革命時期。市民可經個人或集體聯署向立法部門請願。直至法國第五共和成立，政府於1958年頒布法令，正式確立「公民請願」制度。

表11-2　法國地方投票「合憲化」（Constitutionnalisation）之立法規定（續）

期間	地方投票 （國會法）	國際性規範有關 地方市民參與決策 之規定	與地方民主相關 之規定
1992 ～ 1993	1992 年 2 月 6 日第 92-125 號有關「地方諮詢」（非具法律效力）之規定 1993 年 2 月 17 日第 93-222 號針對地方市鎮發展而建議透過向選民徵詢之政府令	1993 年 9 月 15、16 日第 10 屆巴西聖保羅高峰會議第 10 項建議有關地方行政區自主之規定	1992 年 2 月 6 日設置特別市鎮委員會之規定
1995 ～ 1996	1995 年 8 月 4 日第 95-115 號首次明訂地方公民創制「諮詢性」之規定	1996 年 7 月 5 日簽定國際性「商議式憲章」之規定	1995 年 2 月 2 日第 95-101 號有關社區環保及成立國家公共辯論委員會之規定
1998 ～ 1999	1999 年 6 月 25 日第 99-533 號有關市鎮合作公民創制之規定	1998 年丹麥亞胡斯會議簽定「市民參與協定」之規定	
2002 ～ 2003	2003 年 8 月 1 日第 2003-705 號有關地方行政區公民請願權及公民投票之規定[9]（修訂地方分權法第二單元條例[10]）		2002 年 2 月 27 日第 2002-276 號有關針對 80,000 居民以上之市鎮須訂立社區會議規範之規定
2004	2004 年 8 月 13 日第 2004-809 號有關地方責任之規定		
2005			有關環境憲章之規定

資料來源：Rui, Sandrine. 2004. *La démocratie en débats, les citoyens face à l'action publique*. Paris : Armand Colin :15 ～ 21.

---

[9]　法國2003年針對公民請願權與公民投票制定二合一規定。

[10]　法國「地方分權法」早於1982年即制定，當初法國政府係為推動「地方民主」、「地方化」（regionalization）政策。

　　針對表 11-2 所列，可從其以時間序列之規定中比較得知，儘管隨時間之演進，法國地方投票相關的立法規定愈加顯的完備，對地方自主與公民參政業提供一定之規範，有助於地方民主與投票之實施；然而，法國長期以來，其實，市民之訴求對整體決策影響並不大，尤其，民選地方代表認為公民投票是對其權力的反制，形成「反權力」，因此會削弱其對地方勢力之影響力，故並未真正期待地方自主性發展（Paoletti, 1997: 39~43）。

　　自 1982 年來，法國依據「地方分權法」第 2 項單元條例中，因地方行政區請願權之制定，而大幅增進地方民主的發展；後又於 2003 年立法將地方公民投票與行政區請願權合併行使，其中之公民創制形同行政區請願，實際上，是一種有限制的間接式創制。依該法規定，地方民眾請願或行使公民創制，其成案後經投票，而投票通過門檻須達至 50% 以上之地方選民人數。由於所規定高門檻的影響，使得投票甚難通過。究其實，針對請願訴求或公民創制案等之議題，地方民眾難有極高的共識，而通常民眾請願與公民創制案等，亦常不時受議會會議關卡的限制，有時甚難將請願案或公民創制案排入議會之議程中。故法國地方所謂「間接式」的公民創制，其實實施成效並不彰，民眾之請願案或公民創制案更難以投票通過。[11] 甚多研究法國地方性公民投票之學者大多建議法國政府應重新先修訂「地方分權法」及地方行政區公民請願權與公民投票之規定，尤其是降低法定投票的請願案與公民創制案之門檻（Sadran, 2004: 20~25; Paoletti, 2007: 82~85）。

（三）德法比較

　　以地方政府制度言之，德法因體制的不同（德國屬聯邦制，法國屬單一制），以致於中央與地方的自主組織權呈現極大之差異（德國屬地方分權，法國屬中央集權），因此，如以兩國公民創制投票做比較（如

---

[11] 據法國內政部2010年統計資料：只有2.45%之地方性公民投票，屬公民創制案。

表 11-3），可得知由於立法權限行使的不同（德國屬地方立法，法國屬國會立法），故表列之聯署門檻百分比、聯署期限、投票人數法定門檻百分比、及投票法定效力等分別計算出德國 16 邦之平均值，及法國由國會立法所規定的單一值，而德法最主要不同之處在於投票人數的法定門檻（德國平均為 23%，法國為 50%）。至於投票之法定效力，兩國地方公民創制投票皆受立法保障，具強制性法定效力（Blondiaux, 2005: 65~66）。

表 11-3　德法地方公民創制投票比較

國家	地方體制	立法權限	公民創制案聯署門檻占法定選舉人百分比（%）	公民創制案聯署期限	投票人數法定門檻百分比（%）	投票法定效力
德國	聯邦制	地方立法	10（平均值）	3.5 個（平均值）	23（平均值）	強制性
法國	單一制	國會立法	20（單一值）	6 個（單一值）	50（單一值）	強制性

資料來源：作者自製。

第二節　實施成效

德國是聯邦制的國家，聯邦制的地方政府擁有重要的立法權限，同樣地，地方自主性之發展亦較強。尤其，在近 10 餘年來，德國地方性公民投票之發展甚為快速，實施成效顯著。1995 至 2005 年間，計有為數 2,318 件地方創制案、複決案等（Universität Marburg, 2006: 12~14），投票次數頗多。特別是 1995 至 1997 年間，巴伐利亞邦之投票甚頻繁，主因是該邦公民創制立法規定法定人數之門檻限制較寬鬆，然而，值得一提的是，該邦在 1995 年前，並無與創制及複決相關之立法規定。據統計，德國計半數以上的公民投票，係經各邦（Land）實施；同時，在最基層之市鎮內，約計每年公民創制與複決投票 230 次（Universität Marburg, 2006: 14）。各

邦及市鎮等透過投票，實展現出直接民主的政府治理作為，及積極參與公共事務的市民文化。

一、德邦投票之案件評估

根據德國馬堡大學（Universität Marburg）2006 年 8 月一份調查研究報告，特對各邦 1995 至 2005 年因公民投票之相關案件，依不同的案情，得出下列對案情之評估指標：1. 公民投票案是否提交？2. 公民投票案是否生效？3. 地方政府因公民投票案的影響是否改採新措施？4. 是否經事前妥協？5. 投票結果是否通過？6. 投票結果是否確定？7. 案情是否明確等？（如表 11-4）。

表 11-4　德國各邦 1995 至 2005 年公民投票之案件評估

年份	投票案未提交	投票案未生效	地方政府改採新措施	事前妥協	公民投票結果通過	公民投票結果未通過	投票結果未定	案情不明	總計
1995	8	53	20	2	53	33	17	0	186
1996	28	91	53	15	88	84	24	1	384
1997	12	65	42	7	115	91	64	1	397
1998	12	33	34	2	58	57	59	1	256
1999	6	35	10	3	54	44	68	1	221
2000	3	22	9	1	29	32	71	0	167
2001	5	28	6	1	18	28	24	2	112
2002	5	27	9	5	32	14	12	2	106
2003	16	30	22	5	18	39	69	11	208
2004	6	23	7	5	9	7	94	2	153
2005	2	8	4	4	7	6	94	3	128

資料來源：Universität Marburg . August 2006. Study Survey Report. Germany. 及作者整理。

　　表 11-4 係以德國各邦 1995 至 2005 年公民投票之案件，依不同的案情作識別區隔所得出之對案情的評估，並進而以計量做個別統計。依數據顯示：在 1995 至 2005 年間，計 481 次之公民投票的投票結果為通過（每年平均通過的次數約 44 次）；同時，計 435 次的投票結果為未通過（每年平均未通過的次數約 40 次）。從公民創制案之發起後提交地方政府審理單位，直至舉辦投票，地方政府對公民投票是否合乎規定的限制仍屬審理的必要程序，惟據研究報告指出：行政力量似未強加干涉整件案件運作的流程（Universität Marburg, 2006: 9~15）。

　　依上表 11-4 德國各邦 1995 至 2005 年公民投票通過及未通過的次數做比較，通過計 481 次，每年平均約 44 次；不通過計 435 次，每年平均約 40 次，而其中之前 5 年（1995 ～ 1999）公民投票通過及未通過的次數均超過平均值甚多，值得注意的是，其背後的原因在於各邦議會已分別於 1990 年代初期先行完成公民創制法之增訂，由於新法實施的影響，造成各邦公民投票案件之突增，由表 11-4 所舉出之相關數據，可茲證明。

　　卡斯（Max Kaase）、紐頓（kenneth Newton）、羅沙瓦隆（Pierre Rosanvallon）、維定（Hubert Védrine）等皆強調「直接民主」（Direct Democracy）並非與「立即性民主」（Immediate Democracy）劃上等號（Kaase and Newton, 1995: 113~119; Rosanvallon, 2004: 66~69; Védrine, 2005: 218），藉用民主的立即性，直接衝擊現存的政治組織，反使決策之制定趨於不穩定局面；而直接民主係對公共政策在協商過程中，一種必要之動態機制。即便是在德國各邦存有公民創制、複決案件未獲通過之情況，但其所帶來的效應與影響，將亦能導致地方政府日後優先以所訴求之議題排定於政策議程之中。

二、法國經驗

　　法國雖依續修訂與地方公民投票相關之立法條例，然而，在公民投票實施成效方面，卻不及德國。該國係經地方分權改革開始實施後，依「地

方分權法」第 2 單元條例之規定施行公民投票，而後開始有投票的實施成果，但如與德國相較，依然較為遜色。以下表同樣的時期 1995 至 2005 年間，法國計每年實施之地方性投票僅有 20 次之多（如下表 11-5）。

表 11-5　法國 1995 至 2005 年實施地方性公民投票次數

年份	投票次數
1995	1
1996	27
1997	16
1998	31
1999	3
2000	3
2001	21
2002	26
2003	17
2004	39
2005	41

資料來源：Ministry of the Interior. France. 2012：http://www.interieur.gouv.fr/ Latest update December 16, 2012 及作者整理。

依表 11-5 的投票次數顯示，直至 2004 年開始，法國地方性公民投票才有明顯增加的趨勢，主因係依 2003 年經由國會立法修訂之「地方分權法」第 2 單元條例後所推動的影響。甚至 2005 至 2010 年，公民投票實施的次數亦達到約 40 次之平均數字。[12] 依法國地方大行政區總部（Direction générale des collectivités locales）之統計：1995 至 2005 年間，所有地方性公民投票的 60.5%，其投票率占選民數 50% 以上（符合現行投票之規

12　參法國內政部網站（2012）：http://www.interieur.gouv.fr/。2012/10/31。

定）；而在所有投票結果中，占 48% 係經投票後通過的案例。[13] 如依進一步之研究發現，1995 至 2005 年以地方行省（en province）推動投票的次數較多些，計平均 35 次；而大巴黎都會區（en Ile-de-France），計 25 次；[14] 其他以人數較多的城市計 20 餘次，而人數較少的城市投票次數則較少。[15]

三、德法比較

依 1995 至 2005 年間，德法地方性公民投票實施的次數、通過與未通過次數之平均值，及投票聯署門檻、投票人數門檻做比較（如表 11-6），可得出法國公民投票實施次數及通過之比例均低於德國。其中，法國投票人數門檻為 50%，較德國的 23%，高出甚多，由於門檻高，故公民投票較不易通過。

表 11-6　德法 1995 至 2005 年地方性公民投票實施次數及百分比比較

國家	公民投票平均次數	通過百分比（％）	未通過百分比（％）	投票聯署期限	投票人數門檻百分比（％）
德國	83	51	49	3.5 個月（平均值）	23（平均值）
法國	20	48	52	6 個月（單一值）	50（單一值）

資料來源：作者自製。

---

[13] 參法國內政部網站（2010）有關地方大行政區相關資訊部分。http://www.interieur.gouv.fr/。2012/12/15。

[14] 該統計數字並未包括巴黎市區（arrondissement）的投票。巴黎市區投票由市政府轄下之區公所（mairie de quartier）舉辦，市區性的公民投票過去多受多數左派（l' ex-gauche plurielle）推動的影響。

[15] 參法國內政部網站相關資訊（2011）。http://www.interieur.gouv.fr/。2012/12/15。

第三節　地方投票主題之設定

　　針對 1995 至 2005 年法國地方性公民投票所設立的議題來研究，發現其訴求議題不一，呈現不一致之情況。惟依各議題分別歸類，可得出 4 大主題（如表 11-7）。[16]

　　經表 11-7 各項主題之百分比比較，城市治理整頓為第 1 主題，居首位（計 37.8%）。同時研究發現如與德國相較，德國同樣亦是以城市治理整頓之主題位居第 1。[17] 以德法城市治理整頓主題進一步研究發現，皆以城市整頓及交通管理為市民所爭論之最大宗問題。

　　有關地方城市治理整頓等諸多相關議題訴諸公民投票，儼成現代城市「公共治理學」的一門核心學問！以德法為例，由於城市治理整頓因治理層次（如城市中心與城市周圍治理等）、治理方法及程度（如城市治理整頓之實地規劃及實效治理等）不一問題，經常引起民怨，更尤當地方環保正亟須改善之時，市民愈發期待參與整體之政府治理決策，通常對此特定之主題，地方集體動員之力量甚為強烈。

表 11-7　1995 至 2005 年法國地方性公民投票主題

主題	百分比（%）
城市治理整頓	37.8
市鎮型公共事務	28.8
公共設施管理	20.6
涉及屬違法性之國家權限	12.8

資料來源：Ministry of the Interior, France. 2012：http://www.interieur.gouv.fr/ Latest update December 16, 2012.

---

[16]　同註63。

[17]　以德國為例，依德國馬堡大學（Universität Marburg） 調查研究報告指出（2006年8月），在1995至2005年間，地方性公民投票的第1主題同樣是城市治理整頓，占29.4%。

　　針對第 2、3 項主題（如表 11-7），皆幾與最基層之市鎮行政相關。在公共設施管理方面，通常以人數不多的小型市鎮為主，而所訴求的議題多半與市鎮公共建築的重建有關，如紀念碑、市鎮公所辦公大樓、街道、公園綠地等；在市鎮型公共事務方面，最常見的投票訴求議題，幾與更換市鎮名稱相關，此類議題甚可概括於所有地方市鎮，尤以居民人數較少之小型市鎮為主。[18] 第 4 項主題涉及國家權限屬違法性之議題等，多屬中央與地方政府權限之爭議等問題。

　　法國市鎮（commune）係最基層之行政單位，長期以來，該市鎮從未像歐洲多數國家般，曾自 1960 至 1970 年代進行地方行政體系改革。依法國過去 13 世紀之傳統，曾將現今市鎮之名稱稱之為「住民共同體」（communautés d'habitants）（Babeau, 1999: 3）。事實上，過去之住民共同體所發揮的功效可與現今地方性公民投票相提並論，由於當時住民共同體之多數成員曾相互集會，為大眾利益相關之問題做出共同投票決定。之後，法國市鎮單位，又重新劃分，而現今各單位為數甚多，總共約 36,529 市鎮。但是，在市鎮級的公民投票次數如與市鎮數目相較，其公民投票的實施仍顯不足，有待加強。

第四節　德法市鎮級投票

　　依德法市鎮公民投票的次數與大小市鎮（依居民人數多寡而定）做計量比較，可得出如表 11-8 及表 11-9。

---

[18] 依法國內政部資訊：法國本土計 22 大行政區，95 省，100 城市，342 城市區，4,039 郡，36,529 市鎮。

表 11-8　德國 1975 至 2005 年地方大小市鎮住民人數與市鎮公民投票次數[19]

市鎮住民人數	市鎮公民投票次數
低於 20,000	2,254
20,000 至 50,000	396
50,000 至 100,000	212
100,000 至 200,000	129
200,000 至 500,000	107
總計	3,098

資料來源：Universität Marburg. 2006. Study Survey Report. Germany.

表 11-9　法國 1995 至 2005 年地方大小市鎮與市鎮公民投票次數

市鎮住民人數	市鎮數目	市鎮公民投票次數
低於 3,500	33,915	99
3,500 至 5,000	801	14
5,000 至 10,000	975	17
10,000 至 20,000	426	29
20,000 至 50,000	300	16
高於 50,000	112	5
總計	36,529	180

資料來源：Ministry of the Interior, France. 2012：http://www.interieur.gouv.fr/ Latest update 16 September 2012.

　　以表 11-8、表 11-9 顯示市鎮公民投票之次數與市鎮住民人數相關。以德國為例，德國地方經 30 年（1975 至 2005 年）市鎮級公民投票實施之經驗，在低於 50,000 住民人數市鎮項內，合計共為數 2,650 次之投票，此數字代表近 85% 市鎮級投票均集中於此型市鎮，在其中，低於 20,000 住民市鎮，其投票次數幾占 72%。而以法國為例，法國 1995 至 2005 年間，

---

[19]　德國地方計16邦，112城市，323城市區，16,068市鎮。

以為數 20,000 至 50,000 住民市鎮，其市鎮投票次數約占所有同級人數之市鎮 5%；為數 10,000 至 20,000 住民市鎮，市鎮投票次數約占所有同級人數之市鎮 7%；而人數不及 3,500 住民小市鎮，投票次數僅占所有同級人數之市鎮不及 0.3% 之數字。綜合言之，德法地方住民人數之多寡，實分出市鎮規模之大小，更以其公民投票次數相對照，則顯出市鎮大小規模，為取決於實施公民投票之主要變數：在德國以 50,000 住民人數以下的小市鎮為主；在法國亦以 10,000 至 20.000 住民人數之市鎮，所占之公民投票百分比較高。同時，由於在地方屬城市級城市，公民投票的機會較高，主要之理由在於經本文表 11-7 各項投票主題之百分比比較，法國城市治理整頓為第 1 主題，居首位（計 37.8%）。同時研究發現如再與德國相較，德國同樣亦是以城市治理整頓之主題位居第 1（計 29.4%）。故由此可進一步解釋，為何德法地方性公民投票所訴諸的優先主題皆為「城市治理整頓」，因而得出如上之研究結論。

第五節　歐洲其他國家地方性公民投票之經驗

　　經研究發現，歐洲於 1985 年所制定並之後推動的「歐洲地方自治憲章」，實足以影響歐洲諸多國家對於其國內地方公民創制、複決相關法規的修訂，及對其地方性公民投票的實施，做更為務實之執行。如前所述，德法兩國競相於 1990 年代至今，依續完成國內相關立法規定之增修，並藉以經由地方性公民投票之實施，進而擴增地方公民參政機會，可茲證明。同樣的，歐洲其餘國家如義大利、波蘭、瑞士等國，在地方性公民投票立法與實施成效方面，亦有其優異之表現。

一、「歐洲地方自治憲章」（The European Charter of the Local Self-Government）

　　歐洲對於地方性公民投票規範，係依歐洲理事會 1985 年 10 月 15 日第 1 次協定之第 5 條所訂「歐洲地方自治憲章」做為依據，並於 1988 年 9 月 1 日起正式生效，由主管經社、公共事務機構負責推動歐洲區域性之公民投票，實施績效斐然。[20]

　　依該「歐洲地方自治憲章」第 1 單元第 3 條第 1、2 款之規定：「藉由地方自治，地方行政區依法在其權責及維護住民利益下，行使公共事務」（第 1 款）；「地方自治權之行使，係經普世、直接、平等、秘密、自由選舉當選的委員所組成之委員會或議會，及與具權責之行政機關共同行使。其行使不能違害以議會、公民投票及其他市民直接參與的訴求方式，或依法律之許可下行使」（第 2 款）（Standing Conference of Local and Regional Authorities of Europe（SCLRAE）. 2010: 1~67）。

　　「歐洲地方自治憲章」規範地方政府權限與公民投票之行使，在其第 4 條明定地方政府的權限範圍如下：1. 地方政府之權力與職權應規定於憲法或法律中，然而憲法與法律不應為了某種法律上的特殊目的而損害屬於地方政府的權力與職權；2. 在法律規定內，地方政府應謹慎行使創制權；3. 地方政府應徹底行使公權力，並以處理人民相關事務為優先政策；4. 除法律另有規定外，賦予地方政府的職權不因中央或其他地方政府而遭受損害或限制；5. 由中央或區域當局委託地方政府的職權應依當地情況謹慎行使；6. 應在適當的時間採取適當的方式諮詢地方政府所直接主導之計畫與決策程序。同時，在第 5 條亦定有地方政府轄區之變動應事先諮詢地方團體，或依法律規定以公民投票方式決定之（張福昌，2011: 254）。

　　如前所述，「歐洲地方自治憲章」，對歐洲國家在地方自治的行使，開

---

[20] Senate France. 2010. "La charte européenne de l'autonomie locale: la verification d'une convergence entre l'évolution en Europe et en France". http://www.senat.fr/ct/ct07-01/ct07-012.html#toc14. 2012/12/16。

啟了「一致化」及「標準化」作用，尤在地方性公民投票方面，造成關鍵
示範性之效應與影響。

二、義大利經驗

　　義大利「廢止性」（abrogation）地方公民投票已實施多年。廢止性公
民投票係針對不合時宜之法令是否存廢，交付投票。然而，義大利各大行
政區對「廢止性」公民投票，在投票最低人數門檻方面，亦有不同之限制
規定（Lazzaro, 1998: 19~20）（如表 11-10）。

　　義大利大行政區[21]除實施廢止性公民投票外，亦採行提議性、諮詢
性、區域性等類型（張福昌，2011: 271~273）。而在其城市中的市民亦
同樣擁有提議權提出提案，復經市民投票決定是否予以採納。例如：利
烏納（Livourne）市的公民投票，只需 4,500 市民聯合提出申請（依該市
法規第 78 條之規定）；同時，哈維那（Ravenne）市擁有同樣規定（依

表 11-10　義大利地方大行政區廢止性公民投票投票最低人數門檻與立法
　　　　　條例廢止件數

大行政區	投票最低人數門檻	大行政區立法條例被廢止件數
莫里斯（Molise）	10,000	43
艾普設斯（Abruzzes）	15,000	70
倫巴迪（Lombardie）	20,000	63
愛米利—羅馬尼爾（Emilie-Romagne）	40,000	36
畢耶蒙（Piémont）	50,000	54
里格瑞（Ligurie）	50,000	72
坎巴尼（Campanie）	50,000	56

資料來源：Lazzaro, Anna.1998. *Il referendum negli stature comunali*, Milan: Editions Giuffrè.

---

[21]　義大利地方計20大行政區，103省，101城市。

該市法規第 43 條之規定）。另外，如義大利最早實施公民投票之波隆納
（Bologne）市，其城市「市民參政」之民主之風，正反映出該市過去直
接民主之傳統（Lazzaro, 1998: 96~102）。

　　1997 年後，義大利選民對公民投票趨向冷淡的態度，棄權投票比重
因而愈來愈高，最後導致地方政府所舉辦之投票，因選民出席人數不足
而無效。此種棄權投票不斷增高的趨勢，引發關切。由於義大利在投票方
面，產生明顯的政黨對立，甚多反對投票的政治團體，除一面倒向棄權投
票外，更發動選戰，煽動市民缺席投票，企圖使投票人未達至所設定的門
檻數而無效。為力求公民投票遊戲規則公平化，義大利政府考慮仿傚匈牙
利「公民投票法」所設置的 25% 投票門檻而修法，同時，只要贊成票超
過 50%，公民投票即獲通過。如是修法便在於防範市民棄權投票所做出
反民主之行徑，而因此對義大利的公民投票產生信心危機（Hamon, 2006:
31~36）。

三、波蘭經驗[22]

　　波蘭自東歐國家民主化後（洪茂雄，2011: 171 ～ 173），對於地方性
公民投票之行使，進展甚為快速。波蘭於 1991 年正式立法制定「市行政
法」（Kleb, 2002: 42），之後於 2000 年頒布「公民投票法」，進一步確認
了市民在地方各行政層級中享有參與公共決策之權利。波蘭除在「公民投
票法」明文規定地方市鎮創制、複決條例外，同時亦訂立罷免市鎮議會議
員條例（該公民投票法第 22 條），及有關地方稅須經市民行使創制投票之
規定（該公民投票法第 7 與 56 條）。[23]

　　依波蘭地方性公民投票實施之規定，參與投票人數須達所有選舉人之
30%。同時，於 1992 至 1996 年間，地方市鎮曾進行 119 次公民投票罷免

---

[22]　波蘭地方計16大行政區，380城市，2,489市鎮。

[23]　該項條例於1991年之「市行政法」即已規定，之後2000年經「公民投票法」正式認
　　定。

案（Kleb, 2002: 53），其中 9 次獲通過，通過率為 7.5%。[24] 同時，在研究中發現，波蘭並實施地方性特定稅捐之公民投票。然而，舉德法為例，地方市民團體一般提出改善地方市政計畫創制案，對於該計畫所需動用之經費，通常無詳列於計畫內，換言之，市民團體並非以經費需求為由而做出計畫。所不同是，波蘭曾於 1994 年在格勒高維科（Glogowek）市鎮，該市鎮之公民團體卻以改善市鎮醫療服務為由，提出醫療計畫創制案，並以實際所需相關經費詳列於計畫內，後經公民投票而通過；同時該次投票又修訂了市鎮稅捐。接著於 1997 年，該市鎮的地方稅捐項下之醫療稅又經公民投票刪除（Kleb, 2002: 54~57）。

　　波蘭地方性公民投票隨地方各地民主行情及政治文化而有所不同。1992 至 1993 年間，市鎮公民投票占所有公民投票的比率約近 3%；而至1996 年卻提升至 30%（Kleb, 2002: 57）。波蘭的公民投票不僅是單純地通過或拒絕某一法案、某一項建議而已，亦可做為特定用途之用。當地方民眾刻意用投票干預決策過程時，其意見之表達可成為對政府信任與否之信任投票；同時亦可做為衝突仲裁之用，特別是地方府會關係產生衝突或嫌隙時，人民投票仲裁的結果大致能化解政治衝突及僵局，故對此言之，公民投票的效用甚大（Winczorek, 1995: 132~134）。

四、瑞士經驗

　　長期以來，由於政治傳統之影響，瑞士向來是實施地方性公民投票最頻繁的國家。瑞士地方計有 2,880 市鎮（如表 11-11），亦係最基層之行政單位，其中具 85% 的市鎮，在參與決策中常藉市鎮議會與公民投票兩者之模式互為行使（Meylan, 1993: 9），藉以發揮議會民主與直接民主共同之特點（Bützer and Micotti, 2003: 9~11）。

---

[24] 該公民投票罷免案曾於1992年至1996年間在波蘭梅席安納‧哥拉（Medziana Góra）、比斯科畢市（Biskupice）、丘基諾（Chojnów）、科莫若（Komorów）、迪維諾（Dziwnów）等市鎮舉行。

表 11-11　瑞士地方市鎮數目及市鎮平均人數

地方各州數（canton）	市鎮數目	人口數（約計）	市鎮平均人數（約計）
19（德語區）	1,675	5,117,300	3,055
6（法語區）	960	1,776,100	1,850
1（義大利語區）	245	310 ,000	1,266
總計：26	2,880	7,203,400	2,060

資料來源：Bützer, Michael and Micotti, Sébastien. 2003. Research Report. Geneva: Center of Study and Documentation on Direct Democracy of Geneva.

考夫曼（Bruno Kaufmann）、碧荷意（Rolf Büchi）、布恩（Nadja Braun）等強調議會民主與直接民主的「互補關係」（Kaufmann. Büchi, et al. 2010: 1~272；黃昭元譯，2007: 68~69），在瑞士直接民主系統內，選舉產生的民意代表須與公民分享政治決定之決策權。瑞士蘇黎士大學賓士（Matthis Benz）及司徒瑟（Aloris Stutzer）亦均指出「擁有較大政治參與權之公民，其政治敏感度相對較高。創制、複決權給予瑞士人民決策的權力，不僅不受政府干涉，且亦得利用此等權力積極參與國家與社會的建構，並能救濟代議制度之缺失」（黃昭元譯，2007: 68~70）。

尤其，瑞士常藉地方市鎮公民投票，補足直接民主。由於市鎮議會開會率往往偏低，故市鎮公所常利用市民所主動提出之市鎮法案或公共計畫案交付公民投票。然而，此等屬特定之法案或計畫案之通過與否，仍須取決於以投票者之過半數同意方為通過（黃昭元譯，2007: 263）。

第六節　歐洲五國投票類型

歐洲五國（德法義波瑞）重視地方創制、複決權之行使，實不言而喻。以下就五國行使之特性，做一創制、複決類型歸納（如表 11-12）。

表 11-12　歐洲五國地方創制、複決類型

創制	複決
1. 多數創制型 (1) 經地方多數市民對市鎮法規主動提出創制案，並訴諸市民投票。 (2) 經地方多數市民針對市鎮法規，決議是否通過、修訂或廢止，主動提出創制案，並訴諸市民投票。 範例國：瑞士、德國、義大利、波蘭	1. 通過複決型 依地方行政層級政府專責單位（如市鎮等）將政府決定或遭爭議之議案，經提請市民複決投票通過。 範例國：德國、法國、義大利、波蘭、瑞士
2. 單獨創制型 經地方個人或數位市民提出創制案，並經地方政府專責單位即時受理，亦稱「市民提案創制」。 範例國：瑞士	2. 修訂複決型 經地方市民法定請求，為修訂該地方公共事務常規而複決投票。 範例國：瑞士
3. 少數創制型 經地方少數市民提出創制案，並經市民投票表決。 範例國：瑞士、德國、義大利	3. 廢止複決型 對地方現行之法規條例進行廢止性複決投票。 範例國：義大利
4. 請願創制型 依地方政府與議會之法定請願規定行使。 範例國：德國、法國、義大利、波蘭、瑞士	4. 建議複決型 在地方政府決定前先行建議，並經複決投票。 範例國：法國、義大利

資料來源：Meylan, Jean.1993. "Le référendum local en Suisse et en Europe, modalités, pratiques, perspectives". Association Suisse pour le Conseil des communes d'Europe. 及作者整理。

　　表 11-12 係針對歐洲五國在行使創制、複決之不同模式，所做出之類型與範例國。然而，如經各國地方公民所僅及於諮商性之創制、複決投票，在此情況下的投票並不屬於上表 11-12 所歸納之類型。諮商性之創制、複決投票並不具法律強制效力（Denquin, 1996: 79~93; Setälä, 1999: 73~77；廖揆祥等譯，2003: 86）；換言之，地方政府亦可不遵照投票結果做成政策決定。

　　依瑞士洛桑市（Lausanne）經社統計研究中心所做瑞士各城市實施地方公民投票數據之研究報告，該研究中心曾對瑞士 123 座大小城市，於 1960 至 1981 年間，就其屬諮商性之創制、複決投票為問卷主題，並以投

票滿意度做實地調查，在調查該 123 座城市中，發現具 88 座城市（占問卷回答的城市 74%）經年行使創制、複決投票（Meylan, 1993: 31）。瑞士的地方性公民投票深植各城市及市鎮，實成為市民在意見表達的一種政治生活方式，更足以與地方選舉分庭抗禮。在瑞士絕大多數的城市與市鎮裡，投票與選舉均甚為盛行。瑞士是歐洲所有國家針對直接民主而普遍施行地方性公民投票之典範國。

　　1990 年代以後，歐洲國家由於深受歐洲區域共同規範及推動的影響，對於地方性公民投票之行使，已正式邁入了起飛（take off）期。至今，以整體歐洲國家言之，其實施之成效良好。尤其，當歐洲正逐步邁向整合之路時，值得注意的是，歐洲國家似已認定地方性公民投票絕非僅是瑞士一國所屬之專利品。而德國自統一後，正加速直接民主步伐，地方性公民投票實施成效，除瑞士外，一時位居全歐之冠，有如異軍突起；相較於法國，其成效有限，投票仍由地方民選首長所掌控。義大利廢止性投票公認為該國地方民主改革的特色。波蘭自東歐民主化後，猶如一匹黑馬，在地方行使創制、複決不遺餘力。哈佛大學安傑（Roberto Mangabeira Unger）曾以公民投票做為「實驗性民主」（Experimental Democracy）之實證基礎：「公民投票是屬公民社會自由團體凝聚多元意見表達之主要工具」（Unger, 1998: 263~277），此論點正道出歐洲國家近 20 年來所積極推動直接民主之新寫照。

　　歐洲五國之地方性公民投票相關規定等幾皆已完成立法，重要的是，人民幾乎意識到，公民投票不能反導致其陷入邊緣化的困境，而僅使擁有既得利益之政客們競相圖利，尤其，身為地方民代因公民投票能直接影響決策，故對其依抱持著保留的態度。有道是「政治上不適任公民」（politically incompetent citizen）之概念，在議會民主中常成為爭執點，認為一般公民不被允許做政治決定。然而，現今歐洲國家因受「參與革命」影響，對於公民在政治上適任與否之觀念轉為「於何情況下，政治人物覺得其能完全代表公民？並將公民視為是不適任之局外人」（黃昭元譯，2007: 65~70）？新民主論點對「直接民主」似又重建了新詮釋，認為「公

民與政治人物間，係以一種與純議會民主不同之方式相互依賴。於直接民主中，公民擁有最終的決定權」。在此條件下，公民與政治人物一樣皆得採取實際行動，如韋伯（Max Weber）所述：公民亦可屬「偶爾性的政治人物」（occasional politicians）（Swedberg, 1998: 127~129），公民亦有能力扮演政治人物專屬之角色（黃昭元譯，2007: 65~75）。事實上，對於公民投票之行使，極少會引起身為民代在其正當性之質疑，而是只求其在角色上作轉換而已。地方民代實無法獨自承擔掌握所有公共政策學識之專業能力，而須結合市民共同承擔對決策之抉擇。貝克（Ulrich Beck）曾比喻位處「草木皆兵」具高風險民主之歐國型社會，公民投票的確帶來了不確定性，引起政治精英憂慮（Beck, 2003: 18~21），但如公民投票只被視為負面公民反制之催化劑，則直接民主便難以真正在歐洲所有國家之政治文化板塊上開花結果（Callon, 2001）。

　　本文最後建議台灣在直接民主公民投票之推行方面，可多方參考歐洲國家實施之經驗，先開放以地方性投票來進行試驗，訓練人民行使創制、複決權，藉以培養其對參與決策之積極性，使投票成為人民的基本意識，並以此習慣於對政府課責，以做為直接民主的最終手段。爾後人民更能在諸多公共議題上發揮作主之功效。同時，歐洲國家為實現直接民主制度已逐步修訂完成公民參政法規，放寬創制、複決門檻限制，我政府在檢討修訂「公民投票法」及相關公民參與法規時，亦值參採與借鏡。

12

法國歐洲憲法草案公民投票民調分析

　　法國曾於 2005 年 5 月 29 日（星期日）以全國性公民投票表決歐洲新憲法草案，依法國內政部官方統計數據顯示：全國投票率高達 69.37%，其間 54.67% 投票者不支持歐洲新憲，只有 45.33% 投票者支持。歐洲新憲法草案被法國人民否決，未獲通過[1]。

　　法國政府舉辦該次投票，投票率高達 69.37%，幾占 7 成，證明歐洲新憲投票深為法國人所關切，但是，54.68% 投票者反對卻代表了投票結果否定了過去法國曾對歐洲聯盟的支持。

　　回顧法國過去的兩次公民投票情況如下[2]：

一、1972 年 4 月 23 日為擴增歐洲共同體會員國，法國政府特徵詢民意是否同意英國、愛爾蘭、丹麥、挪威（後未加入）等國加入歐洲共同體而舉辦公民投票。當時全民投票率為 60.2%，支持者高達 68.3% 而通過。

二、1992 年 9 月 20 日法國政府又舉辦是否通過歐洲「馬斯垂克條約」（Traité de Maastricht）的全國性公民投票。投票結果投票率為 69.7%，支持者只有 51.04%，可謂是驚險過關。

　　由於法國公民投票否決歐洲新憲法，帶給歐洲聯盟會員國不少震撼，許多學者專家們將該次法國公民投票結果形容成「政治地震」（séisme politique）[3]，甚至某些會員國（如瑞士、英國）希望法國重新投票。歐洲執行委員會（Commission européenne）為關切法國投票結果所可能導致的影響，相關之大眾傳播媒體紛作選後民調，企圖瞭解法國人民否決歐洲新憲法的理由、動機及對未來歐洲所可能產生的後遺症及影響等。歐洲與法國多家民調中心如歐洲民調中心 Eurobarometer、蓋洛普 EOS-Gallup、蘇菲斯 TNS-Sofres 等做民調，於 2005 年 5 月 29 日法國公民投票後，以民調方式訪查民眾。以下為相關之民調分析（TNS-Sofres. Eurobarometer. EOS-Gallup. 2005），提供參考。

1　參法國內政部網站。

2　同前註。

3　參歐洲民調中心 Eurobarometer 之評論，2005 年 6 月 1 日。

第一節　法國全民參與公民投票之過程

本節首先分析 2005 年 5 月 29 日法國公民投票之投票率，並針對法國社會人口做調查統計（投票人口與棄權投票人口等剖析），之後分別就選民的投票意向，棄權投票主要之理由，選民涉獵時事資訊之程度與其所扮演之角色，選民針對歐洲新憲法辯論之意見、及輿論之趨勢等，逐一探討。

一、全民參與程度：以投票率比較

此次歐洲新憲法投票與前次馬斯垂克條約投票相較，此次投票遭動員的程度甚高。由 69.37% 的高投票率顯示，此次選戰極為激烈，選民遭高度的動員，換言之，選民並非主動出來投票，而是受外力趨使而成。眾多法國民調研究指出，由於大眾傳播媒體、報社大力宣傳，廣播電視公司舉辦無數次的辯論節目，及法國總統於電視上多次的公開談話等原因影響了法國的選民[4]。

在比較上，此次總投票率與前幾次所舉行的投票略有出入，值得玩味。1972 年投票率 60.2%；1992 年投票率 69.7%；2004 年 6 月歐洲議會選舉投票率僅 42.8%，是歷年歐洲議會選舉投票率最低的一次（如圖 12-1）。

---

[4]　同前註。

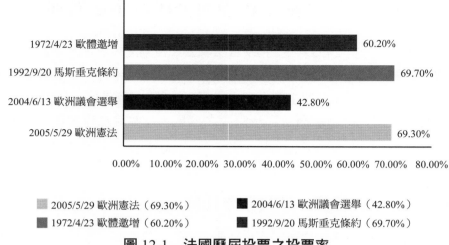

2005/5/29 歐洲憲法（69.30%）　　　　　2004/6/13 歐洲議會選舉（42.80%）
1972/4/23 歐體邀增（60.20%）　　　　　1992/9/20 馬斯垂克條約（69.70%）

圖 12-1　法國歷屆投票之投票率

資料來源：TNS-Sofres. Eurobarometer. EOS-Gallup. 2005.

　　2005 年 5 月 29 日法國公民投票的高投票率，被解釋成高度動員所致。然而，此次動員投票又與法國傳統的動員投票有出入，過去的動員投票情況，著重於選民對公共事務冷感、不關心，故須動員群眾；如今之動員卻帶有高度政治性色彩。理論上，動員投票畢竟是打贏選戰必然的重要賭注，即如 2002 年 5 月法國總統選舉選戰極其激烈，當進行至第 2 回合時，候選人席哈克（Jacques Chirac）與勒朋（Jean-Marie Le Pen）對壘，兩人不分軒輊，殺的難解難分，最後導致 79.7% 法國選民遭動員前往投票地點投票。

二、法國棄權投票社會人口調查剖析

　　經研究發現下列情況：

　　（一）40 歲以下的法國人民經常棄權投票：18 ～ 24 歲（34%）；
　　　　　25 ～ 39 歲（40%）。

　　（二）女性（31%）棄權投票比男性（27%）棄權投票者為高。

（三）城市人口（31%）棄權投票率較鄉村人口（26%）為高。

（四）較支持法國共產黨（Parti Communiste）的選民，棄權投票僅占
　　　4%，此數據顯示該類選民曾遭高度的動員；

（五）經訪查後發現，大多數的受訪者（43%）棄權投票的理由，在
　　　於投票前未能掌握充足的相關資訊，以致棄權前往投票。然
　　　而，如相對比較，較少數的受訪者（21%）雖棄權投票，卻認
　　　為已掌握充足的相關資訊，可做投票選擇。

（六）經比較，51% 法國選民曾於 2004 年 6 月歐洲議會選舉棄權投
　　　票，卻於此次公民投票改變態度，前往投票，足見此次投票的
　　　賭注，遭致高度的動員成本，而其選情的激烈程度，可見一斑
　　　（如圖 12-2）。

三、棄權投票之理由

　　一般言之，選民未前往投票之理由甚多如私人因素，對政治、選舉問
題或歐洲事務不感興趣等。此項調查曾經由問卷設定了多項指標性問題，
期能多方解釋選民棄權投票之態度，找出為何這些選民寧願放棄投票權，
未前往投票之因素？

　　經研究發現，除私人因素未能投票外，選民棄權投票，最多人所持之
理由是歐洲新憲條文艱澀難懂，又同時缺乏掌握相關資訊，故產生棄權投
票之念頭。

　　除 66% 相當多數的棄權投票者因私人因素於投票日不便投票外，最
主要棄權投票的理由則為歐洲新憲條文艱澀難懂，60% 的受訪者（不去投
票者）均提出此種看法。此外，49% 平均兩位受訪者即有 1 位表示，未去
投票的原因是未能充分掌握與歐洲憲法相關之訊息，以致無法出席投票。

　　同時，30% 受訪者未投票的理由是投票與否其結果都一樣，改變不了
什麼，故決定放棄投票；另外，26% 人認為無須費力去投票，因投票說
「不」，否決歐洲新憲之投票者，幾已占大多數，並已成定局。

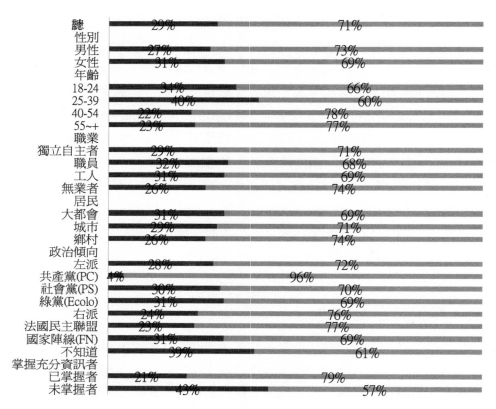

圖 12-2　法國 2005 年 5 月 29 日歐洲憲法投票，您有前往投票嗎？

資料來源：TNS-Sofres. Eurobarometer. EOS-Gallup. 2005.

附註：

1 上圖以雙色顯示，左邊的數據為未前往投票者。

2 上圖在政治傾向部分，法國民主聯盟（UDF）項下，亦應包含人民行動聯盟（UMP）並列之；如同，在國家陣線（FN）項下，亦應包含共和國家行動（MNR）並列之。在此附帶說明。

　　對於投票不感興趣的人（比率不高），亦舉出不同的理由 29% 的棄權投票者對於政治或選舉不感興趣；24% 對歐洲新憲法陌生，亦不感興趣；21% 對歐洲事務不感興趣。

　　27% 的棄權投票者，不投票的理由是希望投票率低能制裁總統與政府，而最後只有 14% 的棄權投票者表示不支持歐盟與歐洲整合的態度（如圖 12-3）。

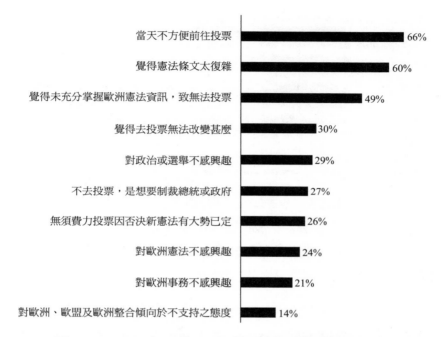

當天不方便前往投票　　　　　　　　　　　　66%
覺得憲法條文太復雜　　　　　　　　　　　60%
覺得未充分掌握歐洲憲法資訊，致無法投票　49%
覺得去投票無法改變甚麼　　　　　30%
對政治或選舉不感興趣　　　　　　29%
不去投票，是想要制裁總統或政府　27%
無須費力投票因否決新憲法有大勢已定　26%
對歐洲憲法不感興趣　　　　　24%
對歐洲事務不感興趣　　　　　21%
對歐洲、歐盟及歐洲整合傾向於不支持之態度　14%

圖 12-3　2005 年 5 月 29 日未前往投票之理由為何？

資料來源：TNS-Sofres. Eurobarometer. EOS-Gallup. 2005.

四、資訊之角色

　　研究後發現，資訊的缺乏影響了投票率，而非是真正不願投票。

　　一般言之，在受訪者中，66% 幾占三分之二者認為在投票前已掌握了充分的資訊準備投票；調查又發現占 70% 前往投票者符合上述掌握充分資訊者所占之百分比，然亦有 46% 之人未前往投票。

　　同時，兩位選民中有超過一位以上未前往投票之比率，同時認為未能充分掌握相關資訊而未投票。

　　另一方面，掌握充分資訊的投票者，投下「贊成票」或「反對票」的例子不一，足可比較。質言之，未前往投票者如即是未能獲致資訊的關係人，假設這些人前往投票，亦不見得會投下「反對票」。

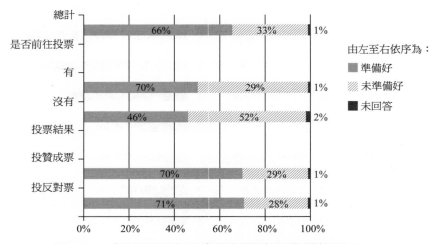

圖 12-4　投票前已充分掌握相關資訊準備投票？

資料來源：TNS-Sofres. Eurobarometer. EOS-Gallup. 2005.

針對受訪者回答如下問題，經交叉分析可得出以下情況：

（一）75% 幾占四分之三之受訪者對歐洲憲法辯論時刻，認為來的剛好，以致於能掌握充分之相關資訊準備投票；但是亦有過半數的受訪者 54% 之人認為歐洲憲法辯論時刻來的太遲；69% 者則認為來的太早。而這些受訪者均表示已掌握充分之資訊準備投票。

（二）另一方面，45% 之受訪者認為歐洲憲法辯論時刻來的太遲，以致於未能掌握充分資訊做投票決定。

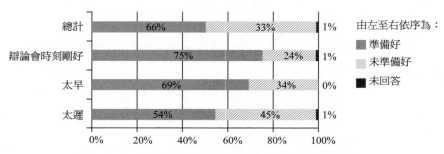

圖 12-5　在辯論會進行時已掌握充分資訊準備投票？

資料來源：TNS-Sofres. Eurobarometer. EOS-Gallup. 2005.

五、歐洲憲法辯論

　　研究後發現 39% 以 10 位受訪者中占 4 位認為歐洲憲法辯論時刻來的剛好；37% 則認為太遲；而受訪者中 15% 之人覺得來的太早。

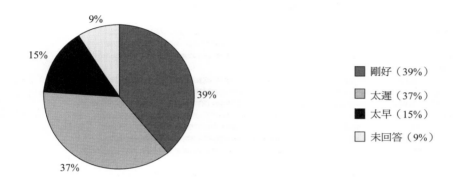

剛好（39%）
太遲（37%）
太早（15%）
未回答（9%）

圖 12-6　歐洲憲法辯論會來的時刻如何？
資料來源：TNS-Sofres. Eurobarometer. EOS-Gallup. 2005.

　　針對同樣問題（如圖 12-7），經社會人口統計分析得出以下情況：
（一）41% 較多之男性與 37% 女性，認為歐洲憲法辯論時刻來的剛好；而 18% 較多之女性與 11% 男性，則認為辯論舉辦的太早。
（二）43%18 至 39 歲年齡者，認為辯論舉辦的太遲；同時 30% 55 歲以上年齡者亦表示同樣意見。如前述，值得留意的是，成年的青年人為此次公民投票最主要之棄權投票者。
（三）41% 較多居住於大都會者，認為辯論舉辦的太遲；而居住於鄉下者，表示同樣意見只有 32% 略少。
（四）經交叉分析後發現，40% 已投票者認為歐洲憲法辯論時刻來的剛好；表示同樣意見之棄權投票者則有 31%。但是，43% 較多棄權投票者表示歐洲憲法辯論舉辦的太遲；相對地，參加投票者，表示同樣意見則有 35%。

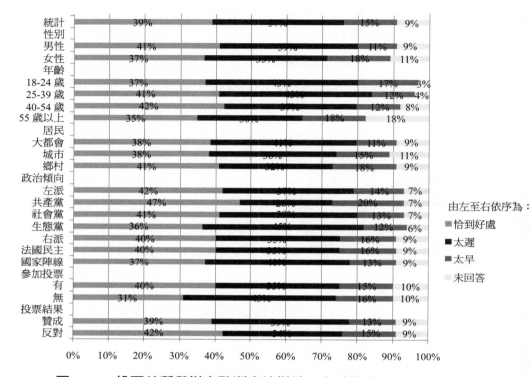

圖 12-7 投票前所舉辦之歐洲憲法辯論，在時間上是否合宜？

資料來源：TNS-Sofres. Eurobarometer. EOS-Gallup. 2005.
附註：上圖在政治傾向部分，法國民主聯盟（UDF）項下，亦應包含人民行動聯盟（UMP）並列之；
　　　如同，在國家陣線（FN）項下，亦應包含共和國家行動（MNR）並列之。在此附帶說明。

六、何時決定投票意向？

　　研究後發現以下情況：

（一）投票者投票意向的決定，大都經過深思熟慮後才投下票。一部
　　　分的受訪者表示很早就已做好投票決定，29% 受訪者在政府剛
　　　宣布舉辦歐洲憲法公民投票時刻，就做好投票決定。

（二）另外有 29% 受訪者在選戰開始初期就做好決定；同時 20% 受
　　　訪者即是 5 位就有 1 位在選戰最後幾週才做好決定。

（三）14% 受訪者在投票前最後一週才做好決定。

（四）最後 7% 受訪者在投票當日才做好投票選擇。

對大部分受訪者言之，此次公民投票之投票選戰，似乎扮演著他們決定投票意向的關鍵。從這些受訪者表態後，依百分比陸續相加，某些人在選戰初期就做好決定（29%），加上某些人在選戰最後幾週才做好決定（20%），再加上某些人在最後一週做好決定（14%），最後加上某些人在投票當日才做好決定（7%），總共為 70%。此意謂著在 100 名受訪者中，就有 70 名受到投票選戰之影響。

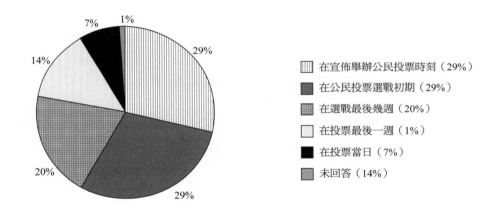

圖中圖例：

在宣佈舉辦公民投票時刻（29%）

在公民投票選戰初期（29%）

在選戰最後幾週（20%）

在投票最後一週（1%）

在投票當日（7%）

未回答（14%）

圖 12-8　投下歐洲憲法公民投票這一票時，是在何時才決定的？

資料來源：TNS-Sofres. Eurobarometer. EOS-Gallup. 2005.

圖 12-9 針對受訪者回答在實際投下「贊成票」或「反對票」的這一票，是在何時所做的決定？經分析發現，受訪者投下「贊成票」或「反對票」之間，並未因決定投票意向時刻，而有不同的區別。但值得一提的是，投「贊成票」與投「反對票」者，針對在「選戰最後幾週才做出決定的」選項中，兩者有明顯的不同：17%「選戰最後幾週才做好決定的」投下「贊成票」，而卻有 23% 投下「反對票」。

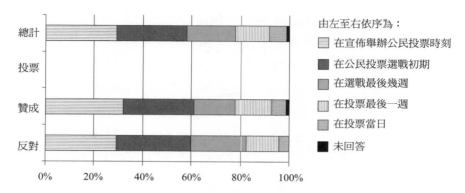

圖 12-9　投下歐洲憲法公民投票這一票時，在何時才決定的？
資料來源：TNS-Sofres. Eurobarometer. EOS-Gallup. 2005.

第二節　投票結果分析

　　本節主要先就投票者面向做投票結果分析，後依次探討投下「贊成票」與「反對票」的意向、動機，及選民在投票選擇方面之關鍵因素等。

一、投票分析

　　研究後發現此次法國舉辦公民投票的結果，正如同投票前多次民調所做出之預測般，歐洲憲法被多數之法國選民（幾占 55%）否決。

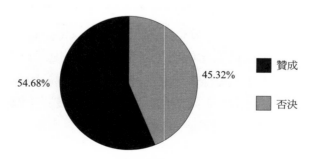

圖 12-10　法國歐洲憲法公民投票結果

資料來源：TNS-Sofres. Eurobarometer. EOS-Gallup. 2005.

　　如圖 12-11，63% 大多數年紀 40 至 54 歲之受訪者投下「反對票」；
59% 年紀 18 至 24 歲之受訪者亦投下「反對票」；特別是 76% 具工人身分
之受訪者投了「反對票」。同時，研究後發現幾乎全數傾向支持極左派共
產黨（PC）與極右派國家陣線（FN）之受訪者，投下對歐洲憲法的「反
對票」（94% 傾向支持共產黨；95% 傾向支持國家陣線）。這些投下「反
對票」的選民似乎已預料到投票結果將是「否決票」占多數。由於公民投
票的結果，具「二分法」作用，對於勝選一邊（贊成或反對），將會導致
決定性之影響，故帶有政治意識之投票者（如上所述傾向支持共產黨或國
家陣線者），往往投票意向較為獨斷，投下「反對票」意謂著投下「抗議

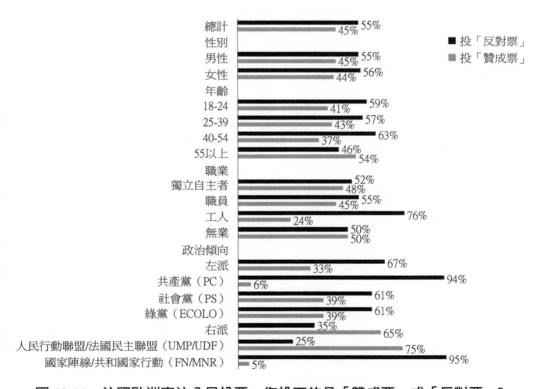

圖 12-11　法國歐洲憲法公民投票，您投下的是「贊成票」或「反對票」？

資料來源：TNS-Sofres. Eurobarometer. EOS-Gallup. 2005.

票」，因他們知道公民投票在投票作用與效益上，與一般選舉並不相同；一般選舉只在選出代表，是故左傾之共產黨支持者，與右傾之國家陣線支持者，雖由於處在左右意識形態兩極端，但所投出來的票，並無熟輕熟重之分，沒有什麼不同，亦不會導致決定性之影響。同時，61% 大多數傾向支持社會黨（PS）之受訪者，與 61% 支持綠黨之受訪者，亦一致投下對歐洲憲法的「反對票」；而只有 25% 四分之一支持人民行動聯盟（UMP）及法國民主聯盟（UDF）之受訪者，投下「反對票」。

　　61% 居住在法國鄉村之受訪者，投下對歐洲憲法的「反對票」，同樣，47% 之受訪者居住在大都會，亦投下「反對票」。值得注意的是，55% 過半數居住在大巴黎地區之受訪者，則投下「贊成票」。

　　通常，在選戰進行之時，多數民意極為容易形成，尤其在選戰進行最後幾週時。本調查於前曾分析過，多數投下「反對票」之受訪者提到在選戰進行至最後幾週才做出投票決定。在此，同樣證實上述論點，61% 之受訪者在選戰進行最後幾週時，方決定投下對歐洲憲法的「反對票」；相對來說，只有 39% 受訪者投下「贊成票」。最後在投票當日才下決定之投票者，大概會投下「贊成票」，主要理由是因投票選戰的高度動員所產生之影響所致。

　　最後，掌握或沒有掌握充分資訊前往投票之投票者，並未在此投票具關鍵性角色，蓋投票者認為充分或非充分掌握資訊，其投票結果幾乎一致，幾占 55% 皆投下「反對票」（如圖 12-12）。

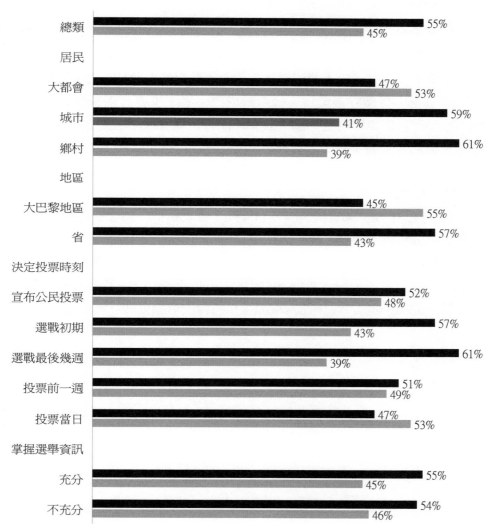

圖 12-12 法國歐洲憲法公民投票，您投下的是「贊成票」或「反對票」？

資料來源：TNS-Sofres. Eurobarometer. EOS-Gallup. 2005.

二、投票動機：投「贊成票」

　　研究後發現（如圖 12-13），對投「贊成票」之投票者言之，歐洲的整合是一條不歸路，並已成功在望，同時對歐洲新憲法寄以厚望，表示支持的態度。換言之，投「贊成票」主要歸因於對未來歐洲整合持樂觀的看法。事實上，經調查後發現，投「贊成票」者，主要有兩種動機甚為明顯：一是歐洲新憲的制定，象徵歐洲時代的到來，39% 之受訪者支持歐洲憲法，他們主動表示投下「贊成票」，並認為打造新歐洲，歐洲憲法必是不可或缺之重要規範；二是支持歐洲整合，16% 之受訪者對歐洲整合持以一貫支持的態度。

　　值得注意的是（如表 12-1），46% 投「贊成票」之 18 至 24 歲年青人，認為對歐洲整合之持續，歐洲憲法似必是不可或缺之規範。

　　另外（如圖 12-13），12% 支持者認為，可促進法國在歐盟與世界之角色；11% 支持者覺得，可促進歐盟與美國之關係；8% 認為是完成歐洲政治統一的第一步；7% 則認為歐洲憲法將會使歐洲更加社會化。

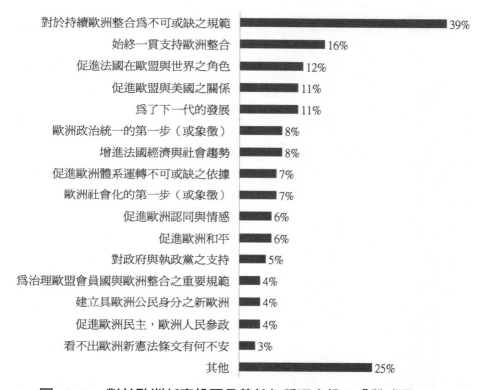

圖 12-13　對於歐洲新憲投票是基於何種理由投下「贊成票」？

資料來源：TNS-Sofres. Eurobarometer. EOS-Gallup. 2005.
附註：圖 12-13，未回答者占 2%。

表 12-1 對於歐洲新憲法投下「贊成票」之理由：依社會人口調查統計

	對持續歐洲整合為不可或缺之規範	始終一貫支持歐洲整合	促進法國在歐盟與世界角色	促進歐盟與美國關係	為了下一代的發展	歐洲政治統一第一步	增進法國經社情勢	促進歐洲體系運勢	歐洲社會化第一步	促進歐洲認同情感	促進歐洲和平	對政府與政黨政策支持	治理歐盟會員國之規範	建立公民歐洲	促進歐洲民主人民參政	歐洲新憲並無不妥	其他	未回答
總計	39%	16%	12%	11%	11%	8%	8%	7%	7%	6%	6%	5%	4%	4%	4%	3%	25%	2%
性別																		
男性	37%	15%	12%	11%	6%	8%	9%	7%	8%	6%	7%	6%	5%	3%	5%	3%	28%	1%
女性	40%	17%	12%	11%	15%	8%	6%	7%	5%	7%	6%	4%	4%	5%	3%	4%	21%	3%
年齡																		
18-24	46%	14%	8%	4%	3%	11%	8%	4%	9%	7%	3%	3%	7%	5%	4%	8%	29%	1%
25-39	39%	18%	15%	11%	6%	9%	11%	8%	6%	6%	3%	3%	5%	4%	5%	7%	28%	2%
40-54	40%	12%	14%	15%	12%	8%	8%	6%	9%	6%	5%	4%	4%	2%	5%	2%	27%	2%
55 以上	36%	17%	10%	11%	15%	6%	5%	9%	5%	7%	10%	7%	3%	4%	3%	1%	20%	1%
教育程度																		
高中	36%	15%	8%	8%	20%	1%	5%	2%	1%	12%	13%	5%	2%	5%	1%	1%	18%	0%
大學	35%	16%	9%	11%	12%	5%	7%	7%	7%	5%	7%	4%	4%	3%	4%	2%	25%	2%
研究所	42%	16%	15	12%	8%	11%	9%	9%	7%	6%	4%	6%	5%	5%	5%	5%	26%	2%
職業																		
獨立自主者	42%	19%	9%	3%	3%	2%	11%	7%	2%	4%	2%	2%	2%	2%	3%	2%	28%	7%
職員	40%	13%	16%	15%	10%	11%	9%	6%	8%	6%	5%	6%	5%	3%	4%	5%	28%	2%
工人	37%	22%	11%	11%	15%	4%	6%	6%	7%	4%	0%	4%	4%	2%	2%	4%	30%	0%
無業	38%	17%	9%	10%	12%	7%	6%	8%	6%	8%	9%	5%	4%	5%	4%	3%	22%	1%

表 12-1　對於歐洲新憲法投下「贊成票」之理由：依社會人口調查統計（續）

	對持續歐洲整合為不可或缺之規範	始終一貫支持歐洲整合	促進法國在歐盟與世界角色	促進歐盟與美國關係	為了下一代的發展	歐洲政治統一第一步	增進法國經社情勢	促進歐洲體系運轉	歐洲社會化第一步	促進歐洲認同情感	促進歐洲和平	對政府與政黨支持	治理歐盟會員國之規範	建立公民歐洲	促進歐洲民主人民參政	歐洲新憲並無不妥	其他	未回答
居民																		
大都會	41%	17%	13%	13%	8%	9%	8%	9%	7%	6%	7%	6%	6%	4%	5%	4%	20%	2%
城市	42%	15%	13%	9%	10%	8%	9%	7%	7%	5%	5%	2%	3%	5%	4%	3%	28%	1%
鄉村	31%	15%	8%	11%	16%	5%	5%	4%	5%	8%	6%	6%	3%	4%	3%	3%	29%	3%
大巴黎區	47%	15%	16%	14%	5%	11%	8%	9%	8%	6%	6%	6%	5%	3%	4%	7%	19%	1%
地方省	37%	16%	11%	10%	12%	7%	7%	7%	6%	7%	6%	5%	4%	4%	4%	3%	26%	2%
投票決定																		
公投宣布時	44%	16%	10%	12%	9%	7%	7%	7%	7%	9%	10%	6%	5%	4%	4%	3%	25%	0%
選戰初期	39%	20%	15%	10%	12%	9%	9%	8%	8%	4%	4%	5%	6%	4%	4%	4%	22%	1%
最後幾週	36%	17%	12%	16%	11%	10%	9%	9%	7%	7%	7%	4%	2%	2%	7%	5%	23%	0%
最後一週	30%	13%	11%	8%	11%	7%	5%	5%	4%	8%	4%	5%	3%	7%	2%	3%	31%	6%
當日	41%	4%	9%	6%	9%	3%	9%	4%	5%	3%	2%	2%	4%	0%	4%	0%	29%	5%
選舉結果																		
滿意	37%	14%	10%	4%	7%	0%	7%	11%	6%	1%	0%	8%	0%	3%	2%	0%	37%	1%
不滿意	39%	16%	12%	12%	11%	8%	7%	7%	7%	7%	7%	5%	5%	4%	4%	4%	24%	2%
掌握相關資訊																		

202　比較公民投票制度

表 12-1　對於歐洲新憲法投下「贊成票」之理由：依社會人口調查統計（續）

	對持續歐洲整合為不可或缺之規範	始終一貫支持歐洲整合	促進法國在歐盟與整合世界角色	促進歐盟與美國關係	為了下一代的發展	歐洲政治統一第一步	增進法國經社情勢	促進歐洲體系運轉	歐洲社會化第一步	促進歐洲認同情感	促進歐洲和平	對政府與政黨改政支持	治理歐盟國會員之規國範	建立公民歐洲	促進歐洲民主人民參政	歐洲新憲並無不妥	其他	未回答
充分	40%	15%	11%	11%	11%	8%	7%	9%	7%	7%	6%	6%	5%	4%	5%	3%	25%	2%
不充分	37%	18%	13%	12%	10%	6%	9%	4%	5%	5%	7%	3%	3%	4%	2%	5%	25%	2%
政治傾向																		
左派	38%	17%	13%	10%	7%	10%	5%	8%	7%	6%	5%	4%	4%	6%	5%	5%	27%	2%
共產黨	41%	0%	19%	0%	38%	0%	0%	0%	0%	19%	0%	19%	0%	38%	0%	19%	21%	0%
社會黨	38%	17%	13%	10%	7%	10%	4%	8%	7%	6%	5%	3%	5%	6%	5%	5%	27%	2%
綠黨	42%	20%	7%	7%	8%	10%	7%	3%	9%	7%	2%	8%	5%	5%	5%	4%	33%	0%
右派	39%	16%	13%	12%	13%	6%	10%	7%	6%	6%	8%	5%	4%	3%	3%	3%	21%	1%
法國民主聯盟	39%	15%	13%	13%	13%	6%	10%	7%	6%	6%	8%	6%	4%	3%	3%	3%	22%	1%
國家陣線	34%	33%	0%	0%	0%	0%	0%	0%	0%	0%	0%	0%	0%	0%	0%	0%	33%	0%
未回答	34%	11%	6%	12%	12%	8%	4%	6%	6%	9%	6%	2%	3%	2%	6%	0%	30%	3%

資料來源：TNS-Sofres. Eurobarometer. EOS-Gallup. 2005.
附註：表 12-1 在政治傾向部分，法國民主聯盟（UDF）項下，亦應包含人民行動聯盟（UMP）並列之；如同，在國家陣線（FN）項下，亦應包含共和國家行動（MNR）並列之。在此附帶說明。

三、投票動機：投「反對票」

研究後發現（如圖 12-14 及表 12-2），投下「反對票」最大的理由在於對歐洲社會未來憂心。對歐洲憲法公民投票投下「反對票」之受訪者甚多，這些反對者所以持否定的看法，特別是將問題的焦點放在國家與社會的面向上，而只將歐洲發展放在其次。31% 投「反對票」之受訪者，認為歐洲憲法將會對法國就業產生負面的影響；26% 反對者覺得法國的經濟情勢會愈加惡化，尤其是失業問題將會異常嚴重。

特別是 18 ～ 24 歲及 40 ～ 54 歲之受訪者，針對法國就業恐會產生負面的後遺症，因而投下反對票，這些反對者大部分的職業為工人身分，並大都住在鄉下地區。

法國經濟不景氣連帶失業率居高不下，導致法國選民對歐洲未來的前景悲觀，大多數人在此種動機下投下「反對票」，尤其是 40 歲以上的勞動階級者及失業的選民。

19% 投下「反對票」之受訪者，認為從經濟面來看，歐洲憲法太過於自由化，讓他們反而不放心；16% 反對者覺得歐洲不夠社會化。這些為上述理由投下「反對票」之受訪者，大都為男性選民，並皆居住於城市地區；18% 因涉及政治因素，反對執政政府，故投下「反對票」，特別是 21% 年齡超過 40 歲，具政黨色彩濃厚者，亦投下「反對票」。另外，12% 反對者認為歐洲新憲法內容複雜難懂。

最後，受訪者投「反對票」，所提出反對的理由在 10% 以下，亦有多項理由，其中提出反對土耳其加入歐盟的理由，占問卷調查之 6%。

圖 12-14 顯示，左邊的數據為投下「反對票」者。

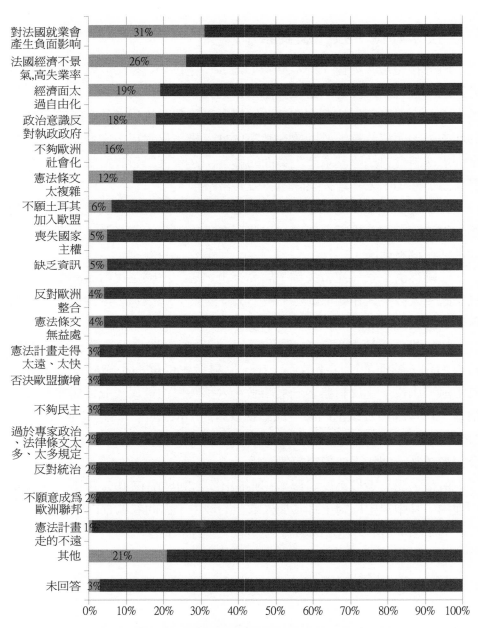

圖 12-14　對於歐洲新憲投票是基於何種理由投下「反對票」？

資料來源：TNS-Sofres. Eurobarometer. EOS-Gallup. 2005.

表 12-2　對於歐洲新憲法投下「反對票」之理由：依社會人口調查統計

	對法國就業產生負面影響	法國經濟不景氣高失業率	經濟面太過自由化	政治意識反對執政政府	不夠歐洲社會化	憲法條文太複雜	不願土耳其加入歐盟	喪失國家主權	缺乏資訊	反對歐洲整合	憲法條文無益處	憲法計劃走得太遠太快	否決歐洲擴增	不夠民主	過於專家政治	反對統治	不願成為歐洲聯邦	憲法計劃走的不遠	其他	未回答
總計	31%	26%	19%	18%	16%	12%	6%	5%	5%	4%	4%	3%	3%	3%	2%	2%	2%	1%	21%	3%
性別																				
男性	28%	21%	20%	18%	17%	13%	7%	4%	5%	5%	3%	3%	3%	4%	3%	2%	2%	1%	23%	2%
女性	33%	30%	17%	18%	14%	12%	6%	6%	5%	3%	4%	3%	3%	1%	1%	1%	2%	1%	19%	4%
年齡																				
18-24	36%	18%	16%	7%	16%	10%	3%	2%	10%	8%	1%	6%	1%	1%	2%	2%	2%	2%	25%	8%
25-39	26%	22%	23%	16%	15%	12%	9%	3%	5%	4%	6%	3%	3%	3%	1%	1%	2%	0%	22%	2%
40-54	36%	29%	18%	21%	15%	17%	6%	4%	6%	3%	3%	3%	2%	2%	1%	1%	1%	1%	20%	3%
55 以上	28%	29%	17%	21%	16%	9%	6%	9%	3%	3%	3%	3%	3%	4%	4%	3%	3%	2%	19%	2%
教育程度																				
高中	33%	38%	13%	27%	14%	7%	7%	7%	3%	4%	3%	0%	4%	3%	2%	2%	1%	0%	15%	4%
大學	36%	26%	12%	17%	13%	12%	6%	6%	6%	4%	3%	3%	3%	1%	2%	2%	2%	1%	19%	3%
研究所	22%	20%	32%	15%	20%	14%	7%	3%	5%	4%	4%	5%	2%	6%	2%	1%	2%	2%	27%	2%
職業																				
獨立自主者	27%	14%	17%	16%	18%	14%	2%	0%	4%	4%	2%	0%	2%	4%	2%	0%	4%	2%	23%	6%
職員	29%	23%	24%	19%	17%	14%	8%	7%	4%	5%	5%	4%	3%	2%	1%	1%	2%	1%	21%	2%
工人	38%	22%	14%	18%	8%	13%	8%	1%	8%	6%	3%	3%	2%	2%	2%	2%	0%	0%	23%	1%
無業	30%	31%	16%	17%	17%	10%	5%	6%	5%	3%	2%	3%	3%	3%	3%	2%	2%	2%	20%	4%

表 12-2 對於歐洲新憲法投下「反對票」之理由：依社會人口調查統計（續）

	對法國就業生產面影響	法國經濟面不景氣高失業率	經濟面過度自由化	政治意識反對執政政府	不夠歐洲社會化	憲法條文太複雜	不願土耳其加入歐盟	喪失國家主權	缺乏資訊	反對歐洲整合	憲法條文無益處	憲法計劃走得太遠太快	否決歐洲擴增	不夠民主	過於專家政治	反對統治	不願成為歐洲聯邦	憲法計劃走的不遠	其他	未回答
居民																				
大都會	24%	25%	21%	20%	18%	12%	6%	6%	5%	6%	3%	4%	1%	2%	2%	2%	2%	2%	26%	1%
城市	30%	24%	19%	19%	14%	15%	6%	6%	7%	4%	4%	4%	3%	4%	2%	2%	1%	1%	16%	3%
鄉村	39%	28%	15%	14%	15%	9%	7%	2%	4%	2%	3%	2%	4%	2%	2%	1%	2%	1%	21%	4%
省份																				
大巴黎區	22%	18%	24%	16%	20%	12%	6%	8%	5%	3%	0%	4%	1%	3%	1%	0%	2%	2%	33%	2%
省	32%	27%	18%	18%	15%	12%	6%	4%	5%	4%	4%	3%	3%	3%	2%	2%	2%	1%	19%	3%
投票決定																				
公投宣布時	31%	29%	19%	18%	17%	8%	6%	5%	3%	4%	4%	4%	2%	3%	3%	1%	3%	2%	23%	2%
選戰初期	31%	26%	22%	24%	15%	11%	5%	5%	3%	5%	3%	4%	3%	3%	3%	3%	1%	1%	15%	2%
最後幾週	33%	26%	18%	14%	19%	12%	7%	5%	6%	4%	3%	3%	2%	2%	1%	2%	3%	0%	25%	4%
最後一週	31%	20%	15%	12%	10%	21%	11%	3%	12%	3%	6%	1%	3%	3%	2%	1%	1%	3%	18%	4%
當日	20%	21%	10%	13%	10%	18%	7%	5%	10%	0%	3%	5%	3%	0%	3%	0%	0%	0%	33%	7%
選舉結果																				
滿意	30%	25%	20%	17%	16%	12%	6%	5%	5%	4%	4%	3%	3%	3%	2%	2%	2%	1%	21%	3%
不滿意	34%	32%	11%	28%	17%	14%	14%	2%	5%	2%	3%	2%	5%	0%	2%	0%	0%	0%	22%	0%

表 12-2 對於歐洲新憲法投下「反對票」之理由：依社會人口調查統計（續）

	對法國就業生產負面影響	法國經濟面臨不景氣高失業率	經濟面太過度自由化	政治意識反對執政政府	不夠歐洲社會化	憲法條文太複雜	不願土耳其加入歐盟	喪失國家主權	缺乏資訊	反對歐洲整合	憲法條文無益處	憲法計劃走得太遠太快	否決歐洲擴增	不夠民主	過於專家政治	反對統治	不願成為歐洲聯邦	憲法計劃走的不遠	其他	未回答
資訊提供																				
充分	31%	25%	19%	19%	15%	9%	6%	5%	3%	4%	4%	3%	3%	3%	2%	2%	2%	2%	20%	3%
不充分	31%	26%	18%	16%	17%	19%	7%	5%	11%	4%	3%	3%	2%	1%	1%	1%	2%	1%	23%	1%
政治傾向																				
左派	31%	24%	23%	17%	20%	13%	4%	4%	4%	4%	4%	3%	2%	4%	2%	2%	2%	1%	20%	2%
共產黨	37%	26%	29%	21%	32%	12%	3%	2%	5%	3%	5%	2%	0%	11%	2%	2%	0%	2%	26%	0%
社會黨	29%	24%	21%	18%	17%	13%	5%	5%	5%	3%	4%	3%	3%	2%	3%	2%	2%	1%	18%	3%
綠黨	25%	30%	19%	21%	13%	16%	0%	3%	9%	1%	1%	3%	0%	1%	0%	2%	0%	1%	16%	6%
右派	34%	27%	8%	19%	9%	10%	14%	8%	7%	6%	2%	5%	4%	1%	3%	2%	2%	1%	23%	2%
法國民主聯盟	33%	25%	6%	22%	8%	12%	16%	6%	7%	5%	3%	8%	4%	0%	3%	2%	3%	2%	23%	2%
國家陣線	37%	35%	8%	14%	8%	8%	10%	6%	8%	10%	2%	0%	8%	2%	2%	2%	0%	0%	19%	4%
未回答	30%	26%	17%	15%	9%	10%	5%	3%	4%	4%	7%	4%	3%	3%	2%	0%	2%	1%	26%	6%

資料來源：TNS-Sofres. Eurobarometer. EOS-Gallup. 2005.

附註：表 12-2 在政治傾向部分，法國民主聯盟（UDF）項下，亦應包含人民行動聯盟（UMP）並列之；同樣地，在國家陣線（FN）項下，應亦包含共和國家行動（MNR）並列之。

四、前往投票之關鍵因素

　　研究後發現，投「贊成票」者大都考慮歐洲之因素；而投「反對票」者大都考慮國家因素。

　　徵詢受訪者在此次前往投票之關鍵因素為何？依其所回答的內容，可綜合成兩方面意見：

　　其一是持對歐洲正面的看法，因而傾向於投下「贊成票」；其二是顧及對法國經濟、社會問題的考慮，故傾向於投下「反對票」。此兩方面的意見，分別同時占所有受訪者意見之32%（如圖12-15）。值得注意的是，在研究前往投票的關鍵因素時，正於前文所述，受訪者在投「贊成票」或「反對票」之動機，與此所述之「歐洲因素」及「國家因素」相同，形成投票者在投票上之兩大意識對壘。

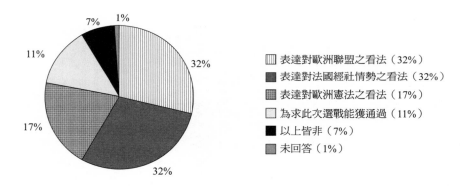

圖 12-15　前往投票之關鍵因素為何？

資料來源：TNS-Sofres. Eurobarometer. EOS-Gallup. 2005.

　　依統計，52% 多數支持者投下「贊成票」皆為表達對歐洲的看法；47% 支持者投下「反對票」皆為表達對法國經濟社會情勢的看法（如下圖11-16）。

　　值得注意的是，20% 投下「反對票」者皆為表達對歐洲憲法的意見；16% 投下「贊成票」者，亦同樣為表達對歐洲憲法的意見。

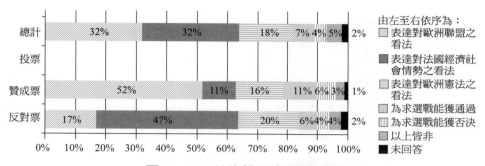

圖 12-16　前往投票之關鍵因素

資料來源：TNS-Sofres. Eurobarometer. EOS-Gallup. 2005.

第三節　2005年5月29日公民投票舉辦後之調查

本節特針對受訪者（投票者、棄權投票者等）表達對法國 2005 年 5 月 29 日公民投票舉辦後的看法，亦包括此次投票對歐洲聯盟及法國有何重大的賭注與影響？及歐洲憲法經由法國人民投票否決後之展望等。

一、投票結果滿意度調查

研究後發現（如圖 12-17），受訪者對投票感到滿意的結果，與未獲通過歐洲憲法投票的結果相關。

54% 多數的受訪者（投票者，棄權投票者等）表示，對未獲通過歐洲憲法的投票結果感到滿意；39% 受訪者感到不滿意。

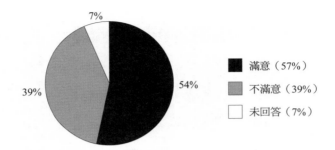

圖 12-17　對未獲通過歐洲憲法之投票結果是否感到滿意？
資料來源：TNS-Sofres. Eurobarometer. EOS-Gallup. 2005.

　　針對滿意度調查，對投票結果的「滿意」或「不滿意」，在投票者
投下「贊成票」或「反對票」後，即已造成不同的結果。投「贊成票」
者，絕大部分感到不滿意；而投「反對票」者，絕大部分感到滿意（如圖
12-18）。然而，值得注意的是，8% 投「贊成者」的投票者對此次投票結
果感到滿意；此外 56% 棄權投票者同樣對此次投票結果感到滿意。

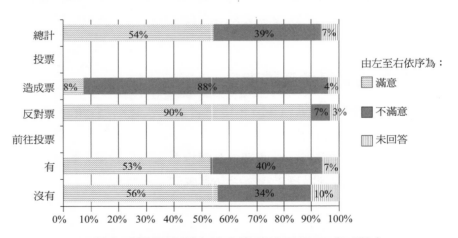

圖 12-18　對未獲通過歐洲憲法之投票結果是否感到滿意？
資料來源：TNS-Sofres. Eurobarometer. EOS-Gallup. 2005.

二、法國舉辦公民投票對歐洲聯盟之賭注

（一）增進法國與歐洲聯盟之關係（如圖 12-19）

　　研究後發現，10 位受訪者中近 9 位皆表示支持法國與歐洲聯盟的關係。儘管法國政府舉辦公民投票，人民投「反對票」居多而否決了歐洲憲法，但是法國人民仍支持自己的國家增進與歐洲聯盟的關係。88% 之受訪者認為法國成為歐州聯盟會員國之一是件好事。如此高的支持率不僅來自 99% 投下「贊成票」的支持者；同時亦來自 83% 投下「反對票」的支持者。95% 政治意識較傾向於法國民主聯盟（UDF）、及人民行動聯盟（UMP）之受訪者，表示支持法國增進與歐洲聯盟的關係；相對言之，54% 多數政治意識較傾向於國家陣線（FN）、及共和國家行動（MNR）之受訪者，則表示不支持法國增進與歐洲聯盟的關係。

（二）未真正否決歐洲憲法（如圖 12-20）

　　75% 近四分之三受訪者表示，針對歐洲未來之發展，歐洲憲法係不可或缺的重要規範，90% 投「贊成票」之受訪者，持此意見；甚至 66% 投「反對票」之反對者，亦發表同樣的看法。

　　79% 多數年齡超過 55 歲之受訪者，對歐洲憲法持肯定的態度，皆認為歐洲憲法對歐洲未來的發展是重要的規範；66% 多數年齡 18 至 24 歲之受訪者，亦表示同樣的意見。

　　此外，77% 前往投票及 69% 棄權投票之受訪者皆認為歐洲憲法很重要。

　　最後，86% 政治意識傾向於支持法國民主聯盟與人民行動聯盟之受訪者，亦表示支持歐洲憲法；然而，為數 59% 傾向於支持國家陣線與共和國家行動（極右派）之受訪者，則不支持歐洲憲法。

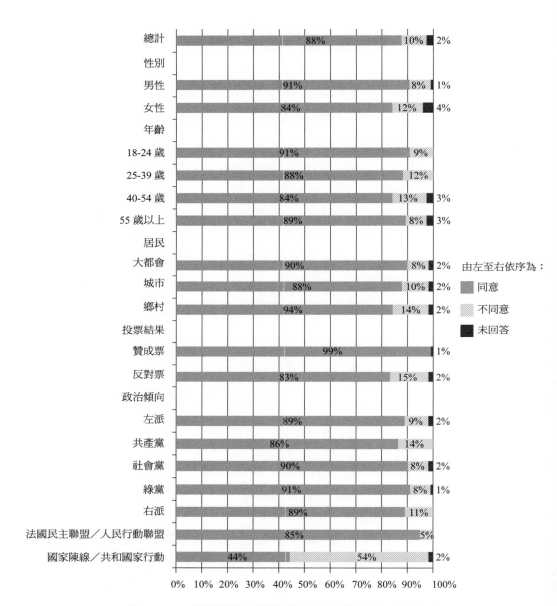

圖 12-19　法國成為歐洲聯盟公員國之一是件好事

資料來源：TNS-Sofres. Eurobarometer. EOS-Gallup. 2005.

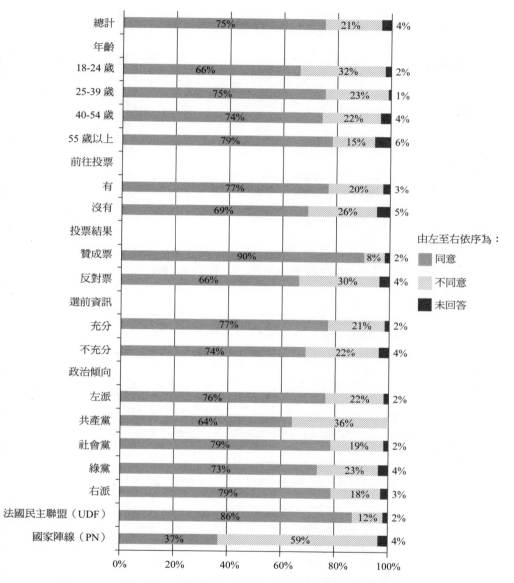

由左至右依序為：
■ 同意
▨ 不同意
■ 未回答

圖 12-20　歐洲憲法對歐洲未來之發展係不可或缺的重要規範

資料來源：TNS-Sofres. Eurobarometer. EOS-Gallup. 2005.

附註：圖 12-20 在政治傾向部分，法國民主聯盟（UDF）項下，亦應包含人民行動聯盟（UMP）並列
　　　之；如同，在國家陣線（FN）項下，亦應包含共和國家行動（MNR）並列之。

（三）大多數法國人民對歐洲聯盟仍具好感

　　如圖 12-21，53% 多數受訪者在投完票後表示對歐洲聯盟仍具有好感。尤其是 62% 多數 18 至 24 歲之受訪者，對歐洲聯盟具有好感；58% 多數居住在大都會之受訪者，對歐洲聯盟的形象亦表示肯定。

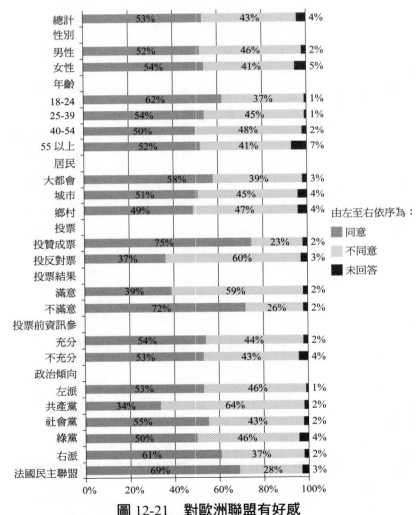

圖 12-21　對歐洲聯盟有好感

資料來源：TNS-Sofres. Eurobarometer. EOS-Gallup. 2005.
　附註：在政治傾向項下：尚有法國民主聯盟／人民行動聯盟：同意占 69%，不同意占 28%，未回答占
　　　　3%。國家陣線／共和國家行動：同意占 19%，不同意 78%，未回答占 3%。

此外，75% 投下「贊成票」者，對歐洲聯盟持有良好印象；37% 投下「反對票」者則否。

以受訪者的政治傾向來比較，69% 傾向支持法國民主同盟與人民行動聯盟之受訪者，對歐洲聯盟的支持度較高；只有 19% 傾向支持極右派之受訪者，對歐洲聯盟的形象表示認同；而傾向支持共產黨的極左派人士，則有 34% 仍認同歐洲聯盟。

（四）對歐盟未來的發展，受訪者持正面或負面看法參半

研究後發現（如圖 12-22），受訪者對歐洲聯盟未來的發展，在投票否決歐洲憲法後，呈現五五波不同的看法。

47% 之受訪者在歐洲憲法被否決後，對歐洲聯盟未來的發展表示憂心；然而，同樣占 47% 之受訪者看法卻剛好相反。尤其是 64% 多數投「贊成票」的支持者，對歐洲聯盟未來的發展感到憂慮。

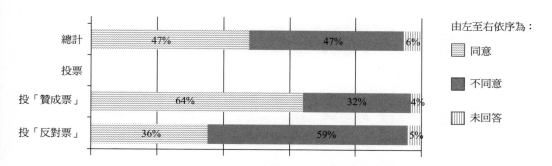

圖 12-22　歐洲憲法被否決後，歐洲聯盟的發展變得困難

資料來源：TNS-Sofres. Eurobarometer. EOS-Gallup. 2005.

（五）歐洲憲法被否決後，欲加入歐洲聯盟成為會員國變為更
　　為困難

　　經研究後發現（如圖 12-23），52% 多數受訪者認為歐洲憲法一經否決，未來欲加入歐洲聯盟成為會員國的情況變得更為困難。

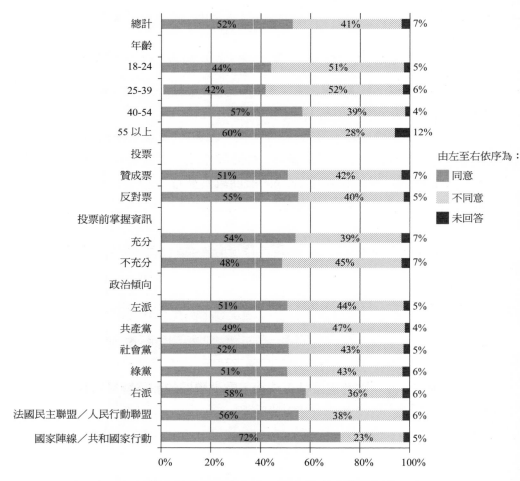

圖 12-23　歐洲憲法被否決後，欲加入歐洲聯盟變得更為困難

資料來源：TNS-Sofres. Eurobarometer. EOS-Gallup. 2005.

　　本研究證實了年齡超過 40 歲以上之受訪者，表達此論點的比率甚高。占 57% 之多年齡在 40 至 54 歲者；占 60% 年齡超過 55 歲以上。同時，高達 72% 是在政治傾向上支持國家陣線與共和國家行動（極右派）者。對於投下「反對票」與「贊成票」的差距比較，55% 屬「反對票」的支持者；51% 屬「贊成票」的支持者，只相差了 4 個百分點。

　　此外，值得注意的是，54% 多數表示選前已充分掌握相關資訊之受訪者，認為要加入歐洲聯盟成為會員國的情況將變得更為困難。

三、投票後之影響

（一）重新商議歐洲憲法條文

　　研究後發現（如圖 12-24），歐洲憲法被否決後，62% 的支持者希望歐洲憲法重新修正，使其更加社會化，以 10 位受訪者中，占 6 位認為法國公民投票否決歐洲憲法後，歐洲憲法條文將會重啟商議，使條文更加社會化。而持此番論點較多的受訪者為女性，占 65%；年齡 40 至 54 歲者占67%；屬工人身分者占 71%；而以居住於非大都會地區的支持者較多。

　　投「反對票」或「贊成票」的投票者，顯然在此議題上有不同的看法，83% 投「反對票」者表示，希望重新商議歐洲憲法條文，使其更社會化；相對地，只有 30% 投「贊成票」者，支持此意見。

　　88% 與 76% 支持共產黨與國家陣線／共和國家行動之受訪者中，絕大部分反對歐洲憲法，均認為歐洲憲法有必要重新商議與修正。

　　最後，值得注意的是，66% 多數屬未能於選前充分掌握相關資訊，致影響投票決擇之受訪者，亦同樣表示歐洲憲法經否決後，須重新修訂，使其條文更加社會化。

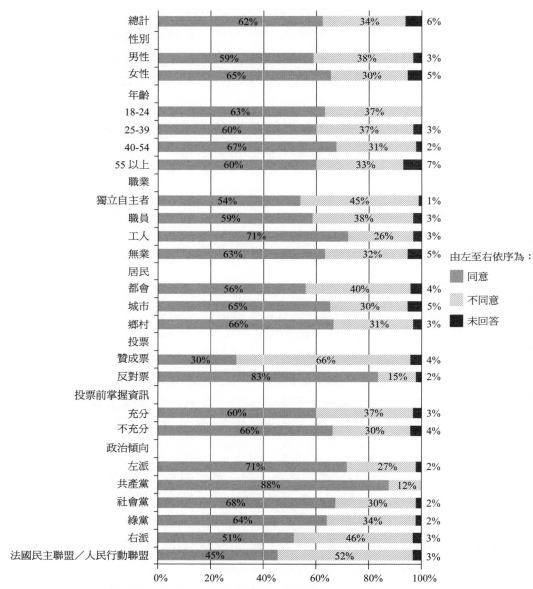

圖 12-24　歐洲憲法經否決後，須重新商議修訂，使其條文更加社會化

資料來源：TNS-Sofres. Eurobarometer. EOS-Gallup. 2005.

附註：在右派項下，尚有國家陣線／共和國家行動部分：同意 76%，不同意 21%，未回答 3%。

（二）歐洲新憲重新商議修訂有助於維護法國本身利益

　　研究後發現（如下圖 12-25），59% 過半數即 10 位受訪者中近 6 位，認為歐洲新憲被否決後，有必要再重新商議修訂，使得修正後的條文更能維護法國本身之利益。受訪者中，64% 大多數女性表達此意見，而屬男性的百分比為 54%，略低於女性。

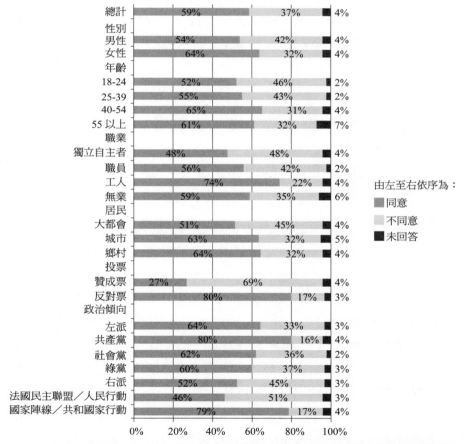

圖 12-25　歐洲憲法被否決後，有必要重新商議修訂，使修正後的條文更能維護法國利益

資料來源：TNS-Sofres. Eurobarometer. EOS-Gallup. 2005.

　　此外，研究又發現此議題的問卷結果與前一項之重新商議歐洲憲法條文問卷結果大致相同。持此種意見較多之受訪者，除女性外，以年齡劃分為年紀 40 至 54 歲者較多占 65%；屬工人身分者占 74%；同時居住於非大都會地區的支持者較多。

　　另外，以政治傾向劃分，支持共產黨與國家陣線／共和國家行動的比率最高，支持共產黨為 80%；支持國家陣線／共和國家行動為 79%。

　　在此，重新再一次得出如前議題同樣的結果，投票意向不同，對議題本身的接受性亦有明顯不同：80% 大多數投下「反對票」者，均認為歐洲憲法重新修訂，有助於維護法國利益；然而只有 27% 投下「贊成票」者，同意如是意見。

四、法國公民投票否決歐洲憲法之影響

（一）對歐洲憲法投下「贊成票」者憂心法國將失去對歐洲聯盟之主導權

　　研究後發現（如圖 12-26），歐洲憲法被法國人多數否決後，法國民意呈現兩造不同的意見，48% 之受訪者認為歐洲憲法被否決後，法國將降低對歐洲聯盟的主導權；但是 47% 之受訪者則表示相反的意見。

　　69% 多數人政治傾向較支持法國民主聯盟／人民行動聯盟之受訪者，擔心法國在歐洲聯盟的力量減弱；同時，以不同調查類別估算，同樣超過 50% 的數據顯示：年齡超過 55 歲以上者占 51%；職業為自由業者占 52%；居住於大都會的居民占 51%。前述三者之間所占的百分比，不相上下，以此 3 種類別之受訪者均表示同樣意見。

　　此外，高達 77% 超過四分之三投下對歐洲憲法「贊成票」的支持者，憂慮歐洲憲法被否決後所帶來法國在歐洲聯盟力量減弱的負面影響。

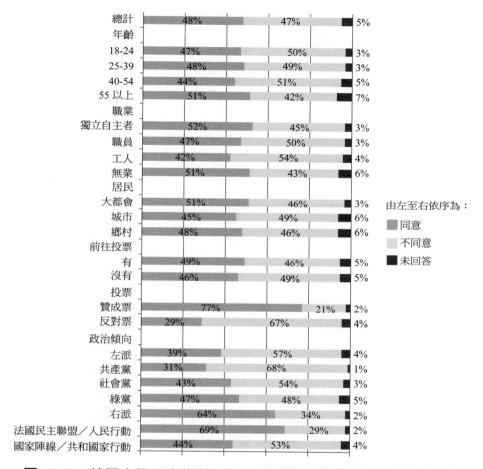

圖 12-26　法國人民否決歐洲憲法，將削弱法國在歐洲聯盟的影響力

資料來源：TNS-Sofres. Eurobarometer. EOS-Gallup. 2005.

（二）法國人民認為他們所做出的投票選擇，將會引響歐洲聯盟其他之會員國

　　研究後發現（如圖 12-27），69% 之受訪者均認為法國公民投票否決歐洲憲法，對其他將舉辦公民投票的國家亦會產生拒絕歐洲憲法的連鎖效應。同時，不同的社會人口統計類別之受訪者均表示如是之看法。

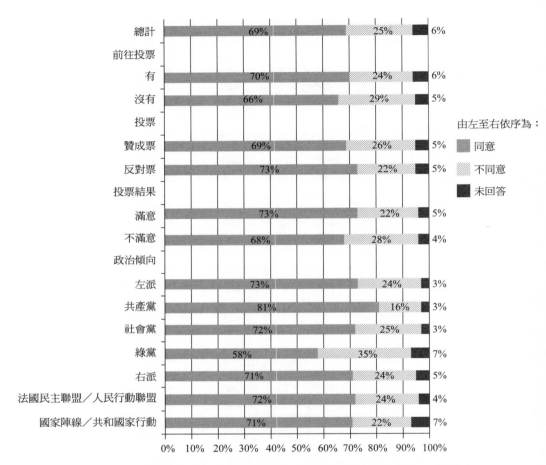

圖 12-27　法國人民投票否決歐洲憲法，將會導致其餘國家同樣投票反對歐洲憲法

資料來源：TNS-Sofres. Eurobarometer. EOS-Gallup. 2005.

　　值得注意的是，比較多之受訪者如前往投票並投下「反對票」者占73%，比投下「贊成票」者 69% 多出了 4 個百分點；另外，投票結果覺得滿意的受訪者亦高達 73%，比投票結果不滿意者 68% 多出了 5 個百分點；政治傾向較支持共產黨之受訪者，經民調數據顯示為最高居 81%，受訪者均表示將會造成「骨牌效應」。

　　本調查的結果係在荷蘭舉辦公民投票前，對荷蘭公民投票言之，荷蘭人民在法國人民之後，亦以多數票否決了歐洲憲法，故法國效應對荷蘭公民投票之結果來說，不無示範性的影響。

五、對歐洲憲法之展望

　　研究後發現（如圖 12-28），法國公民投票否決歐洲憲法後，針對歐

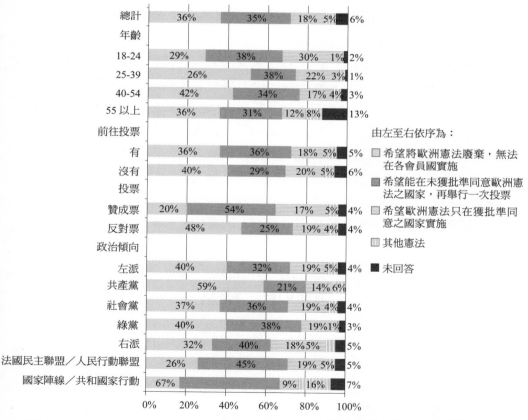

圖 12-28　至 2006 年，在 25 個會員國中至少 20 個國家須簽署同決歐洲憲法草案，屆時歐洲理事會將決定是否實施新憲法，您的看法如何？

資料來源：TNS-Sofres. Eurobarometer. EOS-Gallup. 2005.

洲憲法未來後續性的發展，法國民意亦呈現出不同的意見，部分受訪者認為可將此部憲法廢置不用；另外部分受訪者卻表示可將再舉行第 2 次的公民投票。

依歐洲憲法宣言第 30 條之規定，從歐洲憲法草案經各會員國完成簽署後兩年內，五分之四的會員國須結束對憲法草案進一步的認定，簽署同意書，倘這些會員國中任何一國對憲法草案產生不認可者，歐洲理事會將對此問題再做決定。

經調查顯示，在至少須經 20 個會員國一致同意的情況下，36% 之受訪者希望將此憲法廢置無法在各會員國間實施；而 35% 之受訪者卻期待能在未獲批准同意歐洲憲法的國家中，再舉行一次投票。

調查顯示，48% 投下「反對票」之受訪者（在社會人口統計類別欄中為百分比相當高者），認為應將否決後的歐洲憲法棄置，不在歐洲各會員國間實施；同時，占百分比亦高者為年齡 40 至 54 歲之受訪者占 42%；而占百分比最高的兩者：其一是政治傾向較支持國家陣線／共和國家行動之受訪者占 67%；其二是政治傾向較支持共產黨之受訪者占 59%。

以邏輯論斷，希望再舉行一次投票者，擁有此想法的人亦大多皆是投下對歐洲憲法「贊成票」者占 54%；同樣的投票動機顯示，政治傾向較支持法國民主聯盟／人民行動聯盟（右派）的支持者占 45%。

第四節 結語

綜合以上的分析，本民調分析可做出 7 項總結如下：

一、針對法國此次舉行全國性歐洲憲法公民投票，從以人民投票來決定未來的歐洲憲法是否實施，此種賭注，的確帶給法國人極大的震撼。事實上，此次投票的投票率高達 7 成，選民亦遭致高度的動員。在本民調的分析中，三分之二之受訪者在投票後表示，已在投票前充分掌握相關資訊，做好投票決定。此外，39% 在 10

位受訪者中近 4 位，認為歐洲憲法辯論會所舉辦的時刻，來的正
是時候；然而 37% 之受訪者卻覺得辯論會舉辦的時刻太遲。

二、其實，此次法國歐洲憲法公民投票如此之高的投票率（69.3%），
並非居法國歷來公民投票投票率之冠，1992 年法國舉辦馬斯垂克
條約（Traité de Maastricht）的公民投票，亦出現同樣之高投票率
（69.7%）。雖然有近 7 成選民出席投票，然而畢竟仍有 3 成合
法選舉人於 2005 年 5 月 29 日未前往投票所投票。經研究發現，
年齡大都是未超過 40 歲的合法選舉人，成為此次公民投票主要
的棄權投票者；而所以棄權投票所持的主要理由如下：個人因素
（占 66%）、歐洲憲法條文生澀難懂（占 60%）、個人缺乏相關
的資訊（占 49%）、而有 14% 的棄權投票者表示，對歐洲聯盟或
歐洲整合持以反對的立場，故而不前往投票，履行投票的義務。

三、對於此次法國歐洲憲法公民投票，55% 多數選票投下的「反對
票」，為此次投票的勝利者。經研究發現，投下「反對票」的來
源對象大部分為年齡在 40 至 54 歲者（占 63%）；或年齡在 18 至
24 歲者（占 59%）。居住於非大都會的居民：居住於鄉村者占
61%；居住於城市者占 59%。尤其是具工人身分者占 76%。百分
比最高為具政治傾向的支持者：其一為政治傾向較支持國家陣線
／共和國家行動（極右派）的支持者占 95%；其二為政治傾向較
支持共產黨（極左派）的支持者，占 94%。

四、此次法國歐洲憲法公民投票，投下「贊成票」或「反對票」的
動機理由均不相同。研究後發現，對於投下「贊成票」者，所
持的理由大致為：贊成歐洲持續向前發展，占贊成者所述理由
之 39%；長期以來，對歐洲整合即表示支持者占 16%。對於投
下「反對票」者，主要爭議焦點著重於社會問題層面，投「反對
票」的支持者，認為歐洲新憲法會對就業產生潛在負面的影響，
此理由占反對者所述理由之 31%；認為會對法國經濟產生更壞的
影響占 26%；對經濟面來說，歐洲憲法太過於朝向「自由主義

　　化」占 19%；甚至對國家元首與執政政府不滿，持以反對的立場者占 18%。至於投票選擇的關鍵因素，多數投「贊成票」者，表示對歐洲聯盟持支持的態度；而多數投「反對票」者，則著重於對法國經濟與社會發展的前景持不甚樂觀的看法，故而導致投下了「反對票」。

五、雖然，法國此次公民投票否決了歐洲憲法，投「反對票」的支持者贏得了選戰的勝利。然而，研究後發現法國人民仍會繼續支持歐洲聯盟，並希望法國進一步增進與歐洲聯盟的關係。依民調顯示，88% 之受訪者認為法國成為歐洲聯盟會員國之一國是一件好事；如是看法不僅幾乎獲致投下「贊成票」的支持者一致支持占 99%，同是針對投下「反對票」的支持者，仍然擁有大多數的反對者占 83% 表示同樣意見。

　　此外，四分之三之受訪者認為歐洲憲法對歐洲現今的整合，係不可或缺的重要規範占 75%。此論點對投下「贊成票」的支持者占 90%，與投下「反對票」的支持者占 66% 均深受支持。

　　最後，53% 多數受訪者亦認同歐洲聯盟體系已立下優良典範，此觀點尤其獲致年齡在 18 至 24 歲的支持者多數認可，而值得注意的是，這些年齡在 18 至 24 歲的支持者，卻多數投下否決歐洲憲法的「反對票」。

六、法國多數選民覺得在否決歐洲憲法後，現版本有必要重新商議修訂，使得未來憲法新版本更為社會化。研究後發現，贊成如是論點的多數受訪者占 62%。此外，59% 之多數受訪者亦認為未來新憲法版本須更加維護法國本身的利益。

七、針對法國否決歐洲憲法後，研究後發現，48% 之受訪者認為將會降低法國對歐洲聯盟的影響力；然而 47% 之受訪者卻反對如是意見，形成兩相對峙的局面。最後，52% 多數受訪者表示法國人民多數投下「反對票」否決歐洲憲法後，將使得欲加入歐洲聯盟成為會員國的機會更加困難。

13 台灣公民投票

　　台灣對於公民投票之推行，尚屬起步階段。雖然早期的憲法重視人民權利，標榜「人民主權」為治國之道，然而，自國民政府遷台後，由於政治環境特殊，人民直接參與決策之管道，始終付諸闕如。長期以來，台灣公民投票制度並未真正建立，人民無法行使直接民權，故造成在憲政體制運作上之一大缺失。直至 2004 年公民投票完成立法後，才始有其法源之依據。爾後，政府共舉辦過 3 次全國性公民投票，及 3 次地方性公民投票，除澎湖縣「博弈」公民投票是因「離島建設條例」未設法定過半數投票的門檻，反對票多於贊成票遭到否決，及連江縣馬祖「博弈」公民投票同樣是因「離島建設條例」未設法定過半數投票的門檻，以贊成票多於反對票而獲通過外，其他之公民投票皆因未達至法定投票人數一半以上的門檻而無效。

第一節　公民投票之規範

　　依中華民國憲法第 17 條、第 123 條、第 136 條，及地方制度法第 16 條特別規定：創制、複決兩權為人民的基本權利。同時 2004 年台灣業經完成「公民投票法」及「公投入憲」修憲條文之制定，確立了今後公民投票實施之依據。

一、法定依據

　　為保障直接民權，並使國家具爭議性之重大公共政策、公共建設或法案，以公民參與投票之方式充分反映民意，謀求解決之道，憲法第 17 條規定：「人民有選舉、罷免、創制及複決之權」，明文賦予公民有權投票、創制法律、或複決重大政策。

　　憲法第 123 條規定：「縣民關於縣自治事項，依法律行使創制、複決之權」，明文賦予縣民行使創制、複決兩權。

　　憲法第 136 條規定：「創制、複決兩權之行使，以法律定之」，故創制、複決之行使自應立法規範。惟創制、複決雖為憲法用語，但民間多將其泛稱為意義相同之「公民投票」，故「公民投票」雖然在名稱上不同於創制、複決，但在精神上實指創制、複決兩權[1]。

　　地方制度法第 16 條：直轄市民、縣（市）民、鄉（鎮、市）民之權利如下：第 2 款：對於地方自治事項，有依法行使創制、複決之權。

二、「公民投票法」

　　台灣為依據憲法主權在民之原則，並確保國民直接民權之行使，特於 2004 年制定「公民投票法」，作為建構直接民主的民主機制。

　　「公民投票法」所稱公民投票，包括全國性與地方性公民投票。

　　全國性公民投票適用事項如下：

　　（一）法律之複決。

　　（二）立法原則之創制。

　　（三）重大政策之創制或複決。

　　（四）憲法修正案之複決。

　　地方性公民投票適用事項如下：

　　（一）地方自治法規之複決。

　　（二）地方自治法規立法原則之創制

　　（三）地方自治事項重大政策之創制或複決。

　　預算、租稅、投資、薪俸及人事事項，不得作為公民投票之提案。

　　公民投票事項之認定，由公民投票審議委員會為之。

　　在法律層面，我國在 2004 年正式施行「公民投票法」，規範全國性與地方性公投程序。就全國性公民投票而言，有三種發動程序，包括立法院提案、總統提案，以及公民提案。公民投票案提案人人數，應達提案時最

---

[1]　法律小組編。2004。《公民投票法立法資料彙編》。台北：五南圖書：31。

近一次總統、副總統選舉選舉人總數千分之五以上。連署人數應達提案時最近一次總統、副總統選舉選舉人總數百分之五以上。

至於地方性公民投票只有人民提案方式，即地方公民針對地方自治相關法規、立法原則與重大政策之複決、創制，由最近一次直轄市、縣（市）長選舉選舉人總數千分之五以上提案，經所在直轄市、縣（市）政府審核通過，並達提案時最近一次直轄市、縣（市）選舉選舉人總數百分之五以上連署，才能付諸地方公民表決。

關於公民投票案投票結果，不論是全國性或地方性公民投票，投票人數須達全國或直轄市、縣（市）投票權人總數百分之五十以上，且有效投票數超過百分之五十同意者，始為通過。

三、「公投入憲」

我現行憲法增修條文所涉及之「公投入憲」[2]的規定如下：

第1條：中華民國自由地區選舉人於立法院提出憲法修正案、領土變更案，經公告半年，應於三個月內投票複決。

第2條：總統、副總統之罷免案，須經全體立法委員四分之一之提議，全體立法委員三分之二之同意後提出，並經中華民國自由地區選舉人總額過半數之投票，有效票過半數同意罷免時，即為通過。

第4條：中華民國領土，依其固有疆域，非經全體立法委員四分之一之提議，全體立法委員四分之三之出席，及出席委員四分之三之決議，提出領土變更案，並於公告半年後，經中華民國自由地區選舉人投票複決，有效同意票過選舉人總額之半數，不得變更之。

第12條：憲法之修改，須經立法院立法委員四分之一之提議，四分之三之出席，及出席委員四分之三之決議，提出憲法修正案，並於公告半

---

[2] 2004年8月23日立法院第五屆第五會期第一次臨時會第三次會議通過修正中華民國憲法增修條文第1條、第2條、第4條、第5條及第8條條文；並增訂第12條條文。2005年6月7日國民大會複決通過。2005年6月10日總統公布。

年後，經中華民國自由地區選舉人投票複決，有效同意票過選舉人總額之半數，即通過之。[3]

四、「公民投票法」藍綠陣營大對抗

　　回顧2003年11月立法院討論公民投票法草案，當時即有3種版本（曹金增，2003: 381~508）：國親版、行政院版、及蔡同榮版。11月27日對公民投票法的表決被稱為是「藍綠陣營大對抗」，民進黨放棄蔡同榮的版本，繼而支持行政院的版本。由於國親加上無黨籍聯盟，占立法院的多數，故大獲全勝，幾乎所有條文都依照國親的版本通過，而行政院提出的版本只有兩條在國親放水的情況下通過，公民投票法最終在民進黨立法委員全體退席抗議的情況下順利通過。

　　表13-1為國親版本、行政院版本、及最終通過的版本關鍵條文對照表。

表13-1　「公民投票法」版本關鍵條文對照表

說明	國親版本	行政院版本	最終通過版本
公投適用範圍	(1) 法律複決。 (2) 重大政策複決創制。 (3) 立法原則創制。 (4) 憲法修正案複決。	(1) 法律複決。 (2) 重大政策。 (3) 立法原則創制複決。 (4) 憲法修正案創制。	通過國親修正版本： (1) 法律複決。 (2) 立法原則創制。 (3) 重大政策複決創制。 (4) 憲法修正案複決。
公投不適用範圍	無	預算、租稅、薪俸及人事。	通過行政院修正版本： 預算、租稅、投資、薪俸及人事。

3　參「中華民國憲法增修條文」。

表 13-1　「公民投票法」版本關鍵條文對照表（續）

說明	國親版本	行政院版本	最終通過版本
提案權	公民連署，排除政府機關提案公投。	公民連署或行政院	通過國親修正版本： (1) 行政機關不得借用任何形式對各項議題辦理或委託辦理公投事項……違反規定者處三個月以上、三年以下有期徒刑。 (2) 公民提案時應最近一次總統副總統選舉人平均數千分之五以上……連署人數應達百分之五以上。
公投審議機關	成立公民投票審議委員會，委員 21 人，按照立法院比例由各黨推薦，交總統任命，總統不得否決，主委由委員互選。	行政院、中選會舉辦聽證會	通過國親版本： 由公民投票審議委員會為之……委員會委員 21 人，任期三年，由各政黨依立法院各黨席次按比例推薦，送交主管機關提請總統任命之。
公投時間	(1) 公告三個月後起，可與該年立委選舉同時舉辦，若該年內無立委選舉時，得單獨舉辦。 (2) 得與總統副總統選舉同時辦理。	公告後二十八日起至六個月內投票，得與全國性之選舉同時舉行。	通過行政院版本： 中央選舉委員會應於公投案公告成立一個月至六個月內舉行公投，得與全國性選舉同時舉行。
特別條款	除本法外，政府機關不得借用任何形式對各項議題辦理或委託辦理公投事項。	國家遭受外力威脅以致主權有改變之虞，總統得經行政院會之決議，就國家安全之事項，交付公民投票。	通過行政院版本： 國家遭受外力威脅以致主權有改變之虞，總統得經行政院會之決議，就國家安全之事項，交付公民投票。

資料來源：《公民投票法立法資料彙編》五南圖書，2004。

第二節　公民投票實施之經驗

　　2004 年至今，政府共舉辦了 3 次全國性公民投票，及 3 次地方性公民投票。

一、全國性公民投票

　　台灣公民投票法自 2004 年施行以來，先後已舉辦 3 次 6 案全國性公民投票（主文詳如表 13-2），雖然 6 案的同意票皆高於不同意票甚多，惟均因投票人數未達投票權人數半數以上的門檻，投票結果均為否決。

表 13-2　台灣全國性公民投票案第 1 案至第 6 案主文

案號／投票時間	主文
第 1 案（2004.3.20）	台灣人民堅持台海問題應該和平解決。如果中共不撤除瞄準台灣的飛彈、不放棄對台灣使用武力，您是不是同意政府增加購置反飛彈裝備，強化台灣自我防衛能力？
第 2 案（2004.3.20）	您是不是同意政府與中共展開協商談判，推動建立兩岸和平穩定的互動架構，謀求兩岸的共識與人民的福祉？
第 3 案（2008.1.12）	您是否同意依下列原則制定「政黨不當取得財產處理條例」，將中國國民黨黨產還給全民：國民黨及其附隨組織的財產，除黨費、政治獻金及競選補助金外，均推定為不當取得的財產，應還給人民。已處分者，應償還價額。
第 4 案（2008.1.12）	您是否同意制定法律追究國家領導人及其部屬，因故意或重大過失之措施，造成國家嚴重損害之責任，並由立法院設立調查委員會調查，政府各部門應全力配合，不得抗拒，以維全民利益，並懲處違法失職人員，追償不當所得？
第 5 案（2008.3.22）	1971 年中華人民共和國進入聯合國，取代中華民國，台灣成為國際孤兒。為強烈表達台灣人民的意志，提升台灣的國際地位及參與，您是否同意政府以「台灣」名義加入聯合國？

表 13-2　台灣全國性公民投票案第 1 案至第 6 案主文（續）

案號／投票時間	主文
第 6 案（2008.3.22）	您是否同意我國申請重返聯合國及加入其它組織，名稱採務實、有彈性的策略，亦即贊成以中華民國名義、或以台灣名義、或以其他有助於成功並兼顧尊嚴的名稱，申請重返聯合國及加入其他國際組織？

資料來源：中選會。

二、地方性公民投票

　　台灣地方性公民投票已先後舉辦 3 次：2008 年高雄市降低國中小班級人數公民投票、2009 年澎湖縣博弈公民投票、及 2012 年連江縣博弈公民投票。

　　高雄市公民投票因未達至法定投票人數 50% 以上的門檻而無效。而澎湖縣、連江縣博弈公民投票因「離島建設條例」第 10 條之 2 特別規定，排除在「公民投票法」中法定投票率 50% 以上的規定，因此不論投票率多少，只要同意票在有效票的選票中占 50% 以上就可成案，贏一票就算贏，也成為「公民投票法」立法以來首次排除法定投票率因素的公民投票。澎湖縣投票結果被否決，而連江縣投票結果卻通過。

表 13-3　台灣地方性公民投票案主文

縣市／投票時間	主文
高雄市（2008.11.15）	學生班級人數適當的減少，可以增進學生的學習效果。本市公立國民小學一、三、五年級以及國民中學新生的編班，自 96 學年度起，每班不得超過 31 人，以後每學年減少 2 人，至 99 學年度起，每班不得超過 25 人。
澎湖縣（2009.9.26）	澎湖要不要設置國際觀光度假區附設觀光賭場。
連江縣（2012.7.7）	馬祖是否要設置國際觀光度假區附設觀光賭場。

資料來源：中選會。

三、核四公民投票

2013 年 2 月 25 日行政院長江宜樺宣布,「核四繼續興建與否,將交由公民投票檢驗」[4]。同樣地核四公民投票如要通過,投票人數需達全國、直轄市、縣(市)投票權人總數的 50% 以上,且有效票也同時須超過 50% 的門檻。以過去所舉辦過之公民投票經驗顯示,核四公民投票極不易通過。

四、公民投票門檻過高

台灣的「公民投票法」對投票人數的限制門檻過高(需投票人數的 50%),此與先進國家重新在憲法、立法的規範及設計等大不相同,是否亦同樣須修法以降低投票人數的門檻(如丹麥僅為法定投票人數的 30%,而東歐匈牙利卻只需 25% 等),或直接以法定選民的出席率替換成贊成票數率,藉以確保公民參政的有效性?值得省思。

4　「核四公投門檻超高!前6次全國公投皆槓龜」,2013/2/27:http://tw.news.yahoo.com

14 結　論

綜合以上章節，提出如下研究結論。

一、依比較制度學大師鄒格與艾蒙（Zogg and Hamon）對民主制度及歐洲國家所做的分類，分出直接民主、代表民主、半直接民主、半代表民主共四類。在檢視直接民主所應具備之規格與共同標準下，歐洲國家無一國屬於直接民主，而屬於半直接民主亦乏多見，正如第二章所述，除瑞士外，只有丹麥、愛爾蘭、義大利及列支敦士登公國等，這些國家所具備之人民創制、複決規範及投票實施成效堪稱世界之最，值得其他國家學習。而大多數的歐洲國家屬半代表民主制如奧地利、西班牙、葡萄牙、盧森堡、法國、希臘、冰島、挪威、瑞典、芬蘭等；或純代表民主制如英國、德國、比利時、荷蘭等。歐洲國家公認是實施公民投票的大本營，值得參考比較。

二、從上古、中古文明時期之直接民主傳統型式考證出古希臘城邦國著名之人民大會稱愛克烈西亞（Ekklesia）、古羅馬帝國已頗具現代會議型式之人民大會、日耳曼族之人民大會、瑞士中部四州湖區最大之蘭斯捷門登（Landsgemeinden）社區大會，及許多西歐地區之自由城市皆具備公民大會、城鎮會議（town meetings）、及大型會議等。由此得知古早時期於歐洲地區已初步建立了直接民主的模型，後傳布於全世界，雖離完美的程度相距甚遠，然古人所立下的民主標記因而得到了印證。

三、依公民投票類型與規範做比較，比較出公民投票型式（諮詢式、決議式及命令式投票）、公民投票對象及標的（憲法、一般法令、法案）、公民投票種類（強制性、任意性）、訴諸公民投票對象（國會、總統、法定機關、公民團體）、公民投票時效性（先前性、事後性）、及不同之公民投票結果判定等。如此做出比較，可增進對公民投票在法制方面的認識。

四、依全球實施公民投票的情況歸納出三種投票模式（集權式、權力下放式、政黨式），及六大投票系統（丹麥系統、法國系統、義

大利系統、瑞士系統、混合系統、拉丁美洲系統）等。上述三種投票模式與領導人、人民、及國會各自的權力相關，如公民投票由領導人所發動，此為由上而下之「集權式」投票模式，正如法國是實施「半總統制」的國家，法國的投票系統屬於此類；如公民投票由人民所發動，此為由下而上之「權力下放式」投票模式，義大利及瑞士的投票系統均屬於此類；如公民投票由國會所發動，發動者為國會的少數政黨，此為「政黨式」投票模式，丹麥的投票系統屬於此類。至於台灣的公民投票，有點「四不像」，主要問題在於尚未完全制度化，由於公民投票通過所設定50% 法定的門檻過高，故全國性公民投票至今未有通過的案例，似應重新與國家的憲政體系做通盤的檢討方屬正辦。台灣屬何種憲政體制？是「半總統制」嗎？如是的話，台灣的公民投票模式理應較接近於「集權式」投票模式。

五、瑞士除強制性修憲投票於聯邦憲法有明文規定外，對人民創制、一般及特別之任意性立法複決均有詳細之規範。尤其 2003 年推行民主制度改革後，更大幅修改了人民創制規定，瑞士人民不僅可修改聯邦憲法，亦可修改或通過聯邦法律。瑞士實施公民投票之數目更居全球之冠。瑞士公民投票制度獨樹一隔，引起世界各國的重視，如美國早期甚多州深受瑞士影響，引進人民創制制度；歐洲鄰近國家如義法德等本身的公民投票制度亦多受瑞士影響，尤其德國近期來地方性公民投票表現，頗為驚人。瑞士的公民投票值得做為世界模範。

六、法國歷來之公民投票皆由總統所發動，由於憲法原先的規範設計使然，造就總統的權力凌駕於政府之上。第五共和實施全國性公民複決計 9 次，只有一次屬修憲複決，其餘 8 次均為立法複決；總共修憲 24 次，23 次由修憲會議解決。憲法第 11、89 條之規定過於模糊不清，其爭議始終未間歇：總統在總理之提議下是否能對所有公權力組織之國會案逕付人民複決？未有定論。此為憲法

條文最大之爭論所在。

七、義大利「廢止性」之公民投票得就不合時宜之法令交付投票決定，成為行使公民投票之一大特性。在其憲法之規定裡，特針對如稅捐、預算、大赦、刑期減免及國際條約之簽訂等禁止使用人民投票來決定其存廢。在其公民投票法裡對公民聯署、聯署期限、最高法院角色、憲法法院角色、投票日期設定等均有規定。過去，自 1970 年代政治改革來，義大利推動廢止性公民投票，不遺餘力。然近年來所舉辦之投票皆因未達所有選民出席人數的 50% 票數而無效，而棄權投票有愈來愈增高之趨勢。尤有甚者，不贊成公民投票者，卻鼓動市民勿出席投票，企圖使投票未達至選舉人數過半而無效。此種棄權投票的方式如受到天主教高層的鼓勵極為容易奏效，像是羅馬教宗本篤十六世曾告誡義大利選民勿出席 2005 年 6 月 13 日涉及胚胎實驗研究法修訂之公民投票。而為求公民投票遊戲規則公平化，義大利政府則考慮修法，將 50% 的門檻降低如匈牙利所設立的 25% 門檻，或將選民的出席率替換成贊成票數率。

八、1990 年代東歐國家的公民投票盛況空前，如第九章所述，諸多新國家因公民投票的實施而獨立。在對於公民投票的憲法規範方面，大部分東歐國家均仿效西歐國家建立起公民參與公共事務的投票規定，尤其是建立了人民創制的規範。然而，即便是東歐國家在憲法上做了原則性的規範，但對於人民創制投票的實施，卻仍然有限。

九、美國屬聯邦制，華盛頓聯邦政府鑒於聯邦憲法並未規範全國性公民投票，故從未實施，而由地方各州來行使。如第十章所述，具人民創制與立法複決投票的州共 22 州；只具立法複決投票的州共 3 州；只具修憲創制投票的州共 2 州；均無創制與立法複決投票的州共 22 州。

十、如第十一章所述，1990 年代後，歐洲國家由於深受歐洲區域共

同規範及推動的影響，對於地方性公民投票之行使，已正式邁入了起飛（take off）期。至今，德國自統一後，正加速直接民主步伐，地方性公民投票實施成效，除瑞士外，一時位居全歐之冠，有如異軍突起；相較於法國，其成效有限，投票仍由地方民選首長所掌控。義大利廢止性投票公認為該國地方民主改革的特色。波蘭自東歐民主化後，猶如一匹黑馬，在地方行使創制、複決不遺餘力。

十一、法國 2005 年 5 月 29 日公民投票否決歐洲新憲草約，帶給世人不少震撼，由於法國政府支持歐洲新憲，而人民卻不贊成，造成許多學者專家們預先看好會通過，卻跌破眼鏡，將投票結果形容成「政治地震」。民調顯示法國較多人民對歐洲聯盟仍存有疑慮。

十二、台灣自 2004 年「公民投票法」制定完成後，曾先後舉辦各 3 次全國性及地方性公民投票，由於所設定的法定投票率門檻須達至所有選舉人之過半數，故 3 次共 6 案之全國性公民投票皆因此而無效。

●●● 參考文獻 ●●●

中文部分

王佩瑛譯。〈蘇聯公民投票法〉。《立法院院聞》19，5：45-50。

王謙等合譯。2000。《民主化的歷程》（Democratization: David Potter. David Gold-balt. Margaret Klloh. Paul Lewis）。台北：韋伯文化。

丘昌泰。2003。〈解讀公民投票的迷思〉。《全國律師》11：44-49。

石之瑜。1998。〈壓迫性的自由主義─公民投票的政治含意與制度之安排〉。《中華戰略學報》6：19-44。

巨克毅。2003。《民主與憲政》。台北：高立圖書。

史慶璞。2001。《美國憲法與政府權力》。台北：三民書局。

〈公民投票〉。1993。立法院圖書資料室。43。

〈創制複決法草案〉。2001。行政院內政部。

〈中華民國人權政策白皮書〉。2002。行政院人權保障推動小組。

〈行政院研擬訂定全國性公民投票實施要點合憲不違法的說明〉。2003。行政院。

朱堅章等合譯。1990。《參與和民主理論》。Carole Patemen 原著。台北：幼獅圖書。

曲兆祥。2004。《公民投票理論與台灣的實踐》。台北：楊智文化。

江宜樺。2003。〈公民投票與民主政治的關聯〉。《全國律師》11：68-72。

吳介民。2003。〈公民投票作為一種批判性的公眾力量〉。《全國律師》11：79-84。

吳宜容譯、王業立校閱。2002。《公民投票的實踐與理論》（Referendums Around The World: The Growing Use of Direct Democracy: David Butler, Austin Ranney）。台北：韋伯文化。

吳志光譯。1997。〈德奧兩國創制複決相關法規彙編〉。行政院內政部。

吳志光。2001。〈公民投票與司法審查〉。《憲政時代》27，2：49-64。

吳志光。2003。〈諮詢性公投與地方政府之配合義務？〉。《全國律師》11：59-63。

吳烟村。1994。〈公民投票平議〉。《中山人文社會科學期刊》3，1：192-215。

何兆武譯。1987。《盧梭─社會契約論》。台北：唐山出版社。

何東皓。1994。〈加拿大魁北克分離主義的演變〉。《問題與研究》33，9。

何思因。1994。〈加拿大的政黨政治〉。33，11：62-68。

何政光。1994。〈我國公民投票法制化之研究〉。國立政治大學公共行政研究所碩士論文。

吳棟傑。1995。〈公民投票法制之憲法許容性暨政策分析—以全國性公民投票為中心〉。國立台灣大學法律研究所碩士論文。

沈玄池。2002。〈由歐洲統合模式評析兩岸之整合〉。《全球政治評論》1：1-32。

李少軍、尚新建譯。1995。《民主的模式》。台北：桂冠出版社。

李念祖。2001。〈從現行憲法規定論創制、複決之種類及其憲法基礎〉。《憲政時代》27，2：3-21。

李念祖。2003。〈公投法覆議案已顛覆憲政架構〉。《全國律師》11：7-8。

李明峻。1998。〈國際公法與公民投票問題〉。《新世紀智庫論壇》2：65-79。

李昌麟。2003。〈公民投票制度之研究〉。行政院國家科學委員會，第40屆國外短期研究人員研究報告書。

李昌麟。2004。〈全球公民投票制度之探討〉。《全球政治評論》6：123-148。

李昌麟。2005。〈歐洲憲法與歐洲聯盟會員國投票表決程序之探討〉。《全球政治評論》11：143-166。

李昌麟。2007。《民主國家公民投票制度與實施案例之研究》。台北：冠唐國際圖書公司。

李炳南。1999。〈總統民選後憲政改革的發展：第4次修憲之研究〉。國立台灣大學三民主義研究所。

李俊增。1997。〈論瑞士全國性公民投票〉。《憲政時代》23，4：58-80。

李俊增。1997。〈論公民投票之類型及對代議民主政體之影響〉。《憲政時代》22，4：100-118。

李俊增。1997。〈公民投票之理論與實踐〉。《憲政時代》23，1：35-52。

李高英譯。1994。〈西班牙公民投票法〉。《立法院院聞》22，11：75-78。

李鴻禧。1997。《現代國家與憲法》。台北：月旦出版社。

李鴻禧。1997。《憲法與議會》。台北：國立台大法學叢書編輯委員會。

余明賢。1989。《美國加州選舉法》。台北：行政院中央選舉委員會。

呂亞力。2001。《政治學》。台北：三民書局。

沈雲龍。2003。〈我國憲政體制的回顧〉。《全國律師》12：88-97。

周志宏。2004。〈公民投票法與憲法的相關問題〉。《全國律師》1：15-28。

周宗憲。2004。〈國民主權、參政權與公民投票—公民投票法的檢討〉。《全國律

師》1：4-14。

周繼祥。1998。《憲法與公民教育》。台北：揚智文化。

周繼祥。2005。《政治學 21 世紀的觀點》。台北：威仕曼文化。

林水波。1999。《選舉與公投》。台北：智勝文化。

林三欽。2002。〈任務型國民大會做為我國修憲機關之探討〉。《憲政時代》27，2：14 以下。

林義雄。2001。〈核四爭議答客問〉。慈林基金會。

林如娜。2004。〈直接民主理論發展之研究—兼論我國 2003 年公民投票法〉。國立台灣師範大學政治學研究所碩士論文。

林岩哲。1997。〈1995 年魁北克主權公民投票〉。《歐美月刊》10，12：67-68。

林岩哲。1992。〈加拿大的修憲公民複決〉。《問題與研究》31，12：6-7。

林治平。1995。〈論國民主權原則與民主原則〉。國立台灣大學國家發展研究所碩士論文。

林昱奇。1997。〈公民投票：社會選擇理論之分析〉。國立中山大學政治學研究所碩士論文。

芮正皋。1987。《法國憲法與雙頭政治》。台北：梅遜出版社。

法治斌。2001。〈直接民主 V. 司法審查〉。《憲政時代》27，2：64-73。

法律小組編。2004。《公民投票法立法資料彙編》。台北：五南圖書。

邱延正。1998。〈精英民主理論初探〉。《復興崗學報》63：138-142。

郎裕憲。1975。〈英國的複決投票〉。《憲政思潮》31：268-269。

洪永泰。2003。〈選舉投票日同時辦理公投對 2004 年總統選舉的影響〉。《全國律師》11：55-58。

洪茂雄。2011。〈新興民主國家制憲公投的實踐與評估—以社會主義國家之轉型為例〉。收錄於陳隆志、陳文賢主編《國際社會公民投票的類型與實踐》。台北：新學林出版公司。

洪德欽。2007。《歐盟憲法》。台北：中央研究院歐美研究所。

洪德欽。2006。《歐洲聯盟人權保障》。台北：中央研究院歐美研究所。

孫中山。1981。〈三民主義—民權主義〉。《孫中山全集》9 卷。

唐秉鈞。1991。《1992 歐洲經濟》。台北：商周文化。

徐永明。2004。〈公投民主與代議民主的關係—以台灣經驗為例〉。《台灣民主季刊》1，2：1-26；同時收錄於《全國律師》1：29-41。

徐正戎。2003。〈法國國會同意權行使之制度探討──規範不再，精神長存？〉。《全國律師》9：63-75。

翁岳生教授祝壽論文編輯委員會。2002。《當代公法新論》。台北：元照出版社。

高點文化。2000。《新簡明六法》。

畢英賢。1991。〈蘇聯的公民投票與新聯邦制〉。《問題與研究》30，5：1-72。

張台麟。1992。〈法國通過馬斯垂克條約之背景與影響〉。《問題與研究》31，11：17-20。

張台麟。1994。〈義大利政黨政治之發展及其特性〉。《問題與研究》33，9：69-70。

張台麟。1995。〈法國第五共和制憲過程與憲法主要變革〉。《問題與研究》34，4：76-77。

張台麟。1996。〈瑞士的公民投票：理論與實踐〉。《問題與研究》35，9：39-48。

張台麟。2000。〈法國第五共和實施公民投票之研究〉。《問題與研究》39，12：25-40。

張台麟。1995。《法國政府與政治》。台北：五南圖書。

張台麟。2005。〈90年代以來法國政黨的結盟與重組〉。《問題與研究》44，1：21-44。

張世賢、陳恆鈞。2010。《比較政府》。台北：五南圖書。

張世賢。1991。〈直接民主制在政策制定上所衍生之問題〉。《法商學報》25，6：287-303。

張世賢。1995。〈各國憲法條文彙編〉。中華民國公共行政學會。

張正修。1994。〈從民主政治理念談公民投票〉。《中國比較法學會學報》15：471-558。

張君勱。1971。《中華民國民主憲法十講》。台北：台灣商務印書館。

張建中。1998。《公民投票與議會投票之比較研究：以理性抉擇理論分析之》。國立政治大學中山人文社會研究所碩士論文。

張福昌。2011。〈單一國家地方自治公投研究：以義大利為例〉。收錄於陳隆志、陳文賢主編《國際社會公民投票的類型與實踐》。台北：新學林出版公司。

張福建。1995。《民主理論：古典與現代》。中央研究院。

曹金增。2002。〈公民投票之理論〉。《憲政時代》28，2：38-57。

曹金增。2003。〈我國公民投票之研究〉。國立中山大學中山學術研究所博士論文。

曹金增。2004。《解析公民投票》。台北：五南圖書。

許世楷。1995。《世界各國憲法選集》。台北：前衛出版社。

許世楷。1998。《台灣憲政根本問題》。台北：前衛出版社。

許宗力。1998。〈憲法與公民投票—公投的合憲性分析與公投法的建制〉。《新世紀智庫論壇》2：35-51。

許宗力。1999。〈公民投票入憲的評估與建議〉。《新世紀智庫論壇》6：16-26。

許宗力。1999。《憲法與法治國行政》。台北：元照出版社。

郭秋永。2001。《當代三大民主理論》。台北：聯經出版社。

郭秋慶。1996。〈西歐公民投票的經驗與借鏡〉。《美歐月刊》11，5：113-122。

常健。1997。《人權的理想、爭論與現實》。台北：洛克出版社。

陳永芳。1998。〈公民投票與民主政治之發展：我國實施公民投票之研究〉。東海大學政治研究所碩士論文。

陳志瑋。2004。〈320公投與台灣政治發展分析〉。《台灣民主季刊》1，2：51-55。

陳坤森譯。1993。《當代民主類型與政治》。台北：桂冠出版社。

陳翁平。2001。《主權公投運動的探討—兼論對台灣統獨問題的意涵與影響》。台北：華立出版社。

陳英玲。2004。〈公民投票法的制度設計〉。《台灣民主季刊》1，2：73-93。

陳淳文。1996。〈法國公民投票制度簡介〉。《憲政時代》21，4：85-109。

陳清雲。2003。〈論立法機關之功能〉。《全國律師》10：92-99。

陳朝政。2003。〈公民投票與憲法變遷〉。《全國律師》11：11-14。

陳隆志。1993。〈台灣加入聯合國的展望〉。《律師通訊》169：39-46。

陳隆志。1999。《公民投票與台灣前途—公投研討會論文集》。台北：前衛出版社。

陳隆志、陳文賢等。2011。《國際社會公民投票的類型與實踐》。台北：新學林出版股份有限公司。

陳慈陽。2003。〈從制憲、修憲與憲法核心理論談起—論直接與間接民主之優缺點〉。《全國律師》11：126-156。

陳新民。2001。《中華民國憲法釋論》。作者發行。

陳新民。2002。《1990～2000年台灣修憲紀實》。台北：學林出版社。

陳愛娥。2003。〈立法怠惰與憲法條文之直接適用〉。《全國律師》11：50-54。

陳鴻瑜。1999。〈從東帝汶公民投票論及對台灣的意義〉。《政策月刊》51：

28-33。

陳耀祥。2011。〈聯邦國家的地方公民投票制度—以德國為例〉。收錄於陳隆志、陳文賢主編之《國際社會公民投票的類型與實踐》。台北：新學林出版股份有限公司。

國民大會秘書處。2000。〈第 3 屆國民大會第 2 次會議實錄、〈第 3 屆國民大會第 5 次會議實錄〉。

國民大會秘書處。1996。〈世界各國憲法大全第 1234 冊〉。

國家政策研究基金會。2001。〈公民創制複決法草案〉。

國家發展會議秘書處。1997。〈國家發展會議實錄〉。

彭堅汶。2000。〈公民投票與台灣地區的憲政發展〉。《中山人文社會科學期刊》8，1：1-34。

湯紹成。2000。〈從歐洲的經驗探討我國公民投票入憲問題〉，歐美選舉制度與行為學術研討會。中央研究院歐美研究所。

湯紹成。2000。〈從直接與間接民權的角度檢視瑞士與法國的公民投票制度〉。《問題與研究》39，2：67-78。

湯紹成。1999。〈德國公民投票制度的發展〉。《問題與研究》38，3：33-43。

湯德宗。2002。〈論直接民主的制度設計〉—行政院版創制複決法草案評析，收錄於翁岳生教授祝壽論文編輯委員會。《當代公法新論》。台北：元照出版社：473-484。

黃克武。1994。〈公民投票與盧梭思想〉。《當代》104：193-207。

黃昭元（譯）。Kaufmann, Bruno, Rolf Büchi, et al.（原著）。2007。《直接民主旨指南：瑞士與全球》。台北：財團法人台灣民主基金會。

黃國鐘。2003。〈公民投票迷航記〉。《全國律師》11：15-27。

黃偉峰。1998。〈由國際經驗看公民投票〉。《新世紀智庫論壇》2：19-34。

黃錦堂。1996。〈公民投票在我國適用之檢討〉。《問題與研究》35，7：47-55。

黃錦堂。2001。〈公民創制複決法草案公聽會實錄〉。國家政策研究基金會。

楊增暐。2002。〈我國創制複決制度之研究—「創制複決法」草案各項版本之合憲性分析〉。中國文化大學中山學術研究所碩士論文。

塗志葆。1995。〈政策制定過程中的民意—概念性分析〉。國立中興大學公共政策研究所碩士論文。

賈宛鈺。1993。〈波多黎各公民自決議案之研究〉。國立中山大學中山學術研究所

碩士論文。

廖揆祥等譯。2003。《公民投票與民主政府》（Referendums and Democratic Government: Maija Setälä）（原著）。台北：韋伯文化。

葉俊榮。1990。〈台灣第一件公民投票：後勁反五輕「民意調查」觀察報告〉。《國家政策研究季刊》6：136-141。

葉俊榮。1998。〈公民投票在台灣的實踐〉。《新世紀智庫論壇》2：52-64。

葉俊榮。1999。〈公民投票入憲的範圍與必要性〉。《國策月刊》8：11-14。

董保城。2001。〈創制複決法草案與公民投票之探討〉。《憲政時代》27，2：93-101。

趙雅麗。2000。《民意》。台北：五南圖書。

熊秉元。2003。〈催生新憲法—修憲乎？制憲乎？〉。《全國律師》11：9-10。

劉文仕、林昱奇。2001。〈我國公民投票制度之立法取向—以民國90年行政院版「創制複決法」草案為中心〉。《憲政時代》27，2：75-93。

劉嘉甯。1990。《法國憲政共治之研究》。台北：台灣商務印書館。

蔡宗珍。2004。《憲法與國家》。台北：元照出版社。

蔡宗珍。2003。〈從憲法層面看公民投票之爭議〉。《全國律師》11：73-78。

蔡佳泓。2004。〈試析公民投票對政治與政黨體系之影響〉。《台灣民主季刊》1，2：27-41。

蔡季廷。2002。〈論台灣公民投票之法制化問題—以 Robert Dahl 民主程序標準為中心〉。國立台灣大學國家發展研究所碩士論文。

蔡彥廷。1995。〈西方國家公民投票之研究—就法治規範與政治裁量類型析論之〉。淡江大學歐洲研究所碩士論文。

蔡爾翰、李昌麟。2005。《蘇俊雄大法官訪談錄，台灣省參議會、臨時省議會暨省議會時期口述歷史訪談計畫》。台中：台灣省諮議會。

盧倩儀。2005。〈歐洲制憲會議對歐盟民主化之影響〉。《問題與研究》44，1：1-19。

衛芷言。1994。〈公民投票與公民複決概念暨使用之研究〉。東海大學政治研究所碩士論文。

錢永祥。2003。〈公民投票是一項民主價值嗎？〉。《全國律師》11：65-67。

謝復生。1996。〈公民投票：主權在民的體現或民粹主義的濫用〉。《問題與研究》35，7：38-46。

謝復生等。1997。〈公民投票（創制複決）制度比較研究〉。行政院研考會。

謝登旺。1997。〈民族自決與公民投票初探—兼論台灣住民自決與波多黎各公民
　　自決〉。《人文與管理學報》1，1：111-136。

謝瑞智。1998。《邁向 21 世紀的憲法》。台北：青山出版社。

謝瑞智。1999。《憲法新論》台北：文笙出版社。

魏千峰。2003。〈人權立國與人權文化〉。《全國律師》12：2-50。

魏千峰。2004。〈公民投票與民主鞏固〉。《全國律師》1：2-3。

鐘凱勳。2001。〈論公民投票法制度化之技術性難題〉。《植根雜誌》17，11：
　　15-40。

鐘凱勳。2001。〈從權力分立原則論公民投票法制之建構〉。國立台北大學法律學
　　研究所碩士論文。

蘇永欽。1994。《兩德統一的憲法問題》。台北：月旦出版社。

蘇永欽。2001。〈創制複決與諮詢性公投—從民主理論與憲法的角度探討〉。《憲
　　政時代》27，2：21-49。

蘇永欽。2003。〈公民投票的跨國考察〉。《全國律師》11：29-43。

蘇宏達。2007。〈論歐洲憲法的優越性〉。《歐美研究》37，2：323-389。

蘇俊雄。1990。《法治政治》。台北：正中書局。

外文部分

1. 英文著作

Achen, Christopher H. 1975. "Mass Political Attitude and Survey Response". *Americain
　　Political Science Review*, 69: 1218-1237.

Archbold, Claire,1999. "The Incorporation of Civic and Social Rights in Domestic
　　Law". *Paper prepared for the UN University Project on The United Nations System
　　in the 21st Century: Human Rights*, Princeton University.

Acton, H.B. 1951. *Utilitarianism, Liberty, and Representative Government*. London:
　　Dent and Sons.

Albrow, M. 1970. *Bureaucracy*. London: Macmillan.

Arblaster, Anthony. 1987. *Democracy*. Milton Keynes: Open University Press.

Aubert, Jean-Francois. 1978. "Switzerland." *In David Butler and Austin Ranney (eds),
　　Referendums: A comparative Study of Practice and Theory*. Washington. D.C.:
　　American Enterprise Institute: 39-65.

Balsom, Denis. 1996. "The United Kingdom: constitutional pragmatism and the adoption of the referendum." *In Michael Gallegher and Pier Vincenzo Uleri (eds.), The Referendum Experience in Europe.* New York: St. Martin's Press: 209-225.

Barber, Benjamin R. 1984. *Strong Democracy: Particcipatory Politics for a New Age.* Berkeley: University of California Press.

Baren, Harry. 1998. " A democratic theory of political self-determination for a new world order." *In Percy B. Lehning (eds.), Theories of Secession.* London: New York: Routledge Press:32-60.

Bell, Derrick A. Jr.,1978. "The Referendum: Democracy Barrier to Racial Equality", *Washington law Review.* 54: 1-29.

Bogdanor, Vernon. 1981. *The People and the Party System: The Referendum and Electoral Reform in British Politics.* New York: Cambridge University Press.

Bogdanor, V. 1989. "Direct Elections, Representative Democracy and European-Integration". *Electoral Studies.* 18, 3: 205-216.

Bogdanor, Vernon. 1980, "The 40 Percent Rule". *Parliamentary Affairs*, 33,1: 249-263.

Bogdanor, Vernon. 1981. "Referendums and Separatism II." *in Austin Ranney (eds.), The Referendum Device.* Washington. D.C.: AEI Press: 143-170.

Bogdanor, Vernon. 1994. "Western Europe." In David Butler and Austin Ranney (eds.), *Referendums round the World: The Growing Use of Direct Democracy.* Washington, D.C.: American Enterprise Institute: 24-88.

Borre, O. 1986. "The Danish Referendum on the EC Common Act." *Electoral Studies.* 5, 2: 189-193.

Bowler, Shaun, Todd Donovan. et al. 1999. "Elite Attitudes about Direct Democracy". Paper presented at the annual meeting of the Western Political Science Association, Seattle, USA.

Bowler, Shaun. 1998. *Demanding Choices: Opinion, Voting, and Direct Democracy.* Ann Arbor (Mich.): the University of Michigan press,.

Brady, Henry E. and Cynthia S. Kaplan. 1994. "Eastern Europe and the Former Soviet Union." *In David Butler and Austin Ranney (eds.):* 174-217.

Brams, Steven D., Marc Kilgour. et al. 1997. "Voting on Referenda: The Separative Problem and Possible Solutions". *Social Choice and Welfare.* 16,3: 359-377.

Brodsky, D.M, and E. Thompson. 1993. "Ethos, Public Choice, and Referendum Voting". *Social Science Quarterly*. 74, 2: 286-299.

Brownlie, Ian. 1990. *Principles of Public International Law*. New York: Oxford University Press.

Brutus. 2011. *No.1 The Founders Constitution*. Chicago: University of Chicago Press.

Buchanan, Allen. 1998. "The international institutional dimension of seccession." *In Percy B*. Lehnin: pp.227-257.

Burgess, Michael. 1993. "Constitutional Reform in Canada and the 1992 Referendum". *Parliamentary Affairs*. 46, 3: 363-379.

Butler, David and Austin Ranney. 1978. *Referendums: A comparative Study of Practice and Theory*. Washington D.C.: American Enterprise Institute.

Butler, David and Austin Ranney. 1994. *Referendums around the World: The Growing Use of Direct Democracy*. Washington D.C.: American Enterprise Institute.

Butler, David. 1978. "United Kingdom." *In Butler and Ranney*: 211-220.

Bulter and Ranney. 1994. *Referendums around the World : The Growing Use of Direct Democracy*. Washington D.C.: American Entreprise Institute.

Criddle, B. 1993. "The French Referendum on the Maastricht Treaty September 1992". *Parliamentary Affairs*. 46, 2: 228-238.

Camobreco, John F. 1998. "Preferences, Fiscal Policies, and the Initiative Process", *Journal of Politics*. 60: 819-829.

Campbell, Tim. 2003. *The Quiet Revolution: Decentralization and the Rise of Political Participation in Latin American Cities*. Pittsburgh : University of Pittsburgh Press.

Chambers, Simone. 1998. "Contract or Conversation? Theoretical Lessons from the Canadian Constitutionnel Debate" *Politics and Society*. 26, 1: 143-172.

Cobban, Alfred. 1951. *National Self-Determination*. Chicago: University of Chicago Press.

Cobbs, Roger W., and Charles D. Elder. 1972. *Participation in American Politics: the dynamics of Agenda-building*. John Hopkins University Press.

Council of Europe. 2010. *Consultative Democracy*. Council of Europe Press.

Cronin,Thomas E. 1989. *Direct Democracy: The Politics of Initiative, Referendum and Recall*. Cambridge Mass : Harvard University Press.

Dahl, R.A. 1991. "Democracy, Majority-Rule, and Gorbachev Referendum ". *Dissent*. 38,4: 491-496.

Davis, Steve. 2002 . *Click on Democracy: the Internet's Power to Change Political Apathy Into Civic Action*. Boulder (Colo): Westview press.

Derrida, Jacques. 1986. "Declaration and Independence". *New Political Science*. 15: 7-15.

Dion, Stephane. 1993. "The Quebec Challenge to Canadian Unity". *Political Science & Politics*. 16, 1:38-43.

Dreyfus, F.G. 1993. "Letter from France After the Referendum of 20 September". *Government and Opposition*. 28,1: 83-86.

Dye, Thomas R. 1987. *Understanding Public Policy*. Englewood Cliffs, N.J.: Prentice-Hall. Farley.

   Lawrence T. 1986. Plebiscites and Sovereignty: The crisis of Political Illegitimacy. Boulder, Colo.: Westview Press.

Dyke, D.1993. "Russia Economy After the Referendum". *World Today*. 49, 7: 122-123.

Eleri, Pier Vincenzo. 1989. "The 1987 Referenda". *In Robert Leonardi and Piergiorgio Corbetta (eds.)*.

Italian Politics: A Review. London: Frances Printer: 155-177.

Emeson, PJ. 2002. *Define The Democracy*. De Borda Institute, North Ireland.

Eule, Julian. 1990. "Judicial Review of Direct Democracy". *Yale Law Review*. 99:1504.

Finer, S.E. 1997. *The History of Government from the Earliest Times*. Oxford, N.Y.: Oxford University Press.

Fox, Paul. 1966. *Politics*. Canada. Toronto: McGraw-Hill.

Frey, Bruno. 1992. "Efficiency and Democratic Political Organization: The Case for the Referendum". *Journal of Public Policy*. 12,3:209-222.

Frey, Bruno and Lorenz Goette. 1998. "Does the Popular Vote Destroy Civil Right?". *American Journal of Political Science*. 42: 1343-1348.

Gallagher, Michael and Pier Vincenzo Uleri. 1996. *The Referendum Experience in Europe*. New York: St. Martin's Press.

Galligan, Brian. 1999. "The Republican Referendum: A Defense of popular Sense". *Quadrant*. 43: 46-52.

Gamble, Barbara. 1997. "Putting Civil Rights to a Popular Vote". *American Journal of Political Science*. 41: 245-269.

Gazey, Penelope J.1971. "Direct Democracy: A Study of the U.S. Referendum". *Parliamentary Affairs*. 3,16: 123-139.

Gerber, Elizabeth, 1996. "Legislative Responsiveness to the Threat of popular Initiatives", *American Journal of Political Science*. 40: 99-128.

Gorden, James D. and David B. Magleby. 1989. "Pre-election Judical Review of Initiatives and Referendums." *Notre Dame Law Review*. 64: 313-334.

Granberg, D. and Holmberg, S. 1986. "Preference, Expectations, and Voting in Sweden's Referendum on Nuclear Power". *Social Science Quarterly*. 67,2: 379-392.

Gray, H. Jacob and Kenneth N. Vines. 1983. *Politics in the American States. A Comparative Analysis*. Little Brown and Co.

Hahn, Harlan and Sheldon Kamieniecki. 1987. *Referendum Voting: Social Statue and Policy Preferences*. New York: Greenwood Press.

Hannum, Hurst. 1990. *Autonomy, Sovereignty, and Self-Determination: the accommodation of conflicting rights*. Philadelphia: University of Pennsylvania Press.

Held, David. 1987. *Models of Democracy*. Stanford: Stanford University Press.

Hill , Ronald J. and Stephen White. 1995. "The Referendum in Communist and Post-communist Europe. Center for the Study of Public Policy. University of Strathclyde,.

Hine, David. 1993. *Governing Italy: The Politics of Bargained Pluralism*. New York: Oxford University Press.

Hirsch, Allen. 2002. "Direct Democracy and Civic Maturation". *Hastings Constitutional Law Quarterly*. 29: 185-192.

Hoekstra, P. 1994. "The Case for a National Referendum". *Policy Review*. 69: 83-86.

Initiative and Referendum Institute. 2005. *Guidebook to Direct Democracy*. Marburg (Germany).

Jockel, Joseph T. 1995. "On Watching, from across the Border, the Canadian Game of Chicken". *The Annals*. 538: 16-26.

Johnson, Nevil. 1981. "Types of Referendum". *in Ranney*: 19-45.

Johnstone, Richard. 1993."An Inverted Logroll: The Charlottetown Accrod and the Referendum".

Political Science & Politics. 16,1: 43-48.

Kaase, Max and Kenneth Newton. 1995. *Beliefs in Government.* New York: Oxford University Press.

Kaufmann, Bruno, Rolf Büchi, et al. 2010. *Guidebook to Direct Democracy in Switzerland and Beyond.* Malberg: Initiative and Referendum Institute Europe.

King, Anthorny. 1981. "Referendums and the European Community". *in Ranney*: 113-37.

Kriesi, Hanspeter, and Alexander H. Trechsel. 2008. *The Politics of Switzerland : Continuity and change in a Consensus Democracy.* Cambridge University Press.

Kobach. Kris W. 1993. *The Referendum: Direct Democracy in Switzerland.* Aldershot: Dartmouth.

Kobach, Kris W. 1993. "Recent Developments in Swiss Direct Democracy". *Electoral Studies.* 12,4: 342-365.

Kobach, Kris W. 1994. "Switzerland." *In Bulter and Ranney*: 98-150.

Lascher, Edward L., Michael Hagen. Et al. 1996. "Gun Behind the Door-Ballot Initiatives, State Policies and Public Opinion". *Journal of Politics.* 58, 3: 760-775.

Lee, Rugene C. 1988. "Can the British Voter Be Trusted-The Local Referendum and Tax-Reform". *Public Administration.* 40,2; 165-180.

Lee, Eugene C. 1981. "The American Experience, 1778-1978". *In Ranney(ed.)*: 46-59.

Lehning, Percy B., 1998. *Theories of Secession.* London; New York: Routledge Press.

Leonardi, Robert and Piergiorgio Corbetta. 1989. *Italian Politics: A Review.* London: Frances Printer.

Lijphart, Arend. 1984. *Democracies: Patterns of Majoritarian and Consensus Government in Twenty-one Countries.* New Haven: Yale University Press.

Lijphart, Arend. 1999. *Patterns of Democracy: Government Forms and Performance in Thirty-Six Countries.* New Haven: Yale University Presss.

Lijphart, Arend. 1969. "Consociational Democracy. " *World Politics.* 21:207-225.

Linder, Wolf. 1994. *Swiss Democracy.* New York.

Link, Arthur S. 1954. *Woodraw Wilson and the Progressive Era.* New York: Harper and Row.

Macmillan, G. 1992. "The Referendum, the Courts and Representative Democracy in Ireland.". *Political Studies*. 40,1: 67-78.

Magleby, David B. 1984. *Direct Legislation: Voting on Ballot Propositions in the United States*. Baltimore: The John Hopkins University Press.

Magleby, D.B. 1986. "Legislatures and the Initiative-The Politics of Direct Democracy". *The Journal of State Government*. 59,1: 31-39.

Magleby. D.B. 1988. "Taking the initiative: Direct Legislation and Direct Democracy in the 1980s". *Political Science and Politics*. 21:601-612.

Magleby, David B. 1994. "Direct Legislation in the American States." *In David Butler and Austin Ranney*: 218-255.

Mangabeira Unger, Roberto. 1998. *Democracy realized, the progressive alternative*. London, New York: Ed. Verso.

Mehr Demokratie Institute. 2010. "A nationwide referendum in Germany study Report". Berlin: Mehr Demokratie Institute: 1-16.

Mendelsohn, Matthew. Parkin,Andrew. 2001. "Referendum Democracy: Citizens, Elites and Deliberation in Referendum Campaigns". Queen's University, UK.

Mcroberts, Kenneth. 1991. "Canada's Constitutional Crisis". *Current History*. 90:.413-424.

Mill,J.S. 1951. "Considerations on Representative Government." In H.B. Acton (ed.),*Utilitariansm, Liberty, and Representative Government*. London: Dent and Sons: 217-228.

Miller, Kenneth P. 1999. "The Role of the Courts in the Initiative Process : A Search for Standards ".

Paper presented at the meetings of American Political Science Association, Atlanta.

Ministry of The Interior, France. 2010. http://www.interieur.gouv.fr/. Latest update December 16, 2012.

Ministry of The Interior, France. 2012. http://www.interieur.gouv.fr/. Latest update December 16, 2012.

Morel, Laurence. 1996. "France: towards a less controversial use of the referendum?" *in Michel* Gallagher and Pier Vincenzo Uleri (eds.): 66-85.

Parry, B.E. 1983. "Binding referenda". *Social Policy*. 14:33-44.

Price, Charles M. 1975. "The Initiative: A Comparative State Analysis and Reassessment of a Western Phenomenon ". *Western Political Quarterly*. 28, 2:246-258.

Pridham, Geoffrey. 1988. *Political Parties and Coalitional Behaviour in Italy*. New York: Routledge.

Qvortrup, Matt. 2005. "A Comparative Study of Referendums, Government by the People". Second Edition, Manchester University Press.

Ranney, Austin. 1981. *The Referendum Device*. Washington. D.C.: AEI Press.

Rourke, John T., Ridhcard P. Hiskes. Et al. 1992. *Direct Democracy and International Politics*. Boulder Colo: Lynne Rienner.

Ranney, Austin. 1978. "United States of America". *In Butler and Ranney (eds.)*: 67-85.

Rappard, William E. 1912. "The Initiative, Referendum and Recall in Switzerland". *American Political Science Review*. 6,3: 345-366.

Schmidt, David D. 1989. *Citizen Lawmakers: The Ballot Initiative Revolution*. Philadelphia: Temple University Press.

Schumpeter, J. 1976. *Capitalism, Socialism and Democracy*. London: Allen and Unwin.

Senate France. 2010. "La charte européenne de l'autonomie locale: la verification d'une convergence entre l'évolution en Europe et en France". http://www.senat.fr/ct/ct07-01/ct07-012.html#toc14. Latest update December 16, 2012.

Setälä, Maija. 1999. *Referendums and Democratic Government: Normative Theory and the Analysis of Institutions*. New York: St. Martin's Press, Inc.

Smith, Daniel, 1999. "The Initiative to Party: The Pole of Political Parties in State Ballot Initiatives ". Paper presented at the meetings of American Political Science Association, Seattle.

Smith, Gordon. 1975. "The referendum and political change". *Government and Opposition*. 10, 3: 294-305.

Smith, Gordon. 1976. "The Functional Properties of the Referendum". *European Journal of Political Research*. 4,1: 31-45.

Smith, Mark A. 1999. "Ballot Initiatives, Voter Interest, and Turnout". Paper presented at the meetings of American Political Science Association, Seattle.

Smith, Thomas B. 1986. "Referendum Politics in Asia". *Asian Survey*, 26,7: 793-814.

Standing Conference of Local and Regional Authorities of Europe (CLRAE). 2010. *Eu-

ropean Charter of Local Self-Government and explanatory reports. Council of Europe.

Steunenberg, Bernard. 1992. "Referendum, Initiative, and Veto Power". *Kyklos*. 45,4: 501-529.

Storing, Herbert T. 1981. *The Complete-Anti Federalist*. Chicago: *University of Chicago Press*.

Suksi, Markku. 1993. *Bringing in the People: A Comparison of Constitutional Forms and Practices of the Referendum*. Dordrecht Boston: Martinus Nijhoft.

Swedberg, Richard. 1998. *Max Weber and the Idea of Economy Sociology*. Princeton University Press.

Trechsel, Alexander H. and H. Kriesi. 1996. "Switzerland: the referendum and initiative as a centerpiece of the political system". *In M. Gallagher and Pier Vincezo Uleri*:185-208.

Uleri, Pier Vincenzo. 1996. "Italy: referendums and initiatives from the origins to the crisis of a democratic regime". *in Gallagher and Uleri*: 106-125.

Universität Marburg. 2006, Unpublished Study Survey Report (August 2006): 12-14.

Walker, Geoffrey de Q. 1988. "The people's Law: Initiative and Referendum". *University of Queensland Law Journal*. 15,1: 33-45.

Weber, Max. 1978. *Economy and Social*. Berkeley: University of California Press.

Wellman, Christopher. 1995. "A defense of self-determination and secession". *Philosophy and Public Affairs*. 24,2:142-171.

White, Stephen and Ronald J. Hill. 1996. "Russia, the former Soviet Union and Eastern Europe: the referendum as a flexible political instrument". *In Michael Gallagher and Pier Vincenzo Uleri (eds.)*:153-178.

Wright, Vincent. 1978. "France". *In Butler and Ranney:* 139-165.

Zimmerman, Joseph F. 1986. *Participatory Democracy: Populism Revived*. New York: Praeger.

Zimmerman, Joseph F. 1999. *The initiative: citizen law-making*. Westport, Conn.: Praeger.

2. 法文著作

Abdallah-Pretceille, Martine. 1994. *Les droits de l'homme en Europe 1789-1992*.

Angevin, Henri. 2005. *La pratique de la Cour d'assises*. Paris : Litec. Pratique Professi-onnelle.

Aristote. 2009. *Politique, Livre III*. Paris: Nathan.

Assemblée nationale: http://www.assemblee-nationale.fr/13/dossiers/art11_Constitution_pl.asp. Latest update May 13, 2013.

Assemblée parlementaire du Conseil de l'Europe. 1992. "L'extension géographique du Conseil de l'Europe". *RUDH* :181 etc.

Aubert, Jean-François. 1996. "Leçons suisses". *Pouvoirs*.77: 123-135.

Aubert, Jean-François. 2001. "Le référendum en Suisse : règles et application" dans : Hamon et Passelecq (dir). Le référendum en Europe : bilan et perspectives. Paris : L'Harmattan: 40-59.

Aubert, Jean-François, Mahon. 2003. *Petit commentaire de la Constitution fédérale de la Confédération suisse*.

Aubert, Jean-François. 2006. "Le référendum populaire". *Revue de droit Suisse*. 5: 481-495.

Andreas Auer. 1984. "Problèmes fondamentaux de la démocratie suisse". *Revue de droit Suisse*: 1-110.

Andreas Auer. 1991. "Le référendum populaire: histoire et avenir ". *Plädoyer* 2: 54-60.

Babeau, Henry B. 1993. *Les Assemblées générales des communautés d'habitants en France du XIIIe siècle à la Révolution*. Paris: A. Rousseau.

Bazin, François. 2012. "Peut-on se passer d'elle". *Le Nouvel Observateur* 9, 2466 (Feb.): 38-39.

Beck, Ulrich. 2003. *La société du risque : sur la voie d'une autre modernité*. Paris: Flammarion.

Belloubert-Frier, Nicole. 1996. "Les référendums municipaux". *Pouvoirs*. 77 : 163-179.

Berlia, Georges. 1962."Le probléme de la constitutionnalité du référendum", RDP: 936 etc.

Bigaut, Christian. "La révision constitutionnel du 4 août 1995". *Regard sur l'actualité* 214 :13-24.

Blondiaux, Loïc. 2005. *L'idée de démocratie participative :enjeu, impensés et questions récurrentes*. Paris : La Découverte.

Braunstein, Jean François. 1998.*Du contrat social Livre I à IV*. Texte intégral. Paris : Éditions Nathan.

Brandt, Neven. "Referendum in the Yugoslav Countries". Paris: *L'Harmattan* :122-137.

Brown, Bernard. E. 1994. *L'Etat et la politique aux Etats-Unis*. Paris : PUF.

Brown, Bernard E. 2001. *Le Référendum aux Etats-Unis*. Paris : PUF.

Butler, David. 2001. "Referendums in Northern Europe". *in Le référendum en Europe, Bilan et perspectives*. Paris : L'Harmattan :60-73.

Bützer, Michael. 2003. Rapport de recherche de Michael Bützer et de Sébastien Micotti. Centre d'études et de documentation sur la démocratie directe de Genève.

Callon, Michel. 2001. *Agir dans un monde incertain: essai sur la démocratie technique*. Paris: Seuil.

Capitant, René. 1972. *Démocratie et participation politique*. Paris : Bordas : 161- 178.

Champagne, Gilles. 2009. *L'essentiel du Droit constitutionnel, 2vol*. Paris : Gualino Lextenso Editions.

Chauvel, Louis. 2006. *Les classes moyennes à la dérive*. Paris : Seuil.

Chauvel, Louis. 2006. "Repatrimonialization and the middle Classes Adrift: Shrinking Middle in Europe". in *Yes, at two European Referendum in France by occupational group in 1992 and 2005*: 2-14.

Conac, Gérard. "Les débats sur le référendum sous La Ve République". *Pouvoirs*. 77 :95-108.

Danilenko, Denis. 2005. "Le référendum en Russie : une expérimentation démocratique". *RFDC* 62: 439-448.

De Sizif, Roger. 1998. *La Stochocratie*. Paris: les Belles letters.

Delley, Jean-Daniel. 1987. "La démocratie directe, un système politique aux portes ouvertes". *Pouvoirs* 43:101-114.

Delley, Jean-Daniel. 2001. " La professionnalisation des campagnes référendaires". dans F. Hamon et O. Passelecq (dir.). *Le référendum en Europe : bilan et perspectives*, Paris : L'Hammatan : 200-212.

De Gaulle, Charles. 1970. *Mémoires d'Espoir, Le Renouveau (1958-1962)*. Paris : Plon.

De Gaulle, Charles. 1970. *Mémoires d'Espoir, L'effort (1962)*. Paris : Plon.

Denquin, Jean-Marie.2001.*L'impact du référendum sur la vie politique*. Paris : L'Harmattan :163-174.

Denquin , Jean-Marie. 1996. "Référendums consultatifs". *Pouvoirs* 77 : 79-93.

Dictionnaire philosophique. *Esprit des Lois*. Paris.

Diémert, Stéphane. 1995. *Textes constitutionnels sur le référendum*. Paris : PUF (coll. Que sais-je ?).

Dobelle, Jean-François. "Référendum et droit à l'autodétermination". *Pouvoirs*77 : 41-60.

Duroy. S. 1987. "Les Landsgemeinden suisses", *les procédés de la démocratie semi-directe dans l'administration locale en Suisse*, 1-94.

Duverger, Maurice. 1985. *Le système politique français: Droit constitutionnel et systèmes politiques*.Paris : PUF.

Emeri, Claude. 1996. "Du référendum négatif et des désarrois du comparatisme". *Pouvoirs* 77 : 61-77.

Fatin-Rouge, Marthe. 1996. "Référendum et justice constitutionnelle dans les constitutions des pays de l'Europe centrale,orientale et balte". *communication au 3e Congrès français de droit constitutionnel*. Dijon.

Gaudillère, Bernard. 1994. "Les institutions de l'Italie ". *Document d'Etudes* 1, 17 :42-45.

Gélard, Patrice. 1997. "La chronique". *RFDC* : 205-206.

Gélard, Patrice. 2001. *Les Pays d'Europe orientale de l'ancien bloc communiste*. Paris : L'Harmattan.

Grisel, Etienne. 2004. *Initiative et réferendum populaires, traité de la démocratie semi-directe en droit suisse*. Stämpfli Verlag.

Guillaume-Hofnung, Michèle. 2001. "Le rôle du référendum dans la construction de l' Europe ". Paris : L'Harmattan : 175-199.

Hamon , Francis. 2006. *Le référendum, étude comparative*. Paris : LGDJ.

Hamon , Francis. 1996. "L'extension du référendum ∶ données, controverses, perspectives". *Pouvoirs* 77 :109-121.

Hamon , Francis. 2001. *Le référendum en Europe*. Paris : L'Harmattan.

Hamon , Francis. 2001. "Le contrôle du référendum ", *L'Harmattan* : 213-229.

Haver. G.. 2011. *L'Image de la Suisse.* Lausanne : Le P.

Hottelier, Michel. 2003. " Suisse : réforme des droits politiques de rang fédéral ". Paris : *RFDC.*

Houšková, Beata, Luca Montanarella. 2010. "Legislation and Policy of European

Union concerning Protection of the Environment". European Commission:1-5.http://eu-soils.jrc.ec.europa.eu/ESDB_Archive/eusoils_docs/Conf/ EU_EnvLegislationLM_BH.pdf. Latest update September 16, 2012.

IPSOS. 2005. "Sondages référendum 2005". sur les intentions de vote (septembre).

Jennar, Paul-Marc. 2007. *Quelle Europe aprè le non?* Paris :Fayard.

Julien-Laferrière, François. 2001. "Le référendum en Europe: Rapport de Synthèse". *L' Harmattan* : 230-244.

Kaase, Max.1982."Partizipatorische Revolution?" Ende der Partein, dans Joachim Ra-schke (dir.).

Bürger und Parteien: Ansichten und Analysen einer schwierigen Beziehung. Opladen: 173-189.

Kende, Pierre. 1996. "Démocratie, Etat de droit et coopération internationale en Europe centrale et orientale" . *Mario Telo* : 356-364.

Kleb, Stefen. 2002. *Direkte Demokratie auf unterstaatlicher Ebene, dans Direkte De-mokratie in der Republik Polen, Deutsche Hochschule fürVewaltungswissen-schaften.* Speyer.

Klöti, Ulrich, Peter Knoepfel. et al. 2006. *Manuel de la politique Suisse.* Nzz Libro.

Koller, Arnold. 1990. "Le patrimoine juridique au sein du Conseil de l'Europe : son rôle dans le rapprochement avec les pays de l'Europe de l'Est". *RUDH* : 385 etc.

La Commission de Venise. 1993, 1999 and 2000. Décision no.2/1993. citée dans le *Bul-letin de jurisprudence constitutionnelle* 1.

La Documentation française. 1997. *Documents pour servir à l'histoire de l'élaboration de la Constitution du 4 octobre 1958. 3 vol.* Paris : LDF.

La Documentation française. 1997. "Le référendum". *document d'études*.

La Documentation française. 2002. *Les pouvoirs publics, Textes essentiels, Assemblée Nationale et Sénat.* Paris : LDF.

La Documentation française. 1997. *Documents pour servir à l'histoire de l'élaboration de la Constitution du 4 octobre 1958. 3 vol.* Paris : LDF.

Lapinskas, Kestutis. 1995. "Referendum in Lithuania : Constitutional practice ". Colloque sur *le thème Justice constitutionnelle et démocratie référendaire*. Strasbourg :129-133.

Lassale, Jean-Pierre. 1996. "Le référendum aux États -Unis". *Pouvoirs* 77 :149-162.

Lazzaro, Anna. 1998. *Il referendum negli stature comunali.* Milan: Editions Giuffrè.

Le Nouvel Observateur. 2012. "Un sondage TNS-SOFRES pour Le Nouvel Observateur et TELE". 2-8, 2465 (Feb.) : 48-54.

Léonard, Yves. 1990. "La France et l'Europe". *cahiers français* 244 (Jan.-Feb).

Lesage, Michel. 1995. *Constitutions d'Europe centrale, orientale et balte.* Paris: Coll. Retour aux textes.

LGDJ. 1995. *Le référendum, Etude comparative.*

Lime, Bernard. 1994. "Le système constitutionnel roumain". *RDP* : 364-366.

Linder ,Wolf. 1994. "Démocratie directe: la panacée? in présent et avenir de la démocratie directe".

Genève : Georg éditeur : 76 etc.

Luchaire, rançois. 2001."Le référendum en France: Les scrutins de libre détermination ".

Paris : L'Harmattan : 28-30.

Manzella, Andrea. 1996. "Le référendum italien". *Pouvoirs* 77 : 137-148.

Martin, Pierre. 2005. "Le référendum du 29 mai 2005". *Commentaire* : 709-710.

Massias, J.-P. "Chronique constitutionnelle des Etats d'Europe de l'Est". *RDP* 5-2000, 4-2001, 5-2002 and 5-2003.

Massias, J.-P. 2001. *Droit constitutionnel des Etats d'Europe de l'Etat.* Paris:PUF, Coll. Droit fondamental.

Mathieu, Jean-Louis. 1998. *Quelle Union pour l'Europe.* Paris : La documentation française.

Maus, Didier, and Olivier Passelecq. (dir.), 1997. *Témoignages sur l'écriture de la Constitution de 1958.* Paris : La Documentation française (Les Cahiers constitutionnels de Paris1).

Meylan, Jean. 1993. "Le référendum local en Suisse et en Europe, modalités, pratiques, perspectives". Association suisse pour le Conseil des communes d'Europe.

Morel , Laurence. 1996. "La pratique dans les Démocraties libérales" *Pouvoirs* 77 : 21-40.

Paoletti, Marion. 1997. *La démocratie locale et le référendum : analyse de la démocratie locale à travers la genèse institutionnelle du référendum*. Paris: L'Harmattan.

Paoletti, Marion. 2007. *Décentraliser d'accord, démocratiser d'abord, le gouvernement local en question*. Paris : La Découverte.

Parodi, Jean-Luc. 2001. "Le référendum en France : Analyse stratégique" dans Hamon, Francis et Olivier Passelecq, (dir.). *Le référendum en Europe : Bilan et perspectives*. Paris: L'Harmattan :15-27.

Papadopoulos, Yannis. 1998. *La démocratie directe*. Paris : Economica.

Papadopoulos, Yannis. 2000. *Les processus de décision fédéraux en Suisse*. Paris : L'Hamattan.

Passelecq , Olivier. 2001. "Le référendum en France: La voie étroite de la démocratie". *L'Harmattan* : 31-39.

Pizzorusso, Alessandro. 2001. "Le référendum en Italie", dans F. Hamon and O. Passelecq. *Le référendum en Europe : bilan et perspectives*. Paris : L'Harmattan : 74-107.

Portelli, Hugues. 2001. *Le référendum abrogatif en Italie*. Paris : Montchrestien.

Pouvoirs. 1988. (45) .

Pouvoirs 77. 1996. *Le référendum*. Paris : Seuil.

Premat, Christophe. 2008. *La pratique du référendum en France et en Allemagne: Le moment référendaire dans la temporalité démocratique*. Institut d'Etudes Politiques de Bordeaux.

Ranney, Austin. 1996 . "Referendum and Democracy". *Pouvoirs* 77 : 7-19.

Revault d'Allones, David. 2012. "Hollande veut profiter de la droitisation de Sarkozy". *Le Monde 17(Feb.): 8.*

Rosanvallon, Pierre. 2004. *Le modèle politique français*. Paris: Seuil.

Rouban, Luc, et Jacques Ziller. 1995."De la modernisation de l'administration á la réforme de l'État".

Revue française d'administration publique 75 (juillet-septembre) : 345-354.

Rousseau, Jean-Jacques. 1964. *Considerations on the Government of Poland*. Paris: Edition La Pléaide.

Rousseau, Jean-Jacques. 1964. *Du contrat social*. Paris: Edition La Pléaide.

Rousseau, Jean-Jacques. 2001. *Du contrat social Livres I à IV*. Texte Intégral. Paris: Nathan.

Roussillon, Henry. 1996. "Contre le référendum". *Pouvoirs* 77 : 181-190.

Rui, Sandrine. 2004. *La démocratie en débats, les citoyens face à l'action publique*. Paris: Armand Colin.

Sadran, Pierre. 2004. "Les enjeux de la Réforme, Démocratie locale: les carences de l' Acte II ". *Cahiers Français*, Paris, La Documentation Française. 318 (janvier-février): 20-25.

Santini, André. 2001." L'impact des technologies de l'information sur la vie démocratique". *L'Harmattan* : 141-147.

Sauger, Nicolas, Sylvain Brouard et Al. 2007. "Les Français contre l'Europe". Paris : Presses de Sciences Po.

Sofres. *L'état de l'opinion 2006*. Paris : Editions du Seuil.

TNS-SOFRES, IPSOS and CSA (Liaisons Sociales). 2005.

TNS-SOFRES, Eurobarometer, EOS-Gallup. 2005.

TNS-UK. 2005.

Vedel ,Thierry. 2001. "La démocratie électronique". *L'Harmattan* : 148-159.

Verhofstadt, Guy. 2006. *Les Etats-Unis d'Europe*. Paris : Luc Pire.

Verhulst, Jos & Arjen Nijeboer. 2007. *Démocratie directe: faits et arguments sur l'introduction de l'initiative et du referendum*. Bruxelles.

Védrine , Hubert. 2005. "La France a-t-elle encore besoin d'élus?" Conference of Senate on Paris. Institut François Mitterrand (May).

Wili, Hans-Urs. 2006. Droits populaires à la Chancellerie fédérale de la Confédération helvétique. Berne (Switzerland).

Winczorek, Piotr. 1995. "Le référendum dans le droit et la pratique polonaise". Colloque sur le thème *Justice constitutionnelle et démocratie Référendaire*. Strasbourg (jun.) :132-134.

Xavier, François Priollaud.2005.*La Constitution européenne :textes et commentaires*.

Paris : La Documentation française.

Zagrebelsky,G. 1980. "Le référendum d'initiative populaire en Italie".colloque sur les techniques institutionnelles et le fonctionnement des systèmes politiques. Association française de science politique. 6-7 novembre. Paris.

Zogg, Serge. 1996. *La démocratie directe en Europe de l'Ouest*. Centre européen de la culture et Actes Sud.

Zogg, Serge. 2007. "Démocratie représentative et démocratie directe: Typologie des systèmes démocratiques". *Documents d'études*,1,21: 1-2.

Zogg and Hamon. 2006. Informations du Centre d'Etudes et de documentation sur la démocratie directe.

國家圖書館出版品預行編目資料

比較公民投票制度／李昌麟著.
--初版.—臺北市：五南，2013.06
面；　公分.
ISBN　978-957-11-7131-9（平裝）
1.公民投票　2.比較研究
572.63　　　　　　　　　102009279

1PX7

比較公民投票制度

作　　者	李昌麟(84.7)
發 行 人	楊榮川
總 經 理	楊士清
副總編輯	劉靜芬
責任編輯	高丞嫻
封面設計	P.Design視覺企劃
出 版 者	五南圖書出版股份有限公司
地　　址	106台北市大安區和平東路二段339號4樓
電　　話	(02)2705-5066　傳　　真：(02)2706-6100
網　　址	http://www.wunan.com.tw
電子郵件	wunan@wunan.com.tw
劃撥帳號	01068953
戶　　名	五南圖書出版股份有限公司
法律顧問	林勝安律師事務所　林勝安律師
出版日期	2013年6月初版一刷
	2018年1月初版四刷
定　　價	新臺幣400元